周蓓 主編

專題史叢書

周葆鑾 著

河南人民出版社

中華銀行史

本書敘述中國自晚清以來銀行的發展歷史。共分爲八編，分别爲：中央銀行、特種銀行、實業銀行、儲蓄銀行、地方銀行、一般商業銀行、外國銀行及中外合股銀行、銀行通則

圖書在版編目(CIP)數據

中華銀行史 / 周葆鑾著. —鄭州 : 河南人民出版社, 2018. 6
(專題史叢書 / 周蓓主編)
ISBN 978-7-215-11520-0

Ⅰ. ①中… Ⅱ. ①周… Ⅲ. ①銀行史-中國 Ⅳ. ①F832.9

中國版本圖書館 CIP 數據核字(2018)第 069185 號

河南人民出版社出版發行
(地址: 鄭州市經五路 66 號　郵政編碼: 450002　電話: 65788036)
新華書店經銷　北京虎彩文化傳播有限公司印刷
開本 710 毫米×1000 毫米 1/16　印張 32
字數 410 千字
2018 年 6 月第 1 版　2018 年 6 月第 1 次印刷

定價: 256.00 圓

出版前言

中國現代學術體系是在晚清西學東漸的大潮中逐步形成的。至民國初建，中央政治權威進一步分散和削弱，加之新文化運動帶給國人思想上的空前解放，新學的啓蒙，新知識分子的産生，民國學術如草長鶯飛，進入一個自由而蓬勃的時代。中國傳統學科乃中國學術之根基與菁華所在，民國學人采用『取今復古，别立新宗』之方法，引入西方的學術觀念，積極改造，使史學、文學等學科向現代學術方向轉型。此外，大力推介西方社會科學的新學科和自然科學，在學習、借鑒乃至移植西方現代學術話語和研究範式的過程中，逐漸建立中國現代學科，使中國的學科門類迅速擴展。一時間，新舊更迭，中西交流，百花齊放，萬壑争流，開創了中國現代學術的源頭。

伴隨知識轉型和研究範式轉换而來的，還有學術著作撰寫方式的創新。中國古代的著作向來以單篇流傳，經後人整理匯編後，方以成册成集的面目出現并持續傳播。直到十九世紀末，東西方的歷史編撰體裁不外乎多卷本的編年體、紀傳體和紀事本末體等，章節體的出現標志着近代西方學術規範的産生和新史學的興起。章節體具有依時間順序，按章節編排；因事立題，分篇綜論；既分門别類，又綜合通貫的特點。以章、節搭建起論述之框架，結構分明，邏輯清晰，較傳統的撰寫體裁容量大、系統性强。它的傳入，使中國現代學術體系從内容到形式被納入了全球化的軌道。民國時期專題史的研究、譯介、編纂、出版恰恰是在這樣的背景下欣欣而發，是學術的實驗場，也是歷史的記録儀。編選『專題史』叢書的初衷正是爲了從一個側面展示中國學術從傳統向現代過渡的歷史進程。

專題史是對一個學科歷史的總結，是學科入門的必備和學科研究的基礎，也是對一個時代艱深新鋭問題的解答，是學術研究的高點。民國專題史著作中，既包含通論某一學科全部或一時代（區域、國别）的變化過程的，又囊括對一時代或一問題作特殊研究的，還有少部分是對某一專題的史料進行收集的。原創與翻譯并重，翻譯的底本大多選擇該學科的代表著作或歐美大學普及教本，兼顧權威性和流行性，其中日本學者的論著占據了相當比重。日本與中國同屬東亞儒家文化圈，他們在接納西方學術思想和研究模式時，已作了某種消化與調適，從思維轉換的角度看，更便于中國借鑒和利用，他們的著作因而被時人廣泛引進。

與當代學術研究日趨專業化、專門化、專家化的『窄化』道路迥乎不同的是，中國傳統學術崇尚『學問主通不主專，貴通人不尚專家』的通識型治學門徑，處于過渡轉型期的民國學術在不同程度上保留了這種特徵。民國學術大師諸學科貫通一脉、上千年縱横捭闔之功力自不待冗言，外交家著倫理政治史、文學家著哲學史、化學家著戰争史等亦不乏其人，民國專題史研究呈現出開放、融通、跨界撰述的特點。與此同時必須看到，自晚清以來，中國的命運就在外侮屢犯、内亂頻仍的窘境中跌宕彷徨，民族存亡仿若命懸一綫。這股以創建學科、總結經驗、解決問題爲指歸的專題史出版風潮背後，包裹着民國學人企望以西學爲工具拯民族于衰微的探索精神，及以學術救亡的愛國之心。梁任公曾言：『史學者，學問之最博大而最切要者也，國民之明鏡也，愛國心之源泉也。』這種位卑未敢忘憂國的歷史使命感和國民意識是今人無法漠視和遺忘的。

『專題史』叢書收録的範圍包括現代各個學科，不僅限于人文社會科學，學科分類以《民國總書目》的分科爲標準，計有哲學、宗教、社會、政治、法律、軍事、經濟、文化、藝術、教育、語言文字、中國文學、外國文學、中國歷史、西方史、自然科學、醫學、工業、交通共19個學科門類。本叢書分輯整理出版，内不分科，單本發行，方便讀者按需索驥。既可作爲大專院校圖書館、學術研究機構館藏之必備資源，也可滿足個人研讀或興趣之收藏。

與目前市場已有的一些專題史叢書相比，這次『專題史』叢書具有規模大、學科全、選本精、原版影印的特點。本叢書選目首重作者的首創、權威和著作影響力，尤其注重選本的稀見性。所謂稀見，即新中國成立後没有再版，且多數圖書館没有收藏，或即便有收藏，也是歸于非公開的珍本之列予以保存，普通讀者難以借閲。部分圖書雖有電子版，但作爲學術研究的經典原著讀本，紙質版本更利于記憶和研究之用。本叢書精揀版本最早、品相最佳的原版圖書作爲底本，因而還具有很高的版本收藏價值。

『專題史』的著作是民國學者對于那個時代諸問題之探究，往往有獨到之處，無論其資料、觀點短長得失如何，要之在中國現代學術史的構建與發展進程中，自有其開宗立論之地位。

中華銀行史

序言

吳序

中國之有錢業尚矣李唐時代有飛券鈔引之名商賈憑券引以取錢非銀行之匯兌業乎宋眞宗時蜀人以鐵錢重私爲券謂之交子以便貿易非銀行之兌換券乎然古代有銀行之業無銀行之名逮海禁既開外人設立金融機關而名之曰版克 Bank 考版克之名始於意大利原義爲儲錢之櫃以之名金融機關本係叚借我國商民因中國之貨幣爲銀店鋪之大者曰行遂譯版克爲銀行日人習西文後於中國當時用華人所著之華英字典見中國譯版克爲銀行亦沿而用之於是銀行之名乃通行於亞洲然而銀本位國稱金融機關曰銀行金本位國何不稱金融機關曰金行乎譯名既未盡善而銀行之組織之事業之歷史士大夫研究之者更鮮矣蓋中國重農輕商自古已然太史公不云乎高祖令賈人不得衣絲乘車重租稅以困辱之孝惠高后時

爲天下初定復弛商賈之律然市井之子孫亦不得仕宦爲吏痛抑末利久成風氣文人學士鄙夷商賈於是物質之文明不能發展國家之形勢日益貧弱降至有清之末葉外患頻仍內憂迭起有岌岌不可終日之勢物極必反理有固然有志之士舍文章禮樂而談實業商務漸形繁盛矣銀行者實業之根本商務之樞紐也得之則盛失之則衰我國之錢莊票號固舊式之銀行也然以無新知識故未能立於不敗之地官銀錢號省立之銀行也然以借款太多有時不免隕越之虞求其信用雄厚營業適當類於外國之商業銀行者蓋寥寥若星辰則所謂銀行史者毋乃等諸自檜以下乎雖然前事之不忘後事之師也是非得失皆當筆之於書孔子曰擇其善者而從之其不善者而改之非有史安能知其善與不善乎自周子此書成而世之談銀行者庶幾得龜鑒焉余自美洲歸卽志在著述以輸進學術發憤而秉筆者屢矣然稿未脫輒因無餘力而半途中止今見周子此作又不禁爲之技癢矣

民國八年二月二十五日吳乃琛序於燕京

張序

自馬端臨作文獻通考錢幣一門遂代有所述後世著貨幣史者獲以往昔之因革證今日之得失而銀行之剏始意大利市府適當有宋孝宗之年維時互市之舉仍於簡陋其踵而行之者輓近數十年事耳故吾國銀行之事迹無紀載可尋則欲述之蓋有難於作者也吾友穆孫殫心政事著手作述有年矣近治泉幣嘗謂予曰銀行則例章程散見報牘乏彙收並蓄之利且法令規制時有損益鈎稽爲艱請業此者往往混視中央地方之性質殖產興業之範圍一憾事也迺肆力於中華銀行史一書閱月十一裒成八編累二十萬言於銀行區類源流興替因革業務典章綱舉而目張條分而縷析予受而讀之隸事酬據自成一家古之作者若虞伯生之研精博洽陸敬輿之剴切詳明無以過也述云乎哉其有裨益於談銀行者自非淺尠從恿之以行於世

中華民國八年二月弟張大猷謹序

王序

一國經濟之發達與否可以銀行業之盛衰覘之銀行業彌盛者其經濟之發達亦彌甚蓋銀行者操金融之樞紐供經濟界以膨漲力者也故國家之監護督察亦視其他

諸工商業爲有加吾國舊有儲蓄放款匯兌之業其來尙矣惟地方各自爲風氣其勢散漫無所統而實力亦未充沛至於國家之監護督察條教之設稽考之方則渺乎未聞海通以來歐美銀行業與進口貨物肩隨輸入通商口岸外商之所經營實爲吾國新銀行業之嚆矢及清末官民益知銀行之重要於是內而京邑外而行省官府商民屢有銀行之設而章程條教之屬官府之所恃以爲監護督察者亦於焉肇始民國初建百廢待舉數年以來雖日不暇給而補苴草創規制粗備銀行業之實況視前淸末葉亦有進焉設有會而紀之蓋亦足考中華斯業之始基矣周君穆孫同官筦部適洽銀行之事因本諸檔册輯爲是編網羅既富規程條教之屬摭採略備於留心斯學者洵足供研究之資料銀行智識之普及與斯學研究之發達吾將於茲編之行卜之矣

民國八年二月吳縣王世澄序

李序

余自滬上修改稅則事竣回京公私雜務蝟集一身友人周穆孫出示中華銀行史浼余爲序余雅不文且於銀行門逕未有涉獵苦無以應之而周君必欲得余一言以爲

重勉強翻閱其全書裒爲八編累二十萬言最近之則例章程以類相從條分縷晰靡有遺漏從事銀行業務者手此一編似亦有所得歟

中華民國八年二月李景銘序

自序

東西各國凡事物之足以供紀錄者無不係之以史如外交經濟交通教育諸史悉數難終銀行史之作亦邦有成書首出於意大利威尼斯至英吉利而大備吾國數千年來銀行兩字之名詞不入於史册故舉所謂白地雪盧約翰諸家之政策縱重商主義如管商陶猗輩亦未之前聞也而溯厥淵源者或執錢莊票號銀局爐房之經營依文牽義強爲異同究無當於銀行之眞理歐化東漸而商策一變滬江片石始露銀行之曙光而大江南北聞風踵起始則外資獨擅其權繼則中土亦分其潤始則官爲之倡繼則民自爲募然大都沿襲國外之典章未脫中土之舊習南轅北轍多所牴牾此爲吾國銀行萌芽之時代也光宣以降世變益甚中外銀行多所興設於是始有則例之頒布改革伊始因時制宜紙幣集中之政策金庫統一之特權勒爲成文宣之大衆俾

普通特別之限界不越雷池殖產興業之範圍不溢累黍而銀行之規制始定此我國銀行完成之時代也壬癸以還社會經濟之觀念日益精企業信用之基礎日益鞏中央金融之脈絡已分布於全邦農工貸借之機關幾普及於各邑其握轉輸飛挽之權綰山海漁鹽之利開邊拓土操奇計贏者咸賴有特別機關爲之司筦鑰便出納而富商大賈亦同時奮起使金融界存放匯通之規模一洗從前票號錢局之舊觀而一新其面目此吾國銀行發達之時代也自萌芽以迄發達時代其間諸種銀行之因革變遷不乏可紀之事實曩歲遊學東瀛見彼都坊刋銀行諸書汗牛充棟其著作之宏富亦近年事耳丙辰觀政部曹適事泉幣於我國銀行諸案牘又獲朝稽而夕考之此外復參據報册等書删其繁蕪節其簡要共得二十萬言依東西銀行史體例以統系編製之因付剞劂聊以供吾國銀行家之考究云爾

中華民國八年二月閩侯周葆鑾識

中華銀行史

凡例

一、我國銀行著述。前無專書。既乏藍本可憑。又鮮參考資料。故編輯殊難著手。是書多依據官書報册。間採最近各氏財政諸著。以爲參互考訂之助。

一、是書編纂法。分爲八編。第一編中央銀行。前述大清銀行之沿革。後敘中國銀行之現制。有發行紙幣及經理國庫之特權。與國家金融。極有重大關係。故記述稍加詳審。第二編特種銀行。其設立有特別之目的。得國家特別之保護。經營特種之業務。或與以發行鈔票代理國庫之權。故當考其源流之所自。第三編實業銀行。就中如農工銀行。應採普及主義。通昌兩行爲全國之模範。故敘載特加詳贍。第四編儲蓄銀行。係提倡居積之風。萃集錙銖之款。雖亦營利之目的。實具慈善之施。爲第五編地方銀行。歷述各省創辦官銀號之沿革。及改組省銀行之情形。第六編一般商業銀行。爲商家集資經營者。足以補助中央銀行。而爲其後援。故擇其資本雄厚規制恢宏者。略述其大凡。第七編外國銀行及中外合股銀行。就其與國際貿易匯通貸借等有利害關係者數家述之。第八編銀行通則為取締各種銀行及一般銀行共守之法則。故另列一彙以資率循。

一、是書仿東西銀行史章節體例。每紀一種銀行。卽歷述該銀行之原委。分章別節。祇求敘事明晰。不以修辭為工。

一、是書但紀事實。不加論斷。間有附以己意者。亦係從各家學說中引伸推闡非敢憑空臆造。致蹈法理上輕率立言之咎。

一、是書於法令表章。最為注重。俾曉然於各種銀行之性質與營業一定之範圍以便實務家之考證。藉收借鑑舉隅之益。

一、是書節目繁多。檢閱非易。故凡於大綱處則加雙圜細目處則用黑點其關於敘述之有關係與議論者。則用密圈以為識別。俾閱者一目了然。

一、是書所用符號。附註則用括弧。引原文則用雙正交線。

一、是書成於倉猝。遺詞或有未工。徵引亦多掛誤。編者學識淺薄在所不免海內同志幸教正之。

中華銀行史總目

第三編　實業銀行

第八編 銀行通則

中華銀行史

第一編　中央銀行

第一章　中央銀行總論

中央銀行有發行紙幣及經理國庫之特權察全國金融之趨勢以高下金利實有整理經濟界之義務世界諸國中央銀行之制其規模之宏大聲勢之赫奕固無出英法兩銀行之右者然機關之完全事業之整理則以比利時銀行爲最蓋比國中央銀行創立最後得考英法各國之成績審利害得失之所存擷其精華以成完璧至日本中央銀行則尤取比國之長而鎔成之者也中央銀行之營業雖亦有貸借等事其專注之要策與各種銀行不同按歐美各種銀行專與人民爲貸借而中央銀行則專對各銀行爲貸借縱亦得與人民爲貸借而究以國家機關斷無與他銀行有競爭之事其營業每抱持國家理財之觀念非徒以中央利益爲主義蓋必扶植各銀行而爲金融界之中心誠以中央銀行立於各銀行之上所謂銀行之銀行而爲全體銀行之母者

也。

我國古無銀行。卽無所謂中央普通之別。有清末葉。德宗始下試辦銀行以爲推行幣制之詔。是爲我國中央銀行之開端。創立以來。垂十有五稔矣。其推遷遞嬗以成今日之中國銀行。可分爲二時期言之。其一。由前清光緒三十年。以迄宣統三年。爲中央銀行成立時期。卽大清銀行是也。其二。由民國紀元。以至今日。爲中央銀行革新時期。卽中國銀行是也。雖大清銀行。在今日已爲陳迹。而追溯中央銀行之歷史。亦屬不可少之事實。故下章先言中央銀行之起源。而歷敍民國以前大清銀行之狀況。次章更言中央銀行之現制。而敍述今日中國銀行之情形焉。

第二章　中央銀行之起源

第一節　大清銀行章程之制定及修改

前清光緒三十年正月。戶部以中國向無銀行。各省富商所設票號錢莊。大致雖與銀行相類。特公家未設有銀行相與維繫。則國用盈虛之大局。不足資以輔助。現當整齊幣制之際。亟賴設有銀行。爲推行之樞紐。擬先由戶部設立籌集資本。採取各國銀行章程斟酌損益迅即試辦銀行以爲財幣流轉總匯之所因具試辦銀行章程奏蒙詔可。茲錄章程於左。

試辦銀行章程

一、本行現係試辦擬先備資本銀四百萬兩分爲四萬股每股庫平足銀一百兩由戶部籌款認購二萬股其餘二萬股無論官民人等均准購買俟貿易擴充之時再行酌量添招若干股隨時由辦事人等稟請。

二、本行照有限公司辦法股分以外不再向股東添取銀錢即有虧欠與股東無涉惟添招股分之時則應先儘舊股東如舊股東不買方可另招新股。

三、本行現設京師其各大埠如天津、上海、漢口、廣東、四川等處酌設分行未設分行之處可與殷實商號訂立合同作爲代辦。

四、本行專作收存出放款項買賣荒金荒銀匯兌劃撥公私款項折收未滿限期票及代人收存緊要物件其餘未及詳列之款以及各項禁令均照各國銀行章程辦理。

五、本行歸國家保護凡遇市面銀根緊急青黃不接之時本行可向戶部稟請發給庫款接濟。其發給之款。照章按期算交息銀。

六、本行營業年限自開業起以二十年爲滿屆時可以稟請展緩限期。

七、本行每季詳造營業資財切實報告二分送呈財政處戶部查核。財政處戶部並可隨時調閱本行清賬。此外各項貿易事業。公家均不干預。

八、以後銀元局鑄造銀銅各幣。均應交本行承領。與商號直接往來。以便流通市面。此項交存銀銅各幣。均按存日多少照章生息繳公。

九、凡認買股分劵者。均於開行之前。先行繳足四分之一。其餘俟本行貿易應用之時。再行普告分次收取。惟購買此項股分者。必須書明姓名籍貫註册。以本國人爲斷。他國人民不得購買。其原有股分者。亦不得轉賣與他國之人。

十、本行分次續收股本之時。均於兩月以前普行報告股東。若屆期未將續交之款交到者。須俟其補交時令於應交數目外增納十分之一。以懲因循。若再經兩月之久仍未交到者。卽將其股票發賣。由其已交本銀內除淨所罰加一之款及因發賣所需一切費用。如有羸餘。交還原主。倘或不足。仍向原股東追繳。其股東遠在外省或外洋者。可再展期兩月。照此辦理。

十一、公家既認買二萬股。卽爲最大股東。可以選派銀行總辦。一人。副總辦一人。另設理事。四人。由各股東公舉。與總辦副總辦。均爲總管事務之員。會議時則總辦爲議長。如遇一事可否各半者。議長有判決之權。總辦如有事故。以副總辦代之。又設監事。三人。由股東公舉。監察本行一切事務。此外大班司帳等人。由辦事人員延請。

十二、理事非有百股以上。監事非有四十股以上。不得當其選舉。理事選舉後。須呈明財政處戶部。再行任事。監事逕由股東公舉。

十三、總辦副總辦以五年爲一任。理事以四年爲一任。監事以三年爲一任。總辦副總辦任滿由公家再選。理事監事任滿由股東再舉。如其辦事妥善。亦可再受選舉。

十四、理事監事至期滿時。每年至少須退換一人。卽在股東公會時議定。

十五、每年三月九日。定期在京師會議二次。股東均得與議。惟須入股註冊在一箇月以前。並須於會前三日。先行持股分劵赴本行報名。凡擇定會期。於一箇月前繕函分別郵寄。並登日報。卽爲周知。不得以未經接到爲詞。另生異議。

十六、銀行執事各員。每月須有大會議一次。議辦一切大事。總辦、副總辦、理事、每月須有會議數次。議定現行各事。交監事會議承諾。方可施行。

十七、股東會議到場有全數之半。其所持股分有全股之半。並本行執事人到及一半者。卽可定議。否則改期再議。如不能如上所限。而在場股東以爲事在可行者。已居多數。可以暫時議決。至業經公會議定諸事。未經赴議之人。不得退有後言。查現在商部新定商律內公司會議章程。極爲詳細。凡本行未經詳列者。一切均可查照該章程辦理。

十八、本行設一股分總册。登記股東姓名籍貫。股分券或賣給或讓與他人。須由原主函致本行。本行稟准。再行通知本人。將買賣或讓與之契。兩造簽名畫押。連股分券送至本行。再由本行登註總册。且須本行人員。於其股券之背。簽名畫押。以證永無翻悔。此外有執持股券來行自稱股東者。本行均不承認。惟認曾經註册者爲實在股東。

十九、本行每半年結帳一次。股票長年官息六釐。結帳之後。除分官息及辦事人等薪水用度外。分作十成。至少留一成作爲公積。一成爲辦事人等花紅酬應之需。其餘按股均分作爲餘利。惟必結帳實有贏餘。方能分派股息。不得移本分派。

二十、本行擬印幣紙。分庫平銀一百兩、五十兩、十兩、五兩、一兩、五種。通行銀元票亦如之。此外因便商民起見。亦可出市面通用平色、及百兩以上銀兩等票。以及各種票據。

二十一、本行分設省分。卽爲本行權力所及之處。凡本行紙幣。公私出入款項。均准一律通用。應繳一切庫款官款。均准以此紙幣照繳。或全用。或搭用。與現銀無異。各該省如有解部款項。並准一體解兌。如有官吏商民人等。故意挑剔折扣者。京師准稟知財政處戶部。外省稟知該督撫。從嚴參辦。

二十二、戶部出入款項。均可由本行辦理。凡有可用票幣收發者。均須用本行紙幣。其他商號之票。不得攙用。

二十三、有持本行紙幣至總行分行兌換現銀者。均卽登時兌給。不得稍有遲延。凡紙幣通行各省。兌換數目。均照滙豐等銀行折算章程辦理。

二十四、本行有整齊制幣價值之權。凡遇市商把持壟斷。將各項制幣價值任意抬抑之時。本行得以稟請從嚴懲辦。秉公定價。務使幣價一律。以維圜法。

二十五、現在京中爐房紛紛閉歇。商民受累甚多。今總銀行既設立京師。不能不妥設爐房。傾銷銀兩。擬籌款另設爐房一所。招集匠人專爲本行傾銷銀兩之所。其商民人等有願將銀兩交本行爐房傾鑄寶銀。以及存款交庫等事。均照市面爐房一律交易。統俟銀元鑄多。生銀日少。再行酌量停止。以便商民。

二十六、本行不用關防。祇刻圖記一顆。其花文字樣由總辦各員酌定。交總辦掌管。至少有執事二人監視。方能開用。如總辦有事不能到行。即將鑰匙交副總辦、或理事代爲開用。

二十七、本行係仿西例辦法。名爲有限公司。公家既經籌款。認買股分。即與各商股一律。凡未經滿限以前。股本銀兩不能隨時提用。亦不能藉辭挪借。如有以上各事。本行可堅執不允。以示大公。

二十八、僞造紙幣。不獨有害本行營業。兼亦害及行用之人。亟須嚴禁。本行既隸於戶部。所發紙幣。即與國家制幣無異。應稟財政處戶部。奏明通飭各省。出示嚴禁。無論何項人等。如有僞造本行紙幣者。由刑部另立專條。從重辦理。

二十九、銀行執事。本不能兼辦他事。惟本行現係試辦。一時難得專門諳練之人。所有總辦等差。暫准有差者兼辦。但給車馬酬應之費。不給薪工。其花紅等款。則准一律照分。

三十、各省有分行之處。如有股東。亦可公舉二三人。與總行所派之人。各就本處情形。商辦各事。惟所議辦者。不得與總行議定章程。大爲相背。

三十一、本行如經財政處、戶部、或股東執事各員。查明本行業經折閱過半。即應將營業停止。仍須議定辦理結帳人員。俟將存欠帳目歸收清楚。所餘本銀。按股分給各股東。方准閉歇。

三十二、以上係草定章程。以後尚須隨時修改。並酌擬詳細辦法。但與原定章程宗旨。不至大背者。均可刊刻通行。

此爲戶部試辦銀行之章程。內如第八第二十第二十一諸條。已含有國家銀行之事

務。光緒三十四年。度支部釐訂銀行則例。謂國家銀行由國家飭令與以特權。凡通用國幣發行紙幣管理官款出入擔任緊要公債皆有應盡之義務。以前所設戶部銀行卽爲中央銀行。現在戶部已改爲度支部。擬改銀行之名曰大清銀行。計則例二十四條。自是大清銀行。遂認爲國家銀行矣。

大清銀行則例

第一條　大清銀行就戶部銀行改設。原有資本銀四百萬兩。擬再添招六百萬兩。合共一千萬兩分爲十萬股。股票概用記名式。由國家認購五萬股。其餘限定本國人承買。至貿易擴張續行增加資本之時。應由股東總會決議稟准度支部添招。招股章程由大清銀行自定。但不得招他國人民入股。亦不准股東將股票轉售於他國人。

第二條　大清銀行。爲股分有限公司。各股東責任。以所認定之股分爲限。股分外如有損失。概不負責任。

第三條　大清銀行。設總行於京師。其沿江沿海貿易繁盛之處。以及各省府廳州縣。

應設立分行分號。得隨時斟酌地方情形。稟准度支部。照章分設。或與殷實銀行銀號。按照銀行章程。訂立合同。作爲代辦。或與他行號聯結。爲匯兌之契約。均須呈明度支部核准。度支部視爲應行分設之時。可命銀行照章設立。

第四條　大清銀行。營業事項。開列於左。

一　短期拆息。

二　各種期票之貼現或賣出。

三　買賣生金生銀。

四　匯兌劃撥公私款項及貨物押匯。

五　代爲收取公司銀行商界所發票據。

六　收存各種款項及保管緊要貴重物件。

七　放出款項。

八　發行各種票據。

第五條　大清銀行有代國家發行紙幣之權。但須遵守兌換紙幣則例。另訂詳細章程。呈准度支部施行。

兌換紙幣則例未頒布以前准其暫時發行市面通用銀票。

第六條　大清銀行得由度支部酌定令其經理國庫事務及公家一切款項並代公家經理公債票及各種證券。

第七條　大清銀行有代國家發行新幣之責應隨時體察市面情形向度支部請領新幣。由部核准知照造幣廠分別發放以資流通。

第八條　大清銀行除上開事項外不得再營他業。

第九條　大清銀行不得將本行股票作爲抵押之物亦不得自行買回。

第十條　大清銀行除營業應用地基房屋外不得將不動產買入或承受惟或因清理欠款由債主交付或因抵押借款由官斷給須由銀行屬原經手人並委本行確實人一同估勘實抵價值若干經職員會決議亦可暫時承受仍限於十二個月以內。迅速出售倘限期內迫於出售價值致被勒抑經理人申明實在情形由銀行呈准度支部。量展期限至多再以六個月爲止若其中因不經意致有損失前後經手人均應負其責任。

第十一條　大清銀行不得以行中款項營運他項商工事業但有時收入確實可靠之公司股票隨時買賣者不在此例。

第十二條　大清銀行凡遇各地方市面銀根緊急之際得由職員會定議呈准度支部借給款項維持市面。仍由銀行按期照章結算存息聽候部示。

第十三條　大清銀行營業年限自總行開辦之日計算以三十年爲期滿期後得由本行職員及股東總會決議呈准度支部展限。

第十四條　大清銀行設正監督一員副監督一員理事四員統理總分各行一切事務正副監督由度支部開單請簡理事由股東總會投票公舉呈准度支部加札派充。

設監事三員監察總分各行一切事務由股東總會投票公舉。

此外各分行總辦由銀行呈准度支部奏派經理協理司帳等員由銀行職員公同選派。呈明度支部註册。

理事非有一百股以上。監事非有四十股以上者。不得當其選舉。正監督、副監督、理事、監事、權限責任。及經理協理以下各員。合同保單。薪水押櫃銀兩。與辦事規則。均由大清銀行自訂章程。呈准度支部遵辦。

第十五條　度支部特奏派監理官二人。監理大清銀行一切事務。監理官應隨時檢查大清銀行之票據、現金及一切帳簿。監理官得出席於股東總會及其他一切會議。陳述意見。但不得加入議決數。度支部視爲應行查核時。可隨時派員會同監理官查核大清銀行一切事務。

第十六條　正監督、副監督、分行總辦。以五年爲一任。理事以四年爲一任。監事以三年爲一任。分行總辦、理事、監事。如辦事妥愼。均可再受舉派。正副監督分行總辦。任事期內。不得兼他項重要官職。理事監事任事期內。不得兼他銀行公司事務員。

第十七條　總分各行須造營業資財。切實報告。由總行呈送度支部查核。

第十八條　大清銀行。每半年結帳一次。將總分各行營業資財。及半年行中情形。由總行編輯彙報度支部查核。每年總結帳一次。除開支行中薪水、各種營業費、及股票長年六釐官息外。至少提一成爲公積。此公積款項。除塡補資本虧耗及官息不足外。不得支用。

第十九條　每年定期在京師總行開股東會議一次。惟須入股註册在一箇月以前。並須於會前三日持股票赴總行報名者。方得與議。凡會議事項。應於一箇月前以郵函分寄。並登日報通知各股東。臨時有重要事項。必須會議時。須招集臨時股東總會。監事全員或股東五十人以上。陳明議事宗旨。請求會議者。亦得招集臨時總會。

第二十條　大清銀行應照本則例之旨。自定詳細章程。請度支部核准。章程有應行改動之處。須開股東總會決議。呈准度支部施行。

第二十一條　大清銀行如經度支部及職員並股東總會。查明本銀折閱過半。即應將營業停止。仍須議定辦理結帳人員。俟將各欠帳目收付清楚。所餘本銀。按股分給各股東。方准閉歇。

第二十二條　正副監督、分行總辦、理事、等員。如有故違此項則例。或不遵守權限。致有損壞行中營業事項者。經度支部查明。輕則分別處罰。重則奏明撤換。行中所受損失。仍著該員賠繳。或經股東三分之二決議。亦得呈請度支部查明奏換。

第二十三條　本則例於奏定後三箇月施行。

第二十四條　本則例如有應行修改之處。隨時斟酌情形。奏明辦理。

以上各條。關於發行紙幣經理國庫流通新幣等項。規定尤詳。與各國國家銀行之制相同。旋復由該行擬定現行詳細章程四十條。經部核准試辦。此民國以前中央銀行制度沿革之大略也。

第二節　總分行之組織

第一項　總行之組織

大清銀行設總行於北京。爲各地方分行總匯之所。其資本既合國股商股而成。故其組織亦分商股國股兩種。度支部奏派之總幫辦、正副監督、考察員、監理官。是爲國股方面之組織。股東會選舉之理事及監事。是爲商股方面之組織。其他若總辦事務處若經理協理若九科若祕書若顧問若職員會皆爲總行執行行務及會議行務機關。此總行組織之大略也。分述於左。

第一 總幫辦及正副監督

總行創立之初。戶部奏設總辦副總辦以綜其成。光緒三十二年冬。增設幫辦以襄其事。三十三年夏總辦裁撤。改置正監督一員副監督一員爲度支部特別實缺專官。且改副總辦爲會辦。宣統三年夏復設幫辦。

第二 考察員及監理官

光緒三十一年冬戶部奏設銀行考察員二人。以銀行爲財政大端。與商務相爲表裏。財政處商部均行考察之責。遂由財政處商部各派一員以充考察之任。亦名總稽查。三十四年依大清條例第十五條奏派監理官二人。考察員之名遂廢。

第三 理事及監事

試辦章程第十一條及大清銀行則例第十三條、規定理事四人統理總分各行一切事務。監事三人。監察大清銀行一切事務。悉由股東會議選舉。

第四　總辦事務處

光緒三十一年十一月於北京總行設立總辦事務處專爲總分各行辦理票據賬簿以及稽核彙總帳目報告等事處內分設四所。

(一)稽查所　稽核各行月結年結報告貿易各帳册。

(二)書信所　管理各行往來電信。

(三)印刷所　印刷各行應用單據帳簿紙幣銀票各件。

(四)物料所　收存預備各行應用之件。

其綜理四所事務之人謂之委員委員以下有辦事各員三十四年秋則併爲文書及書信科與會計兼庶務科報銷科兩科而已。

第五　經理及協理

總行設經理一人協理一人管理北京營業事務歸總幫辦節制總幫辦改爲正副監督則歸正副監督節制經理協理以下其組織與分行同。

第六　九科及祕書官顧問官

宣統三年六月、變更組織。裁總辦事務處。設九科及祕書顧問二職。其組織之大綱如左。

(一)大清銀行既確定爲中央銀行。分行遍設於各省。而現在總辦事務處。僅辦文案一部分之事。總行經理協理。僅辦北京營業一部分之事。調度不靈。事權不一。流弊甚大。宜仿中央銀行組織。先將總行改定。以符名實而立根本。

(二)參酌英日兩國制度。以監督爲執行機關。下分九科。各執其事。而以各分行名義上直轄於監督。事實上分屬於九科。九科之目。曰總務科。國庫科。國幣科。營業科。出納科。核算科。稽查科。庶務科。證券科。每科設一科長。科之繁者。再分爲股。

(三)現有之總辦事務處。暫隸於總務科。經協理以及各夥友。暫隸於營業科。俟將得力人員選定後。卽行裁撤。

(四)各科之外。設顧問官一二員。以旁求學問智識。祕書官一二員。以專司祕密文件。均由監督開單呈請。再分別延聘遴委。

第七　職員會

職員會爲現行詳細章程所規定宣統三年六月以前亦隨時舉行惟無一定之形式耳分科總章釐訂之時職員會亦於總章中規定組織之人員開會之日期與夫會議之事項自是職員會按期會議乃爲大清銀行之一會議機關其職員如左

(一)正副監督幫辦及各科科長祕書官顧問官

(二)監理官

(三)理事

(四)監事

第二項　分行之組織

分行一切事務俱受成於總行設經理協理各一人以當營業之任設總辦一人立於經理協理之上以監察之其餘行夥若干人由經理協理調度辦理事務此分行組織之大略也而上海、奉天、營口等處則稍稍異是光緒三十三年四月以副監督駐上海上海分行不設總辦宣統元年春正監督移駐上海副監督乃入京管理總行事務是時有正副監督分駐北京上海之議及時而代以上海爲東南要埠也是年四月上海分行仍設總辦。而正監督旋卽入京。遂不復駐上海矣。奉天分行。設幫辦一員。營口分行。設會辦一員。所以分總辦之勞也。然至宣統二年秋冬之間。亦皆裁撤矣。至於行夥。悉有一定職掌。其人數則因行務之繁略。以爲增減。至宣統三年七月度支部釐訂分行總章二十條。其組織又爲之一變。分行中置總辦一人。經理一人。或經協理各一人。總理分行一切事務。又設左列諸課。分掌其事。每課置課長一人。課員若干人。

(一)營業課

(二)出納課

(三)核算課

(四)國庫課

(五)文書課

第三項　分號之組織

凡分行附近之地。交通較便。貿易較繁。而其營業收入。又不足供設立分行之銷費者。於是乃設分號。以隸於分行。光緒三十三年夏、監督張允言。請於度支部。以爲分號之

設關係亦鉅遂訂章程二十四條以資遵守其分號則設一分理人管理號中一切事務此分號組織之大略也

總分行號成立年月表

行名	成立年月	所在地
北京總行	光緒三十一年八月	北京西交民巷
天津分行	光緒三十一年九月	天津北馬路
上海分行	光緒三十一年十月	上海英租界漢口路
漢口分行	光緒三十二年八月	漢口迴龍寺
濟南分行	光緒三十二年十二月	濟南西門裏
張家口分行	光緒三十三年正月	
奉天分行	光緒三十三年二月	奉天省城
營口分行	光緒三十三年二月	營口二道街
庫倫分行	光緒三十三年九月	庫倫東營西街

重慶分行	光緒三十四年三月	重慶千厮門正街
南昌分行	光緒三十四年十一月	南昌廣潤門內
杭州分行	宣統元年二月	
開封分行	同　上	開封西門內
太原分行	宣統元年閏二月	省城鼓樓東街
福州分行	宣統元年三月	福州城外南台番船浦
長春分行	同　上	長春西三道街
廣州分行	宣統元年四月	廣州城三府前街
蕪湖分行	宣統元年九月	
長沙分行	同　上	省城西長街
西安分行	宣統元年十二月	
雲南分行	同　上	省城三牌坊
江寧分行	宣統元年十月	

分號名稱	成立年月	隸屬行名
保定分號	光緒三十三年四月	北京總行
北京阜通南號	光緒三十一年十月	同上
北京阜通東號	光緒三十二年八月	同上
張家口分號	宣統二年九月	同上
宜昌分號	同 年二月	漢口分行
沙市分號		同上
周村分號		濟南分行
烟台分號	宣統元年四月	同上
青島分號	同 年八月	同上
錦州分號	光緒三十三年四月	營口分行
大連分號		同上
蓋平分號	宣統元年正月	同上

鐵嶺分號	同　年七月	同　上
安東分號	光緒三十三年五月	奉天分行
烏里雅蘇台分號	光緒三十四年五月	庫倫分行
成都分號	同　年七月	重慶分行
自流井分號	宣統二年二月	同　上
五通橋分號	同　上	同　上
歸化城分號	宣統元年　月	太原分行
運城分號	宣統二年十一月	同　上
九江分號	宣統元年正月	南昌分行
温州分號	同　年四月	杭州分行
寧波分號	宣統三年正月	同　上
周家口分號	宣統元年二月	開封分行
廈門分號	同　年八月	福州分行

吉林分號	同　年十月	長春分行
哈爾濱分號	宣統二年七月	同　上
香港分號	宣統元年六月	廣州分行
安慶分號	宣統二年	蕪湖分行
汕頭分號	宣統元年六月	廣州分行
富莊分號		蕪湖分行
常德分號	宣統二年二月	長沙分行
湘潭分號	宣統元年十月	同　上
鎮江分號	宣統三年四月	江寗分行
揚州分號	同　年六月	同　上

第三節　股本

大清銀行。爲股分有限公司。試辦銀行時代。定股本銀四百萬兩。分爲四萬股。每股銀一百兩。及大清銀行則例。公布始於四百萬兩股本之外。復增六百萬兩。分爲六萬股。

每股仍爲銀一百兩。於是有舊股新股之別。通新舊股本而計之。共銀一千萬兩。其股本支配之法。則無論新舊。而國股商股各居其半也。

一國股

光緒三十一年秋。戶部發銀五十萬兩。爲銀行創立之資。是爲國家認股交銀之始。三十二年冬。交銀五十萬兩。自是舊股未交之一百萬。及新股三百萬。亦由度支部相繼交足。而國庫遂居新舊各股之半。銀行具新舊股票各一紙。新舊息摺各一扣。呈部存執。而銀行營業期限未滿以前。國家不得隨時提用股本。此則試辦章程二十七條所制限者矣。

二商股

舊股四萬股。其中二萬股。應由商民認購者。至光緒三十二年冬。始克招齊。是時收股銀一百萬兩。三十四年春。復收股銀一百萬兩。而商股應交舊股股銀。至是始竣。光緒三十四年。增招新股六百萬兩。宣布招股章程。卽於是年四月至六月之間。收足二分之一。宣統二年五月。通告股東再收二分之一。以是年六月爲收銀截止之期。顧收竣之日實在是年八月之間以股東在邊遠省分應展兩月之限也。

第四節　紙幣之發行

紙幣則例未定以前大清銀行所發行者名曰鈔票固無所謂紙幣也。然試辦章程第二十八條則視爲紙幣無甚出入故仍以紙幣名之其種類大別爲三一銀兩票二銀圓票三錢票大清銀行則例第五條第二項規定『兌換紙幣則例未頒布以前准其暫時發行市面通用銀票』故大清銀行卽據試辦章程第二十條『本行擬印紙幣分庫平銀百兩五十兩十兩五兩一兩五種通行銀圓票亦如之此外因便商民起見亦可出市面通用平色及百兩以上銀兩等票以及各種票據』云云發行各種紙幣。爾時幣制紛紜不一。銀兩之平色銀圓之種類各地方至不相同。大清銀行之紙幣遂亦隨總分行所在地之習慣而變通之。其銀圓票註明某處通用銀圓數字於其上者。卽係某處通用之大銀圓。營口、奉天、長春、太原等處習慣皆用小銀圓以角計算而營口、奉天、長春、太原、等分行之銀圓票卽註明若干角或小毫數字。福州、廈門等處習用番銀。而福州分行之銀圓票。卽註明每元照番銀七錢兌換數字。廣東習用毫銀。而廣州分行之銀元票。即註明直平七兌洋數字。至於銀兩票爲某行發行者。亦即註明某行所在地之平色。以區別之。是故總辦事務處。特於所備各紙幣之外。另製一種空白之票名曰特字票。凡各行偶有特別新樣。不能行用印成紙幣之處。即以此特字票塡寫發行。合總分各行而計之。種類之多。乃達百數。至於錢票。則北京阜通東南兩號成立之後。即已發行。濟南分行。亦發行錢票。以濟錢荒。其他各行。未有發行錢票者。
大淸銀行紙幣。雖分銀兩票、銀圓票、錢票三種。而各行歷年發行數目之報告。僅列銀兩銀元兩種。而於濟南分行及北京阜通東南分號發行之錢票。概未列入。查宣統三年閏六月底之發行額。計銀兩票五百四十三萬八千九百一十兩七錢五分。銀元票一千二百四十五萬九千九百零七元八角九分。其準備現金總額。按宣統元年九月總辦事務處之通告。以照章五成現銀爲紙幣發行數目之準備。此外商號銀票、鈔票、據條、及爐房浮存銀兩。均不得作爲準備金。至於現金準備之外。則爲保證券準備。此項證券。即指可靠之債票、股票、及各據等項而言。而本行已發未發各票、及他行鈔票。不在其列也。

第五節　營業及利益

初大清銀行參酌外國銀行及中國票號之法。釐訂貿易章程十二條。而其營業範圍亦不外試辦章程第四條及則例第四條之規定。自是總分各行。大率準此章程而行。宣統三年六月。監督葉景葵將銀行營業。劃爲新舊兩事。六月望日以前爲舊事。望日以後爲新事。且宣布營業新方針。冀鞏固中央銀行之基礎。其大旨如下。

一、凡普通銀行能辦之事。本銀行竭力縮小其範圍。中央銀行應辦之事。本銀行次第擴張其計畫。

二、凡商業外之個人及小商業。本銀行絕不與之作往來帳。亦絕不與之作定期及不定期借款交易。

三、本銀行之借放款項。專以便於售賣及價值確實之動產或有價證券爲憑。

四、本銀行所發鈔票。必審察市面之情形。貯相當之準備金。并擬規定各直省統一流通之法。

此大清銀行營業之變遷也。顧自成立以來。歷時七載。總分各行二十有一。分號三十

有五其營業方面如存款放款匯兌代收公司股款擬辦統帳諸大端皆有可紀之事實焉茲撮其大要分述於左

第一　存款

初戶部以銀行創設須招徠存款始足以謀流通光緒三十一年十月遂有保護存款人之詔於是大清銀行備有存款票據凡存款於銀行者銀行卽付與存票以爲存款往來之存款憑劵存款之種類有三一曰往來存款二曰暫記存款三曰定期存款而往來暫記兩種存款其期無定由存戶隨時支取銀行亦不予息銀卽予息銀亦不過週息一二釐耳定期存款則不然其息率之高下大都視存期之長短以爲衡故定期在數月以內者息率常在五釐以下定期在一年以外者息率常在六釐以上此大淸銀行存款息率之通例也

第二　放款

放款者大淸銀行放出款項之總名也析而言之則有六種

一押款　凡以貨物有價證劵房屋地皮及其他動產不動產抵押銀行而銀行始

放給款項者謂之押款。抵押之戶出具抵押借劵存留銀行以爲憑者也。

二借款　無抵押之件。但以殷實之戶作保者。銀行亦可借給款項謂之借款。貿易章程第五條所載借劵式。卽爲此種借款之用也。然如濬浦借款。長蘆借款。蒙王借款。以及兩江福建湖南等省之借款。往往由各省大吏。與銀行訂立合同。報明度支部立案。其本息分年歸還。且指某項收入以爲抵押。蓋與商民之借款不同也。

三拆款　拆款卽極短期之借款也。其期不過數日。卽行歸還。大清銀行總分各行二十餘處。惟上海、漢口、長沙、營口、長春、福州六處。始有此種放款。

四往來欠款　欠款之戶。必先有若干款項。存儲銀行。言明互作往來。所存之款。以支票支取。支取之數。卽過於存儲之數。銀行亦如數付與。其過支之數。卽所謂往來欠款也。

五暫記欠款　宣統元年。度支部飭令銀行禁止此項暫記欠款。蓋以暫記欠款。既無抵押件。亦不立劵。但以欠款人之一言。銀行卽付與款項。且不取息也。然據歷次總結報冊觀之。總分各行仍有暫記欠款名目。其數亦復不少。

六現銀存在各家銀行莊票爐房　庫倫分行而外總分各行均有此項放款惟其期無定自數日以至於數月不等由銀行隨時提用故其息以日計其率亦甚微以其性質言之蓋在拆款與往來欠款之間也

大清銀行放款之種類上述六種幾盡之矣然押借二者實爲放款之要鍵銀行之成敗利鈍大率視押借之善否爲轉移故自成立以來度支部之稽察監督之告誡莫不兢兢注意於押借二款其他間亦連類及之而已

第三　匯兌

貿易章程第七條云「各處承匯款項無論公私鉅細須由承匯之行自行籌畫妥當當由交款之行代爲交出其責任由承匯之行擔代」此明示匯兌之責任也凡匯款至指定之行者由承匯之行付與匯票而匯款者卽可持此匯票至指定之行兌現此其責故由承匯之行任之光緒三十三年春濟南分行匯款至京津兩處京津兩行索取匯費竟駕票莊銀號之上濟南分行遂託莊號匯解濟南分行遂有擬訂匯價畫一之事未果行也其兌匯之種類有三一曰電匯二曰解信三曰匯票而匯票又有定期

即期之別云

第四　代收公司股票

大清銀行自代收津浦鐵路公司、及蒙古實業公司、股款以來，於是委託該行代收股款者日見甚多，乃知代收股款亦爲營業之一種，宣統二年冬，遂釐訂代收各項公司行廠股份規約十二條，頒發各行照辦，俾凡委託代收股款者知所遵守，以免糾葛云。

第五　統帳之擬辦

大清銀行擬辦統帳二次，一在張允言監督時代，一在葉景葵監督時代，二次皆擬而未行，然統帳之於營業，蓋有至大之關係，宣統二年五月，張監督擬訂統帳章程八條，下其事於各行，以爲集思廣益之助，其大旨如下。

一統帳之意義　統帳者統核總分各行之帳目，以算盈虛，統籌總分各行之款項，以資挹注調換，總分各行之人員，以周知市情也，欲活動金融，以推行幣制，貫通脈絡，以增進公益，非此不可。

二統分花紅辦法　統帳辦法，必從統分花紅爲入手，惟因獲利多之行，不願與獲利

少者均分花紅又合同未滿不願改紘更張所以用比率同分之法復增以資格年分功過等第以損益之法至平也

三凡調任人員本人及眷屬所需川資與遷運等費皆由銀行給發按道路遠近酌量核給

四凡調任人員必須照監督命令所指定之日期離任不得遲延

五各分行每五日將總收總支存欠市情等要件電知總行俾得統籌全局復將每日出入重要款項報知總行以便查核

六凡總行由各分行指撥匯往別分行之款各分行須當剋日照辦以顧大局

七各行經費即按前算花紅辦法定一中數每年結算查核如有出中數之外非由監督核准不准報銷

八以上章程先行試辦一年再爲增改以臻完善

三年六月葉景葵復定統一帳目辦法四條大旨不外各分行淨利統歸總行結定以符中央銀行制度蓋各行營業之地勢市面既各有不同則獲利之多寡亦隨其貿易

之大小及辦事人之能力如何而有差異故其分配之率亦有不同如北京、天津、上海、爲一等行漢口、營口、重慶爲二等行所得花紅隨之而判此亦獎勵營業之一法也至於銀行股本所得之利息亦分兩種（一）爲官息由股東交銀之下月初一日起算常年六釐著以爲例是謂官息（二）爲紅利每年按營業盈餘總數除公積外提出十成之七按股分配是謂紅利且爲平均分配計而以分配之尾數作爲第二公積其有紅利較少之年卽以第二公積歸入紅利分配國股官息紅利由銀行呈繳度支部商股則由銀行通告股東持摺至總行領取領取之期約在股東會議時日之先後也茲將歷年分派紅利之總數及每股所得官息紅利之率分列二表亦可以見歷年營業盈餘之狀況矣

（一）分派紅利總數表

年別／款目	營業盈餘七成總數	分派紅利總數	第二公積
	釐	釐	釐
光緒三十一至三十二年	二一九八三四九〇	二一九八三四九〇	
光緒三十三年	五〇六九九一七四六	四七八一九一三九六	二八八〇〇四五〇

光緒三十四年	八三五〇七八七八五	八一八六七六〇〇九	一六四〇三七七六
宣統元年	八五四三八〇〇〇〇	八二五〇〇〇〇〇〇	二九三八〇〇〇〇
宣統二年	五六〇八四〇〇〇〇	六〇二八三四七五一	

(二)每股所得息率表

款目 年別	舊股息率 官息	舊股息率 官利	新股息率 官息	新股息率 紅利
光緒三十一年	六釐	一五八毫	釐	釐
光緒三十二年	六	二四〇		
光緒三十三年	六	二四〇		
光緒三十四年	六	二八〇	六	九〇
宣統元年	六	一五〇	六	七五
宣統二年	六	七〇	六	七〇

就表面觀之。總分行營業。每年均有盈餘。除三成公積外。每年七成總數。在五十餘萬

元以上新舊股分除官息外所派紅利浮於官息。而其股票之市價增至一倍以上。公積以外又有第二公積一若行基鞏固可與列邦國家銀行並稱者。然細考其實際弊竇叢生而尤以濫放之弊為最甚如營口分行之東盛和欠款上海分行之通久源押款營口上海重慶南昌奉天等各分行之厚德銀行欠款多者一百餘萬元少者亦在數十萬元之譜均係無着之款彼時一經發覺金融緣以停滯蓋各國之國家銀行大率注重於政府委託之事務而經營於放款之業務者甚寥寥也乃大清銀行本係國家銀行之性質亦照普通銀行專事於放款之業務冀得年終紅利以為分肥之需及其末流行員商民串通舞弊所放之款不盡可恃以致牽動各地之金融累及銀行之信用良可嘆已

第三章　中央銀行之現制

第一節　中國銀行之創設

民國成立即將大清銀行宣告清理。另設中國銀行。當時大清之名既歸消滅。大清銀行自無存在之理。惟中國銀行當南京臨時政府之時。滬行已首先開辦。統一以後更

相繼設立數月以來兩行之事務每多轇轕推原其故因中國銀行雖可與大清銀行分離而中國政府不能與大清銀行之商人分離中國銀行之辦法雖不牽涉大清銀行而中國銀行之款項不能不牽涉大清銀行以致名雖分離而實相關係也是以中國銀行創設之初亦往往有回顧大清銀行之情形者其中有種種之理由姑就其大者述之一則國家信用之關係也民國初建以確立國信爲第一要義欲立國信必先有一事以爲之鵠欲爲民國樹信之鵠莫如將大清銀行所受之虧損一一由政府任之使商民知在前清已失之資財民國猶爲之補償則此後民國新營之事業如募集公債發行紙幣之類皆不疑爲誑己自然樂於投資此中國銀行所以不能不與大清銀行有所關係者一二則債權債務之關係也夫使兩銀行始終判然資本營業皆無可議乃始則擬以大清銀行商股撥作中國銀行商股終則准以大清銀行商存商股均作中國銀行存款核計當日大清銀行商股五百萬兩商存各項約一千萬兩合計有一千五百萬之多改歸中國銀行存款分年攤還卽由大清銀行撥交有價證券備抵其數之最大者如蘆鹽借款七百萬兩濬浦債款四百十二萬兩其他各款尙有數

百萬兩收付雖得相抵而權義無可推辭此中國銀行所以不能不與大清銀行有所關係者二是中國銀行之創立雖非繼續大清銀行之舊業而要不過從大清銀行改組來也故一方設立大清銀行清理處以收前清中央銀行之殘局卽一方設立中國銀行籌備處以定民國中央銀行之新基

第二節　條例之規定及修正

大清銀行既歸清理財政部乃籌設中央銀行爲發行紙幣統一國庫之樞紐草就中國銀行則例其提案之大旨略謂『民國成立百端待理而整理財政尤爲先務之急然軍興以來本國各種金融機關全然破壞金融全權操諸外人之手苟中央不急設一完全之金融機關則紙幣不能發行國庫無從統一金融滯塞匯兌不通工商坐困稅源日竭雖欲整理財政亦決無著手之處故中央銀行之創辦在今日中國財政棼如幣制混亂金融窘迫之秋誠不可一日或緩茲特擬定中國銀行則例三十條其大旨有不能不略述者三端中央銀行之辦法有主張國有者然流弊滋多危險殊甚故按銀行之學理考各國之成例均以股分有限公司制度爲最宜此中國銀行則例不

能不採用股分有限公司制度者一也軍興以來金融加緊急之度國民無企業之心銀行創辦伊始若貿然招股應者必無不但損失國家之信用且必遷延成立之時期故就事實上立論擬先由政府認股四分之一卽行開辦俟基礎大定金融復活時再酌量情形招集股本否則不能卽日成立有誤財政前途實非淺鮮此中國銀行則例不能不定爲由政府先認股本早日開辦者二也民國新創之中央銀行與前清時因陋就簡將錢莊性質之戶部銀行改爲大清銀行之辦法迥不相同故一切不能不按照完全中央銀行性質辦理以奠民國金融基礎此中國銀行則例不能不採用完全中央銀行制度者三也」卽經參議院議決於民國二年四月十五日公布矣

中國銀行則例

第一條　中國銀行爲股分有限公司

第二條　中國銀行股本總額定爲銀元六千萬元計分六十萬股每股銀元一百元政府先行認墊三十萬股餘數出人民認購認購總額超過三十萬股時得由政府察酌情形將認墊股分分期宣布售與人民

中國銀行。若有增加股本之必要時。得由股東總會議決。經財政總長核准後。再行添招。

國幣發行後。銀元應遵照幣制則例換算。倘生奇零之數。得追向股東增減之。

第三條　中國銀行。由政府先交所認股分三分之一以上。開始營業。一面招募商股。招股章程另定之。

第四條　中國銀行。設總行於中央政府所在地。各省會及商業繁盛地方。得斟酌情形。設分行或分號。或與他銀行訂立代理合同。或匯兌契約。但須經財政總長核准。政府視爲重要之區域。得商令總行。增設分號或代理店。

第五條　中國銀行股票。概用記名式。除中華民國人民外。無買賣轉讓之權利。

第六條　營業年限。自總行開業之日起算。滿三十年爲期。期滿時得由股東總會議決展限。但須經財政總長核准。

第七條　每年所得營業之淨利總額內。須提十分之一以上。作爲公積金後。始得攤派股利。

前項提公積金攤派股利須經股東總會議決呈由財政總長核准。

第八條　前項公積金之用途如左。

一　塡補資本之損失。

二　維持股利之平均。

第九條　中國銀行營業之種類如左。

一　國庫證券商業確實期票及匯票之貼現或買入。

二　辦理匯兌及發行期票。

三　買賣生金生銀及各國貨幣。

四　經收各種存款並代人保存證券票據及其他一切貴重物件。

五　代素有交易之銀行公司商號及箇人收取各種票據之款項。

六　以金銀貨及生金銀作抵押爲借款。

七　以各公債證書或政府發行證券或政府保證之各種證券作抵押爲定期或活期借款。但其金額及利率須經總裁副總裁董事監事隨時議決並財政總長之核准。

以上各種營業之制限及名詞之解釋另定之。

第十條　中國銀行得買賣公債證書但須經財政總長核准。

第十一條　中國銀行除前兩條揭載各種營業外不得經營左列諸項及其他各種事業。

一　收受不動產及各種銀行或公司之股票、作借款之抵押品。

二　收買本銀行股票並以本銀行股票作借款之抵押品。

三　除關於營業上必需用之不動產外不得買入或承受不動產。

四　直接間接經營各種工商事業。

第十二條　中國銀行發行兌換券但須遵守兌換券則例。

兌換券則例以法律定之。

前項法律未施行以前得依照財政部規定暫行章程辦理。

第十三條　中國銀行受政府之委託經理國庫及募集或償還公債事務。

第十四條　中國銀行有代國家發行國幣之責。

第十五條　中國銀行設總裁一人，副總裁一人，董事九人，監事五人。

第十六條　總裁、副總裁、簡任董事、監事、由股東總會選任。

非有五十股以上之股東，不得充董事及監事。

商股未招滿一萬股以前，前項職員資格暫不適用，董事監事之人數及選任均以財政部部令定之。

第十七條　總裁副總裁以五年爲一任，董事以四年，監事以三年爲一任，但得連任。

總裁副總裁任期內除匯業銀行、及幣制事宜外不得兼他項職務。

董事監事任期內，不得兼充他銀行或公司職員。

第十八條　中國銀行之股東總會，分爲左之兩種。

一　通常股東總會。

二　臨時股東總會。

第十九條　通常股東總會每年於總行所在地開會一次，由總裁召集之。

第二十條　總裁認爲有重要事件。必須會議時。可招集臨時股東總會。

第二十一條　總裁遇有董事或監事全體。或股東總會會員五十人以上。并占有股份全額百分之一以上者。因重要事件。請求會議。可招集臨時股東總會。

第二十二條　股東總會閉會時。須自開會之日起算。在六十日以前註册。繼續有十股以上之股東。始有會員資格。得列會議。

第二十三條　股東總會會員之投票權。每十股有投一票之權。百股以上每五十股遞增一權。

第二十四條　股東總會會員。因有事故不能到會者。其委託代理人。以會員爲限。凡一會員之代理投票權。不得超過十票。

第二十五條　總分行號、及代理處。應行報告事件。及其程式。由銀行呈准財政總長。另訂詳細章程辦理。

第二十六條　財政總長。對於中國銀行一切業務。如認爲有違背本則例及本行章程。或不利於政府之事件。時皆得制止之。

第二十七條　財政總長得派監理官一人監視中國銀行一切事務。

第二十八條　中國銀行須照本則例主旨詳定章程付股東總會議決呈請財政總長核准遇有須改訂增損時亦同。

第二十九條　本則例關於股東之規定自招滿一萬股時發生效力。

第三十條　本則例自公布日施行。

以上各條規定甚爲詳密辦理以來財政部陸續撥款作爲股本四年秋又議添招商股行將實施遂有修正原案之提交九月十三日經參政院議決第十六條改爲總裁副總裁簡任監事董事由股東總會選任非有一百股以上之股東不得充董事監事俟商股招足一千萬元卽設董事監事第二十二條改爲總裁遇有董事或監事全體或股東總會會員五十人以上并占有股分全額百分之十以上者因重要事件請求會議可招集臨時股東總會第二十三條改爲股東總會會員之投票權每十股有投一票之權百股以上每三十股遞增一權第二十九條改爲本則例關於股東之規定自招滿十萬股時發生效力等語是爲第一次之修正案考其修正之點與原案之異

者約有三端(一)原案商股滿一萬股卽可有適用股東之規定而修正案須滿十萬股以上方可(二)原案百股以上每五十股遞增一權而修正案減爲每三十股遞增一權(三)原案五十股以上之股東卽可充董事監事而修正案須在百股以上之股東方有此權觀此三端則普通商股應得之權利在修正之後較爲減少耳六年十一月、中國銀行總裁王克敏氏副總裁張嘉璈氏復擬整頓辦法呈請財政部修正章則略謂『竊惟銀行之基礎在信用信用之根據在資本資本之確實與否一行之信用繫焉國家銀行爲全國銀行公司之表率其內容之虛實不特一行之信用所繫一國之公私銀行與夫大小公司莫不視爲轉移數年來吾國上下紛紛興辦公司事業而失敗者踵接推厥原由皆由資本不充內容不實有以致之中國銀行爲一國之中央銀行立金融之中樞爲商業之保障必言行一致內容確實方足以昭示大信發達金融乃任事以來歷考前後頒布中國銀行章程則例稽查全行詳細賬目知事實多與規章不符其他細節或以時值過渡尚不妨勉予通融獨股本一層則銀行根本所係似不容絲毫假借查中國銀行自民國元年開始籌備編訂中國銀行則例三十條二年四月、經參議院議決公布。第二條載中國銀行股本總額定爲銀元六千萬元。計分六十萬股。每股銀元一百元。政府先行認墊三十萬股。餘數由人民認購。認購總額超過三十萬股時。得由政府察酌情形。將認墊股份分期宣布售與人民。第三條載中國銀行。由政府先交所認股份三分之一以上。開始營業各等語。是按照則例。必須政府交足一千萬元以上。銀行方能成立。乃查自民國元年八月一日起至民國二年三月三日止。僅陸續撥到洋二百九十三萬零五百八十七元一角五分。隨後由兩次股利項下。撥洋六萬九千四百十二元八角五分。始湊成三百萬元整數。是較之千萬之額相差尚鉅。嗣經前湯總裁一再請求補足股本。始由部允撥到六釐公債票一千萬元。作價七百萬元。補足千萬之數。當時爲委曲顧全行信起見。勉強承受。然按之各國通例。凡以財產入股。必經股東會之承認。此時商股未招。股東會尚未成立。以公債入股一層。是否能得股東同意。尚不可知。惟銀行創立伊始。基礎薄弱。似未便以鉅額之債票。充作資本。故就嚴格論之。卽中國銀行股款。並未交足。根本不能成立。民國四年九月二日。由部呈奉大總統批准。中國銀行招集商股章程六十五條。內第三條載中國銀行股本除由政府業經撥交一千萬元及現定續交一千萬元外。今照中國銀行則例第二條之規定招集商股。茲先招十萬股。計一千萬元等語。按照本條規定政府應續撥一千萬元。乃當時止聞財政部擬由清理官產項下陸續以收款撥交。乃迄今分文未撥。僅大清銀行清理處名下移交京滬各行屋基生財等合價一百二十八萬一千元。但一面仍抽還公債票一部分。是清理處移交之房產生財作價。仍止能歸入舊股項下。而所謂續交者。仍屬絲毫無着。夫以信用爲基礎之銀行事業。又爲全國之中央銀行。其資本之虛實。所關何等重大。乃政府始認先交一千萬元。僅交實款二百餘萬。繼稱續交一千萬元。僅交房產生財抵價一百餘萬。累次均以虛言欺飾。將何以取信於商民。此關於官股一項。不可不從速確定者一也。按照二年四月參議院議定則例。及四年九月三十日參政院修正則例第一條。均稱中國銀行爲股份公司。夫既爲股份公司。則一切均當按照商法辦理。凡有出資者均爲股東。自當無官商之分別。乃參議院議決條例第二十九條載本則例關於股東之規定。自招滿一萬股時發生效力。參政院改爲招滿十萬股時。發生效力等語。夫政府已先交認股三分之一矣。已足十萬股矣。而股東效力。必待招足商股千萬。始能發生。豈有認定千萬業已開業之公司。而股東尚在無何有之鄉。此於商法。寧非矛盾。且政府獨力認墊至千萬。使銀行得以開業。而反剝奪其股東權利。揆之公理。亦豈爲平。且推此用意。非俟商股招足。無確實之股東。但政局不靖。人人視投資爲畏途。故自四年九月開招商股以來。至今止收股款三百六十四萬三千三百元。以目下分一分餘利之股票市價僅及七折有餘。則欲招足千萬之額。殊非易易。商股一日不足。官款復不認爲股款。是名爲公司。號稱開業。而實無負責之股東。嚴格推求。危險孰甚。此對於銀行官商股東權責之不能不求平均者。二也。推當時立法之意。無非以國家銀行所關甚鉅。欲求資本雄厚。藉堅信用。不知事與勢違。徒成虛語。轉致信用不立。性質不明。再四思維。以財政之困難如斯。銀行信用之薄弱如此。欲求官股湊足現金千萬元。商股續招六百餘萬元。俾符四年九月之則例。其勢有所不能。不如減少資本定額。力求實際。俾昭大信。蓋公司之信用。不在資本之大小。而在內容之確實。考英蘭銀行最初資本不過一百二十萬磅。法蘭西銀行。最初資本不過三千萬法郎。日本銀行成立之初。亦不過一千萬元。可見各國銀行。皆由小而大。果能信用昭著。增加資本。必非難事。擬請於第二條股本總額。雖定銀元六千萬元。但明定先招一千萬元。第三條。卽改爲中國銀行。收足股本一千萬元。開始營業。此一千萬元之內。其一部卽由政府認購。不論官股商股。同爲股東。其第二十九條卽行刪除。以符事實。查政府前後所交現金及房屋折價共四百二十八萬一千元。商股共收足三百六十四萬三千三百元。共七百九十二萬四千三百元。尙差二百零七萬五千七百元。擬請由部續撥現款七十二萬。一面續招商股一百三十五萬六千七百元。湊足千萬之額。庶幾名實相符。基礎以立。一俟大局稍臻平靜。銀行營業稍見發達。再行續招。至以前則例。規定政府股款。不曰認購。而曰認墊。意在倣效各國先例。趨重商辦。且不使政府獨占有利之事業。立法之意。不爲不善。但政府所購股票。本可酌量情形。隨時出售。如果政府不願獨佔。自可相機售出。不必訂入則例。所有擬請縮小股額。確定股東名義各節。如荷允准。請部一面修改則例。先行頒布。一俟國會正式成立。卽交修正。一面撥足股款。幷取消前撥公債票充作股本舊案。當卽設法勸募俾股款早日交足。行基得以確定等語。」卽由財政部轉呈。「略謂中國銀行成立已逾五載。而營業日減。信用未增。啟超 到部以後。周諮博訪。並據該行詳呈整頓辦法。前來。大旨以穩固銀行基礎爲主。確可採行。謹將所議辦法爲我

大總統詳陳之。查該行資本原定六千萬元。政府認墊三千萬元。先交三分之一。先後由本部撥足三百萬元。並以六釐公債票一千萬元。作價七百萬元。補足一千萬元之數。嗣於民國四年間。呈奉批准官股續交一千萬元。又招集商股一千萬元。迄今兩年。官股尚未照交。而商股一項。據該行呈報僅收到股款三百六十四萬三千三百元。尚不及定額之半。年來時局泯棼。兼以歐戰影響。人人視投股爲畏途。欲求商股募足全額。於勢有所未能。惟有將該行股份重行規定。先招一千萬元。並由政府酌量認購。庶易進行。現查官股已由部撥交三百萬元。又由大清銀行清理處移交該行屋基生財等價一百二十八萬一千元。共計四百二十八萬一千元。商股已收股款三百六十四萬三千三百元。擬再籌撥官股七十一萬九千元。續招商股一百三十五萬六千七百元。則官商股份各占五百萬元。實足一千萬元之數。所有撥充官股六釐公債一千萬元。即行由部收回。毋庸作價入股。該行資本照此從實核減。俟股份收足。即開正式股

東會選舉董事監事。以固根本。至於行務之改善。責在總裁。該行總裁一職。更換頻仍。幾隨財政總長為轉移。欲圖始終一貫。整理行務。日起有功。必不可能。查外國中央銀行總裁之登用。不外任命與選舉二途。體察我國情形。如採用選舉制。雖足以補救一時。亦未必能策久遠。茲於二者之間。求一適當之策。惟有將總裁副總裁仍照章程由政府簡任。惟限定須由董事中選任之。是選舉董事之權。雖操之股東。而任命總裁之權。仍屬於政府。庶幾各得其平。如此辦理。該行根基既定。再切實加以整頓。營業自有起色。信用當更增加。於全國金融。必多裨益。茲將中國銀行則例。重行改修。一并呈請鑒核。如蒙允准。即由部籌足官股。並責成該行限期募足商股。迅速次第舉辦。至修正則例。應請以教令公布。以資遵守。」是為第二次之修正案。考其修正之點。如第二條原案為中國銀行股本總額定為銀元六千萬元。計分六十萬股。每股銀元一百元。政府先行認墊三十萬股。餘數由人民認購。認購總額超過三十萬股時。得由政府酌量情形。將認墊股分分期宣布售與人民」一項「中國銀行若有增加股本之必要時。得由股東總會議決。經財政總長核准後。再行添招。國幣發行後。銀元應遵照幣制則例換算。

倘生奇零之數。得追向股東增減之。項二則改爲中國銀行股本總額。定爲銀元六千萬元。計分六十萬股。每股銀元一百元。先招一千萬元。計十萬股。政府得酌量認購以資提倡。項一中國銀行若有招集股本之必要時。得由股東總會議決。經財政總長核准後。再行添招。項二其理由以原案規定政府認墊之數過大。現改定先招一千萬元。政府得酌量認購。庶可參酌財政情形。量力入股。俾符事實。國幣一節。亦删。又第三條原案爲中國銀行由政府先交所認股分三分之一以上開始營業。一面招募商股。招股章程另定之一條。全行删去。其理由以中國銀行早已開業。且第二條已將招股數目及政府認股數目修改。故擬删去。又第十六條、原案總裁副總裁簡任。董事監事由股東總會選任。項一非有一百股以上之股東。不得充董事及監事。項二商股招足一千萬元。卽設董事監事。項三等語。則改爲董事監事由股東總會選任。總裁副總裁由董事中簡任。項一非有一百股以上之股東。不得充董事及監事。項二其理由以總裁副總裁更換頻仍。於行務大有窒礙。茲爲力除舊弊起見。折中各國現行任命選舉兩制。改定總裁副總裁由董事中簡任。以合國情。又招股一層。既經改定。故第三項亦應删去。又第十七條、原案總裁副總裁以五年爲一任。董事以四年。監事以三年爲一任。但得連任。項一總裁副總裁任期內除匯業銀行。及幣制事宜外不得兼他項職務。項二董事監事任期內不得兼充他銀行或公司職員。項三等語。則改爲總裁副總裁任期。以董事之任期爲限。董事以四年爲一任。監事以三年爲一任。但得連任。項一總裁副總裁任期內除匯業銀行及幣制事宜外不得兼他項職務。項二其理由以總裁副總裁既由董事中簡任。故任期應改與董事任期一律。第三項禁止董事監事兼職一節。亦擬刪去。即於民國六年十一月二十一日奉令公布。

修正中國銀行則例

第一條　中國銀行爲股分有限公司。

第二條　中國銀行股本總額定爲銀元六千萬元。計分六十萬股。每股銀元一百元。先招一千萬元。計十萬股。政府得酌量認購。以資提倡。

中國銀行。若有招集股本之必要時。得由股東總會議決。經財政總長核准後。再行添招。

第三條　刪

第四條　中國銀行設總行於中央政府所在地各省會及商業繁盛地方得斟酌情形設分行或分號或與他銀行訂立代理合同或匯兌契約但須經財政總長核准。政府視爲重要之區域得商令總行增設分號或代理處。

第五條　中國銀行股票概用記名式除中華民國人民外無買賣轉讓之權利。

第六條　營業年限自總行開業之日起算滿三十年爲期期滿時得由股東總會議決展限但須經財政總長核准。

第七條　每年營業所得之淨利總額內須提十分之一以上作爲公積金後始得攤派股利。

前項提公積金攤派股利須經股東總會議決呈由財政總長核准。

第八條　前項公積金之用途如左。

一　塡補資本之損失。

二　維持股利之平均。

第九條　中國銀行營業之種類如左。

一　國庫證券商業確實期票及匯票之貼現或買入。

二　辦理匯兌及發行期票。

三　買賣生金生銀及各國貨幣。

四　經收各種存款並代人保存證券票據及其他一切貴重物件。

五　代素有交易之銀行公司商號及個人收取各種票據之款項。

六　以金銀貨及生金銀作抵押爲借款。

七　以各公債證書或政府發行證券或政府保證之各種證券作抵押爲定期或活期借款。但其金額及利率。須經總裁副總裁董事監事隨時議決幷財政總長之核准。

以上各種營業之限制及名詞之解釋另定之。

第十條　中國銀行。得買賣公債證書。但須經財政總長核准。

第十一條　中國銀行。除前兩條揭載各種營業外。不得經營左列諸項。及其他各種事業。

一 收受不動產及各種銀行或公司之股票作借款之抵押品。

二 收買本銀行股票並以本銀行股票作借款之抵押品。

三 除關於營業上必需用之不動產外不得買入或承受不動產。

四 直接間接經營各種工商事業。

第十二條 中國銀行發行兌換券但須遵守兌換券則例。

兌換券則例以法律定之。

前項法律未施行以前得依照財政部規定暫行章程辦理。

第十三條 中國銀行受政府之委託經理國庫及募集或償還公債事務。

第十四條 中國銀行有代國家發行國幣之責。

第十五條 中國銀行設總裁一人副總裁一人董事九人監事五人。

第十六條 董事、監事、由股東總會選任總裁、副總裁、由董事中簡任非有一百股以上之股東不得充董事及監事。

第十七條　總裁副總裁任期以董事之任期爲限董事以四年爲一任監事以三年爲一任但得連任。

總裁副總裁任期內除匯業銀行、及幣制事宜外不得兼他項職務。

第十八條　中國銀行之股東總會分爲左之兩種。

一　通常股東總會。

二　臨時股東總會。

第十九條　通常股東總會每年於總行所在地開會一次由總裁招集之。

第二十條　總裁認爲有重要事件必須會議時可招集臨時股東總會。

第二十一條　總裁遇有董事或監事全體或股東總會會員五十人以上并占有股份全額百分之十以上者因重要事件請求會議可招集臨時股東總會。

第二十二條　股東總會閉會時須自開會之日起算在六十日以前註册繼續有十股以上之股東始有會員資格得列會議。

第二十三條　股東總會會員之投票權每十股有投一票之權百股以上每三十股

遞增一權。

第二十四條　股東總會會員。因有事故不能到會時。其委託代理人以會員爲限。凡一會員之代理投票權。不得超過十票。

第二十五條　總分行號及代理處。應行報告事件及其程式。由銀行呈准財政總長。另訂詳細章程辦理。

第二十六條　財政總長。對於中國銀行一切業務。如認爲有違背本則例。及本行章程。或不利於政府之事件時。皆得制止之。

第二十七條　財政總長得派監理官一人。監視中國銀行一切事務。

第二十八條　中國銀行。須照本則例主旨。詳定章程。付股東總會議決。呈請財政總長核准。遇有須改訂增損時亦同。

第二十九條　本則例關於股東之規定。自招滿十萬股時發生效力。

第三十條　本則例自公布日施行。

修正則例既經公布。中國銀行卽依據第二十八條之規定。詳訂章程六十九條。呈請財政部簽核於民國七年一月二十五日批准矣。茲附錄其章程如左。

中國銀行章程

(一)總綱

第一條　中國銀行爲股分有限公司。股東所負之責任。以所出之股本爲限。

第二條　中國銀行設總行於中央政府所在地。各省會及商業繁盛地方。得斟酌情形。經董事會議決。設立分行號。或與他銀行訂立代理合同或匯兌契約。但須經財政總長核准。

前項各行號設置地點。有移置之必要時。得逕由銀行之行務總會議決施行。補報財政總長備案。

第三條　政府視爲重要之區域。得商令銀行增設分行號或代理處。

第四條　中國銀行營業年限。依照則例第六條。總行開業之日。自民國元年八月一日起計算。滿三十年爲滿期。屆時得由股東總會議決展期。但須經財政總長核准。

(二)資本金及股份

第五條　中國銀行股本總額定爲銀元六千萬元計分六十萬股每股銀元一百元先招一千萬元計十萬股政府得酌量認購以資提倡

中國銀行若有招集股本之必要時得由股東總會議決經財政總長核准後再行添招

第六條　中國銀行股票依據中國銀行則例第五條之規定概用記名式除中華民國人民外無買賣轉讓之權利

政府認購之股份得隨時宣布售與人民

第七條　中國銀行之股東對於中國銀行則例章程及股東總會之決議均當遵守

第八條　數人合購一股者應以一人出名爲股東

第九條　中國銀行股票分一股五股十股五十股一百股五種股東得隨時請銀行變更股票之種類但須納換票費每張銀二角

第十條　股票如有賣買讓與情事應由賣主或讓主於股票背面簽名蓋章並應由買主或受主將其股票送行註册改名同時應由買主或受主納改名費每張銀一

角。

第十一條　如因繼承關係。須改股票上姓名。應由繼承人將股票並附證明書。送行註册改名。但須納改名費。每張銀一角。

第十二條　股東應將簽字或印章式樣及住所。依銀行所備之用紙照塡。送存銀行。如有變更。當隨時向行更正。

第十三條　股東欲將股票上原有姓名更改時。得向銀行商酌辦理。但應將股票並附證明書送行註册改名。並納改名費。每張銀一角。其簽字或印章式樣。並住所之塡送。仍照前條辦理。

第十四條　如有遺失股票。向銀行請補給股票者。須具正式書。並有二人以上之保證人簽名蓋章。送行聲請。並應由遺失人出費登載政府公報及本行指定之新聞紙聲明。俟四個月仍不發見後。始補給之。一面應由遺失股票者出具收據。交存銀行。

請補給股票者。應納補票費。每張銀二角。遺失之股票。儻於前項四個月期限內發見時。得通告銀行。取銷補給之請。並照前項登報聲明。

第十五條　關於請補給股票之事項。有糾葛時。應俟確切解決後。方照補給。

第十六條　股票如有毀損汚染。或其背面已無簽名蓋章之餘地時。得由股東請換股票。但須納換票費每張銀二角。

股票字跡模糊。不能分明。因與股東權利有礙者。得向銀行請換股票。但須照第十四條辦理。

(三)銀行營業

第十七條　中國銀行營業之種類如左。

一　國庫證券商業確實期票及匯票之貼現或買入。

二　辦理匯兌及發行期票。

三　買賣生金生銀及各國貨幣。

四　經收各種存款並代人保存證券票據及其他一切貴重物件。

五　代素有交易之銀行公司商號及個人收取各種票據之款項。

六　以金銀貨及生金銀作抵押爲借款。

七　以各公債證書或政府發行證券或政府保證之各種證券作抵押爲定期或活期借款。但其全額之限制及利率須經總裁副總裁董事監事等開行務總會隨時議決并財政總長之核准。

第十八條　中國銀行得買賣公債證券但須經董事會之決議及財政總長之核准。

第十九條　中國銀行除前兩條揭載各種營業外不得經營左列諸項及其他各種事業。

一　收受不動產及各種銀行或公司之股票作借款之抵押品。

二　收買本行股票并以本銀行股票作借款之抵押品。

三　除關於營業上必需用之不動產外不得買入或承受不動產。

四　直接間接經營各種工商事業。

第二十條　前條之制限除第二第三第四諸項須絕對遵守外其第一項若因特別情形經董事會決議認爲不動產及股票證券等有確實價值者仍得爲短期往來

透支。或短期期票貼現之擔保品。

第二十一條　如銀行放款到期。本人或保證人。無力償還。而無相當動產作抵押時。銀行得收受本行股票或不動產。抵還債務。但收受之後。須於一年以內出售。如無受主。或董事會認為價格不合時。得展延時日。

第二十二條　中國銀行受政府之委託經理國庫及募集或償還公債事務。

第二十三條　中國銀行總分行號。對於總分支金庫之墊款。或抵押放款之數目及擔保品。須經董事會之決議。

第二十四條　中國銀行發行兌換券。但須遵守兌換券則例。兌換券則例。以法律定之。

前項法律。未施行以前。得依照財政部規定暫行章程辦理。

(四)行員組織

第二十五條　中國銀行設總裁一人。副總裁一人。董事九人。監事五人。

第二十六條　董事監事。由股東總會選任。總裁副總裁。由董事中簡任。

股東總會選任董事時。應照額定九人外。預選候補董事二人。俟董事中被簡爲總裁副總裁後。卽行遞補爲董事。以符額數。

董事被簡爲總裁副總裁後。其由股東總會選任之董事資格。仍然存在。

第二十七條　總裁、副總裁、董事以四年爲一任。監事以三年爲一任。但均得連任。

董事監事。除本章程規定各權限外。不得兼任其他行務。惟有特別情形。總裁副總裁委任董事暫行兼理時。不在此限。

總裁副總裁委任董事兼理行務時。須申明理由。並預定兼理期限。呈報財政部備案。

第二十八條　董事監事薪俸。由財政部定之。

總裁副總裁薪俸及交際費。經董事會決議。呈請財政部核准。

第二十九條　董事屆期任滿。應行改選時。由股東總會以抽籤法留任四人。餘額改選。

第三十條　董事監事。如因事故缺額。行補缺選舉時。當選者之任期。以繼續前任之任期爲限。董事監事出缺。如董事尚在七人以上。監事尚在三人以上。經董監事會各認爲並無必要時。可以緩行補選。

董事被簡爲總裁副總裁時。不以出缺論。

第三十一條　董事監事。應以股東中有股份一百股以上者爲合格。

第三十二條　董事監事。須品行端方。素有聲譽。兼具財政商業之經驗智識。凡曾受褫奪公權及宣告破產之處分者。均不得被選。

第三十三條　董事被選後。應將章程所定被選合格之股票數。交由監事存執。改選之後。須俟上年度之營業決算報告製齊。方能將股票交還。

第三十四條　選舉董事監事。用記名連記法。以得出席會員投票權之過半數者爲合格。如不能得過半數時。就得票最多者。按應舉額數二倍之中決選之。得票同數者。抽籤定之。

（五）總裁副總裁

第三十五條　總裁副總裁。爲董事會行務總會股東總會之會長副會長。並執行左列事件。

一　各項議決事件。

二　注意全行事務並遵守中國銀行則例及各項之規定。

三　代表全行名義主持行務。

第三十六條　總裁副總裁認董事會之議決有不適當時得開行務總會諮詢意見。

第三十七條　副總裁協助總裁總理行務總裁有事故時副總裁代理之。

(六)董事會

第三十八條　董事會應議之事件如左。

一　年終營業決算報告之審核。

二　總分行號之設立或撤消及設立地點之變更。

三　總分行號詳細章程之規定。

四　營業用地基房屋之租借建築或買賣。

五　股東會之召集。

六　對外重要契約之訂立。

七　裁決各部分、權限之爭議。

第三十九條　董事會議由總裁招集。以到會董事之多數取決。可否同數時。會長決之。如到會之董事不及半數以上者。不得決議。

董事會議之議事錄。應由會長簽名蓋章。

凡關涉董事本身之議案。該董事不得有議決權。

(七)監事會

第四十條　監事會之職務如左。

一　保管董事交存之股票。查察總裁副總裁及董事等執行事件。是否遵守規則及股東會之決議。

二　審查年終決算報告。

三　調查營業之進行及財產之狀況。遇必要時。得陳述意見於董事會。

四　監視銀行業務。幷檢查一切賬目證券及庫款。

第四十一條　監事會議長由監事中互選一人充之。

第四十二條　監事會議由監事會之議長召集其會議手續依照第三十九條辦理。

(八)行務總會

第四十三條　總裁副總裁董事監事之聯合會議稱爲行務總會。

第四十四條　行務總會之會議範圍如左。

一　股東紅利及行員獎勵金之分配案。

二　董事會不能裁決之權限爭議。

三　本行詳細章程暨各項規定之審核。

四　本章程第二條第二項事件。

五　不屬於董事會監事會範圍以內事件。

第四十五條　行務總會由總裁召集。從多數取決。可否同數時。會長決之。但到會之董事監事不及半數以上者。不得決議。其議事錄。當由會長簽字蓋章。

(九)股東總會

第四十六條　股東總會依中國銀行則例第十八條之規定。分爲左列兩種。

通常股東總會。

臨時股東總會。

第四十七條　通常股東總會應依據中國銀行則例第十九條之規定。每年於總行所在地開會一次。由總裁招集之。

第四十八條　臨時股東總會應依據中國銀行則例第二十條、及第二十一條之規定。總裁認爲重要事件。必須會議及董事或監事全體或有股東總會會員之資格者五十人以上幷占有股分全額百分之十以上者。因重要事件。請求會議時。由總裁招集之。

第四十九條　股東總會招集地點。通知股東之後。如因不得已事故。必須變更地點時。得用最適當方法。從速通知股東。

第五十條　股東須在開會之日起算。在六十日以前註册繼續有十股以上者。始有會員資格。得列會議。

第五十一條　股東有到股東總會之資格者。應於會期前將股票持至總行。或就近之分行。驗取到會執據。至總行報到換取入場劵。及本屆議題及報告。

第五十二條　股東總會會員。因有事故不能到會時。應依據中國銀行則例第二十三條之規定。當塡就委託書簽名蓋章。就本會會員中委託代理。但每會員之代理投票權。至多不得超過十票。

公司商號及公共機關等。爲本銀行股東者。當由該公司商號及公共機關。出具相當證明書。派遣經理或代表人到會。行使股東之權利。但亦得照前項委託他會員代理。

會員中如係婦女及未成年之男子。或有精神病者。當照本條第一項。委託代理。

百股以上之股東。以堂記等字樣爲戶名者。非在開會之日起算在六十日以前。向銀行聲明姓氏名號。不得當選爲董事監事。

堂記戶名之股東。爲股東總會會員者。須於領取到會執據時。對其股份所有權。先爲相當之證明。

第五十三條　股東總會會員之投票權依據中國銀行則例第二十三條之規定每十股有投一票之權百股以上每三十股遞增一權。

凡會員之投票每一員以一票爲限其應得權數均分別記明於一票之內。

股東總會議決事件其表決方法得由會長臨時定之。

第五十四條　股東總會不論通常或臨時須於三十日前登報通知各股東並以書信將日期及議題通知各股東。

如有緊急事件得改爲十五日前通知各股東。

第五十五條　股東對於股東總會議決事件雖有異議及未曾到會與並未接到通知等情仍應一律遵守。

第五十六條　股東總會討議事件以通知書載明之議題爲限但董事會及監事會得因情形將議題隨時取銷並另行提出會員中如有意見擬列作議題者應於開會前十日將意見書經會員十人以上之連署提出於董事會復經董事會認爲必要者得列作議題提出於股東總會。

董事會認爲有重要事件時得臨時提出議題於股東總會。

第五十七條 股東總會開會。非有會員人數五分之一以上占股本半數以上到會。不得開會。關於修改本章程時須有會員人數半數以上。占股本五分之三以上。方能開會。

第五十八條 股東總會議決事件。以到會股東議決權之過半數爲有效。關於修改本章程時。非有到會股東投票權三分之二以上同意。不能決議。

第五十九條 總裁、副總裁、董事、監事。對於行務有舞弊情事。或不能稱職之處。除由股東總會。得以到會股東議決權過半數之決議。另行選舉外。並得按照法律訴追之。

第六十條 股東總會之決議案。由會長簽名蓋印。

(十)決算及淨利之分配

第六十一條 每年決算期間。分爲兩期。自一月至六月爲前期。自七月至十二月爲後期。全年決算報告。每年當提由通常股東總會決議。經財政總長核准後。卽行公

布

第六十二條　每年所得淨利。應依據中國銀行則例第七條之規定。於總額內先提十分之一以上作爲公積金之後。再攤派股利。

第六十三條　本行股利分爲左列二種。

甲　官股照每年四釐正息。

乙　商股照每年七釐正息。

第六十四條　股東所得股利。若不滿年息四釐或七釐者。得由公積金內提出補足四釐七釐之率。

第六十五條　商股股利不足之數。如公積金不敷彌補時。得提官股股利彌補或由政府另備款項補充。

第六十六條　淨利中提出公積金。及付給股利後。如尚有餘利。應作特別公積金及股東紅利。幷大小行員獎勵金。其分配辦法。須由股東會議決。經財政總長核准。但此項獎勵金。至多不得逾餘利百分之三十。

第六十七條　每年股利紅利。於次年依照前條手續辦理後支給。

第六十八條　本銀行之公布事件。除登政府公報外。得就總分行號或委託代理匯兌等處之所在地指定一種或二種新聞紙公布之。亦得依各地方習慣而爲公布。

（十一）附則

第六十九條　本章程自財政部呈奉　大總統批准之日施行。

上列中國銀行章程分目之法。與日本銀行章程分目之法大致相同。惟日本銀行章程內容分爲銀行之組織。資本金及公積金。營業報告及利益分派。行務總理。監理官。股東總會。總則八章。而中國銀行章程則爲總綱。資本金及股份。銀行營業。行員組織。總裁副總裁。董事會。監事會。行務總會。股東總會。決算及淨利之分配。附則十一章。考其相異之點。則日本銀行章程之編訂。以行員組織。總裁副總裁、董事會、監事會、行務總會。均歸納於行務總理一章之內。此外又別立監理官一章。而我國則於中國銀行。監理官之規定。另有特立之章程。其鄭重之意可想也。其章程如下。

中國銀行監理官服務章程　二年四月二十八日部令公布

第一條　中國銀行監理官承財政總長之命監視中國銀行一切事務。
第二條　中國銀行監理官須隨時檢查中國銀行各種簿記及金庫。前項檢查每星期內至少一次。
第三條　中國銀行監理官須隨時檢查中國銀行兌換券發行數目及準備狀況。
第四條　中國銀行監理官得隨時檢閱中國銀行各種票據及一切文件。
第五條　中國銀行監理官得隨時質問銀行事務一切情形。如認爲必要時得請銀行編製各種表册及營業概略。
前項表册文件須由中國銀行總裁署名蓋印。
第六條　中國銀行監理官每月初五日以前須將上月內檢查情形詳細編製檢查報告書呈報財政總長。
第七條　中國銀行監理官對於中國銀行業務認爲有背則例及章程或不利於政府之處須從速報告財政總長。
第八條　中國銀行監理官得陳述改良銀行一切事務意見於財政總長。

第九條　中國銀行監理官得出席股東總會、銀行總會、行務會、監事會及各種委員會。陳述意見。惟不得加入表決。

第十條　本章程自部令公布日施行。

中國銀行監理官依則例第二十七條之規定。由財政部派委一人駐紮北京總行。民國三年因各省分行逐漸增設。檢查事務又極繁多。非一人所能兼及。且上海為金融總滙之區。關係重大。故增派監理官一員駐於滬行。

第三節　總分行號之組織

第一項　總行之組織

民國元年六月設中國銀行籌備處。其籌備重要事項約分四端。(一)法規章程之草創。(二)專門人材之羅聘。(三)發行紙幣之準備。(四)營業地址之擇定。以吳鼎昌為處長。並聘名譽指導員十人。元年八月。總行成立。設正副總裁。綜理全國行務。分祕書處及文書檢查證券營業出納發行國庫計算八局。處置處長。局置局長。旋改為總務會計兩處及營業出納發行國庫等局。總務處設正副處長。國庫局設正副局長。而會計處長係副總裁兼任其下又設正副總稽核總計算四員迨民國三年八月總裁薩福楙以本行自開創以來各省分行號及匯兌所等業已增至四十餘處統率管轄非有專任機關不易收整齊劃一之效現在總行組織一面須經理北京日行各事一面須統率各行爲臨時之處置事權混雜成效難期查歐美各國自分行制度發達以來如倫敦紐約等各都會之大銀行多設立管理處立於各分行號之上不爲營業以爲總分行號之指揮監督機關故對於各分行號之監督易臻嚴密而事務之處理亦可日增完善法良意美呈請倣行並訂定總管理處辦法於三年九月實行其要目如左

一 中國銀行總行改設總管理處總轄各分行號專任指揮監督各分行號之責

二 就總行原有營業出納等局改設京行另添北京行經理一人經理其事所有權限與各分行一律

三 總管理處設下列各員稟承總裁副總裁統率行員辦理主管事務

　一 總文書

　二 總稽核

三　總司帳

四　總司庫

五　總司券

四　京行組織照分行章程辦理。分營業、出納金庫、會計、書信各職司稟承經理辦理京行事務。

五　總行原有各處局其劃分交接辦法如下。

總務處事務

劃歸總管理處辦理。

會計處事務

稽核帳目及各行帳務。劃歸總管理處辦理。關於北京一處之日記帳總帳。劃歸京行辦理。仍照各分行辦法。按時具報總管理處。

營業局事務

劃歸京行辦理。

出納局事務
　劃歸京行辦理。
發行局事務
　發行局對於京行與對於各分行一律。
　各種鈔票之總帳。及各種原券之保管。劃歸總管理處辦理。已印好定在北京發行之鈔票。及其帳册。劃歸京行辦理。
國庫局事務
　總轄各庫及與財政部接洽事務。劃歸總管理處辦理。
　現款出入及公債之付利還本。劃歸京行辦理。
　總管理處與京行交接事件。除面達各事外。仍按照對各分行辦法辦理。帳册報告。皆應用函件報告總管理處。總管理處致各分行通函。應知照京行。俾歸一律。
　總管理處對於各分號函電。皆以總管理處出名。由總裁副總裁簽字負責。至函電稿件經辦者。亦應簽字。以專責成。如關於各總事件。應由各總簽明某總字樣等是也。

由是觀之可知總管理處組織與舊總行絕不相同舊總行係以總務處、會計處、（總稽核總計算均屬之）營業局、出納局、發行局、及國庫局組織而成各處局各成機關各自爲政各負責任總裁但總其成幷指揮監督而已總管理處則不然總裁下設五總悉稟承正副總裁統率行員辦理各主管事務職分而權一與各分行號函牘往還祗有總管理處名義由總裁簽字負責不用五總名義營業出納兩局旣改爲北京分行卽儕於分行之列不屬於總管理處轉言之卽總管理處無直接營業或出納之事務也

總之總管理處係就舊總行全部除營業出納兩局改組之蛻形幷非總務處一部之變相倘以現在往來函牘用總管理處名義擬於當日之用總務處名義（前總務處爲各局之首密邇總裁凡總裁示諭批答悉由總務處布告代復而各行號請示總裁事件亦往往函告總務處轉陳）則大誤矣

但總行名稱並未廢除總管理處者特所以執行總行職權之機關而指揮監督各分行號所者也茲更列統系表於後以明之

總行（總管理處）—分行—｛分號
　　　　　　　　　　　　匯兌所

第二項　分行之組織

分行設經理一人主持全行事務。設副經理一人佐理之。其行務較簡者。則不設副經理。經理副經理均由總裁派充。其有與政府關係事項。則呈由總管理處直接辦理。民國三年十月。改訂分行之組織如左。

中國銀行分行章程

第一條　本章程凡中國銀行分行。除別有規定外。均適用之。

第二條　分行對於總管理處章程、規則、命令。如因該地情形或有窒礙者。得預陳總管理處核示。

第三條　分行奉總管理處命令。或呈由總管理處核准。得設分號或匯兌所。

第四條　分行認爲某地在或期間內有業可營。得設立中國銀行辦事處。報明總管理處。俟營業完竣。即行裁撤。

第五條　分行有與政府關係事件。應呈由總管理處直接辦理。

第六條　各分行辦事細則。由經理擬呈總管理處核准施行。

第七條　分行之營業範圍。

一　國庫證券之貼現或買入。

二　商業期票之貼現或買入。

三　匯票之貼現或買入。

四　辦理匯兌。

五　發行期票。

六　買賣生金銀。

七　買賣各國貨幣。

八　經收各種存款。

九　代人保存證券及其他貴重物品。

十　代素有交易之銀行公司商號及個人。收取各種票據之款項。

十一　以金銀貨或生金銀作抵押爲放款。

十二　以公債證書或政府發行證券或政府保證之各種證券作抵押爲定期或活期借款。

第八條　前條所列各項營業。分行經理應就該地商業情形詳細調查呈候總管理處指定經理上開某項營業其未經指定者。不得經理。

第九條　分行代理金庫。應照關於金庫各種之規定辦理。

第十條　分行與分行由匯兌上所生之借貸關係。均應轉入總行帳。並隨時報告總管理處。分行與分號由滙兌上所生之借貸關係。均須轉入管轄行帳。並報告該管轄行。由該管轄行轉總行。並隨時報告總管理處。

第十一條　分行與總分行號匯兌所往來電報。均用本行編定密碼。其關於匯兌及調用資金者。另用密碼押脚。

第十二條　分行對於總管理處。應行報告表單。均照總管理處另定規則或隨時通告。按期造送。

第十三條　分行對於往來函件、及單據、與各種檔案。均應分別保存以備總管理處調輯。

第十四條　分行於所在地銀行號錢鋪或公司。有倒閉消息時。應急電總管理處。

第十五條　分行於所在地市面現金之增減。金銀各貨比價之高低。利率之漲落。以及一切商情。均應分別緩急。用函或電。隨時報告總管理處。

第十六條　分行應隨時調查所發行兌換券之流通狀況。報明總管理處。

第十七條　分行設經理一人。主持全行事務。設副經理一人佐理之。其行務較簡者。得不設副經理。

第十八條　分行得設左列五股。

一　文書股

二　營業股

三　出納股

四　會計股

五　國庫股

以上各股外。如有關於收稅事項。得另設收稅處。隸於國庫股。

第十九條　每股得設辦事員數人。管理本股事務。由總管理處預製人數分配表。交由經理酌定。報明總管理處。

第二十條　辦事員除會計出納兩股外。得以一人兼兩股事。

第二十一條　分行得照章用練習生若干人。

第二十二條　收稅處得設收稅員若干人。由經理另派。或於各股中指派。均應報明總管理處。

第四條規定之辦事處。其應設各員。同前項辦理。

第二十三條　分行所有收發保存兌換券及準備金。由出納股兼理。轉帳事務。由營業股兼理。其餘各股事務之分配。由經理另定之。

第二十四條　分行經理副經理。均由總裁派充。會計股主任。由總管理處派充。其營業出納兩主任。得由經理開單保薦數人。由總裁派充。其餘各股人員及練習生。得由經理按事之繁簡。隨時委任試充。報明總管理處。核准。

第二十五條　分行經理。對於本行及收稅處。並其管轄之分號、匯兌所、或代理處。均負完全責任。如因事故離職。由副經理代理時。其責任亦同。

第二十六條　分行對外各種文件單據。均應由經理署名。蓋用經理印章。副經理代理時亦同。對內經理副經理。均應署名蓋用姓名印章。

第二十七條　每屆年終。分行經理副經理。應將各該行營業狀況。及行員辦事成績。報告總管理處。

第二十八條　分行如有對外締結合同之事。應呈候總管理處核示。

第二十九條　本章程如有未盡事宜。得由總管理處增删修改。

中國銀行分行一覽表

名稱	略名	所在地	開業日期
北京分行	京行	北京	民國三年九月一日
天津分行	津行	天津	元年十月二日

上海分行	滬行	上海	元年二月五日
漢口分行	漢行	漢口	二年一月四日
南京分行	寧行	南京	三年一月三日
湖南分行	湘行	長沙	六年三月一日
山東分行	魯行	濟南	二年四月十五日
河南分行	汴行	開封	二年四月一日
東三省分行	東行	長春	三年四月十日
福建分行	閩行	福州南台	三年一月五日
廣東分行	粵行	廣州	三年六月一日
浙江分行	浙行	杭州	二年九月十五日
山西分行	晉行	太原	二年七月一日
重慶分行	渝行	重慶	四年一月十八日
貴州分行	黔行	貴陽	四年一月十一日

陝西分行	秦行	西安	四年三月一日
江西分行	贛行	南昌	四年七月一日
歸綏分行	歸行	歸化城	四年七月一日
安徽分行	皖行	安慶	四年九月一日
雲南分行	滇行	雲南	籌備中
庫倫分行	庫行	庫倫	六年七月一日

右列各分行中。如北京分行原係總行營業局。於民國元年八月一日開業。民國三年總管理處成立改組分行。湖南分行原係長沙分號。民國四年五月十九日開業。民國六年三月一日改升分行。東三省分行原係長春分行。民國二年四月十日開業。三年四月改組。江西分行原係南昌分號。隸漢行。三年六月開業。歸綏分行原係歸綏分號。隸京行。三年十月開業。均於四年七月改組。安徽分行原係安慶分號。隸寧行。三年一月開業。四年九月改組。

第三項　分號及匯兊所之組織

（甲）分號之組織

分號隸於分行設管理一人主持全號事務亦如分行各股之制分爲五系

一 文書系

二 營業系

三 出納系

四 會計系

五 國庫系

以上各系外如有關於收稅事項得另設收稅處隸於國庫系分號亦得照章選用練習生若干人分號管理由總裁示充會計系主任由總管處派充其營業、出納兩系辦事員由管理開單保薦數人由管轄行呈候總裁選派其餘各辦事員得由管理按事之繁簡委任試充此外營業範圍及一切規定悉與分行組織相同惟均須稟承管轄行核轉總管理處耳

中國銀行分號一覽表

名稱	略名	管轄行	所在地	開業日期
張家口分號	口號	京行	京兆 張家口	民國四年七月十一日
保定分號	保號	津行	直隸 保定	三年七月二十八日
宜昌分號	宜號	漢行	湖北 宜昌	三年三月十日
沙市分號	沙號	同	沙市	五年一月十七日
蘇州分號	蘇號	寧行	江蘇 蘇州	三年一月二日
鎮江分號	鎮號	同	鎮江	二年十二月一日
揚州分號	揚號	同	揚州	二年七月四日
清江浦分號	浦號	同	清江浦	三年五月十五日
無錫分號	錫號	同	無錫	三年七月二十日
青島分號	青號	魯行	山東 青島	二年五月十五日
煙台分號	煙號	同	煙台	二年十二月一日
滕縣分號	滕號	同	滕縣	三年五月二十日

濟寧分號	濟號	同	濟寧	三年六月一日
周村分號	村號	同	周村	三年五月二十日
惠民分號	惠號	同	惠民	三年六月十五日
臨沂分號	沂號	同	臨沂	三年六月一日
濰縣分號	濰號	同	濰縣	四年四月二十日
臨清分號	臨號	同	臨清	三年六月五日
信陽分號	信號	汴行	河南信陽	二年十二月五日
彰德分號	彰號	同	彰德	二年十二月七日
漯河分號	漯號	同	漯河	二年十二月五日
周口分號	周號	同	周口	二年十二月二十四日
禹縣分號	禹號	同	禹縣	四年九月二十二日
許縣分號	許號	同	許縣	四年十月五日
南陽分號	陽號	同	南陽	四年十月一日

歸德分號	德號	同	歸德	五年二月二十三日
營口分號	營號	東行	營口	三年五月一日
奉天分號	奉號	同	奉天	二年六月二日
吉林分號	吉號	同	吉林	二年八月一日
黑龍江分號	江號	同	黑龍江	三年六月一日
哈爾濱分號	濱號	東行	哈爾濱	三年七月三日
大連分號	連號	同	奉天大連	二年九月一日
安東分號	安號	同	安東	三年八月一日
鐵嶺分號	嶺號	同	鐵嶺	三年八月二日
錦縣分號	錦號	同	錦縣	三年七月二日
遼源分號	源號	同	遼源	四年七月二十六日
新民分號	民號	同	新民	四年十二月一日
洮南分號	洮號	同	洮南	五年一月二十八日

黑河分號	河號	同	黑龍江 黑河	四年十月一日
廈門分號	廈號	閩行	福建 廈門	四年五月二十日
江門分號	門號	粵行	廣東 江門	四年一月二十三日
汕頭分號	汕號	同	汕頭	三年十一月十一日
瓊州分號	瓊號	同	瓊州	三年十一月十三日
寧波分號	甬號	浙行	浙江 寧波	三年五月十一日
紹興分號	紹號	同	紹興	三年八月十五日
嘉興分號	嘉號	同	嘉興	三年八月二十五日
温州分號	温號	同	温州	三年九月十六日
湖州分號	湖號	同	湖州	三年八月十五日
蘭谿分號	蘭號	同	蘭谿	三年八月十五日
運城分號	運號	晉行	山西 運城	三年二月三日
成都分號	成號	渝行	四川 成都	四年四月四日

萬縣分號	萬號	同	萬縣	四年十月十四日
自流井分號	井號	同	自流井	四年八月六日
潼川分號	潼號	同	潼川	
三原分號	原號	秦行	陝西三原	四年七月十七日
九江分號	潯號	贛行	江西九江	五年一月三日
贛州分號	貢號	同	贛州	五年一月十五日
包頭鎮分號	包號	歸行	綏遠包頭鎮	四年十月五日
蕪湖分號	蕪號	皖行	安徽蕪湖	三年一月十二日
大通分號	通號	同	大通	五年二月十五日
蚌埠分號	蚌號	同	蚌埠	五年三月六日

右表所列。如沙市分號。原係沙市分號。民國三年七月五日開業。四年二月十七日改匯兌所。至五年一月十七日復改組分號。濰縣分號。原設益都。名益都分號。民國三年六月一日開業。民國四年四月二十日。移設濰縣。至民國七年二月裁撤。營口分號。原

係營口分行。民國二年四月十五日開業。民國三年五月一日改組分號。萬縣分號。原係萬縣匯兌所。民國四年七月四日開業。民國四年十月十四日改組分號。潼川分號。曾移設緜陽。旋復歸潼川。民國七年二月停業。今歸併於成都分號。三原分號亦因亂停止。大通分號。原係大通分號。隸寧行。民國三年三月二十六日開業。四年三月一日改匯兌所。四年七月一日、改隸皖行。五年二月十五日、改組分號。蚌埠分號。原係匯兌所。隸寧行。四年三月一日開業。五年一月改隸皖行。五年三月改組分號。濟寧。周村。惠民。臨沂。信陽。彰德。漯河。禹縣。各號。七年二月裁撤。南陽。歸德。兩號。五月停業。新民分號江門分號。均先後改爲匯兌所。

(乙)匯兌所之組織

匯兌所由總管理處擬設。或由分行呈請總管理處設立。設管事一人。所員二人。均由管轄行呈請總裁核准。管事除對於所務負完全責任外。並專理本所銀錢款項。所員受管事之支配。助理賬目。繕造報告。及其他一切事務。匯兌所之業務。以左列之三項爲限。其餘非經總管理處核准辦理者。不得兼營。

一 匯兌事務。

二 生金銀大洋小洋及銅元制錢之買賣。

三 兌換券之發兌。

匯兌所經營匯兌應按總管理處規定之報單規則辦理。其對於各行號所之匯兌應由管轄行預定限度。遇有特別情形須逾限度者。應報由管轄行核辦。匯兌所經費由管轄行預算列表頒發。每月終由該所製造決算。隨同支付收條。於次月五日前寄送管轄行彙核。

中國銀行匯兌所一覽表

名稱	略名	管轄行	所在地	開業日期
勝芳匯兌所	勝所	京行	京兆勝芳	民國三年十二月十五日
霸縣匯兌所	霸所	同	霸縣	三年十二月十五日
蘆台匯兌所	蘆所	同	蘆台	三年十二月八日
涿縣匯兌所	涿所	同	涿縣	三年十二月七日

密雲匯兌所	密所	同	密雲	三年十二月十四日
靜海匯兌所	靜所	同	靜海	三年十二月十二日
通縣匯兌所	通所	京行	通縣	四年十二月一日
邢台匯兌所	邢所	津行	直隸 順德	三年八月十八日
灤縣匯兌所	灤所	同	灤縣	三年八月十五日
唐山匯兌所	唐所	同	唐山	三年八月三日
滄縣匯兌所	滄所	同	滄縣	三年八月十日
祁縣匯兌所	祁所	同	祁縣	三年十二月十二日
泊頭匯兌所	泊所	同	泊頭	四年四月四日
石家莊匯兌所	石所	同	石家莊	四年十一月一日
大名匯兌所	名所	同	大名	五年七月十二日
徐州匯兌所	徐所	寧行	江蘇 徐州	四年三月一日
南通匯兌所	南所	同	南通縣	四年十二月二日

泰安匯兌所	泰所	魯行	山東泰安	四年四月一日
桑園匯兌所	桑所	同	桑園	四年四月一日
龍口匯兌所	龍所	同	龍口	四年八月二十日
掖縣匯兌所	掖所	同	掖縣	四年九月十日
膠縣匯兌所	膠所	同	膠縣	四年九月十日
道口匯兌所	道所	汴行	河南道口	四年一月十日
洛陽匯兌所	洛所	同	洛陽	四年四月四日
榆關匯兌所	榆所	東行	直隸臨榆	四年六月一日
公主嶺匯兌所	公所	同	奉天公主嶺	四年七月一日
西豐匯兌所	西所	同	西豐	四年七月一日
呼蘭匯兌所	呼所	同	黑龍江呼蘭	四年七月一日
留守營匯兌所	留所	同	奉天留守營	四年十一月十二日
綏化匯兌所	化所	同	黑龍江綏化	四年十一月一日

巴彥匯兌所	彥所	同	黑龍江 巴彥	四年十一月十日
寧古塔匯兌所	塔所	同	吉林 寧古塔	四年十一月十日
海倫匯兌所	倫所	同	黑龍江 海倫	五年一月十日
興城匯兌所	興所	同	奉天 興城	五年一月十七日
莊河匯兌所	莊所	同	莊河	五年二月十日
大孤山匯兌所	山所	同	大孤山	五年二月一日
溝幫子匯兌所	幫所	同	溝幫子	五年一月二十日
遼陽匯兌所	遼所	同	遼陽	五年四月四日
法庫匯兌所	法所	同	奉天 法庫	五年二月十四日
扶餘匯兌所	餘所	同	吉林 扶餘	五年一月二十五日
蓋平匯兌所	蓋所	同	奉天 蓋平	五年九月二十六日
三都匯兌所	都所	閩行	福建 三都	四年五月十五日
涵江匯兌所	涵所	同	涵江	四年八月四日

泉州匯兌所	泉所	同	泉州	五年三月一日
建甌匯兌所	甌所	同	建甌	四年十一月十三日
延平匯兌所	延所	同	延平	四年十二月二日
浦城匯兌所	城所	同	浦城	四年十二月一日
漳州匯兌所	漳所	同	漳州	五年四月二日
韶州匯兌所	韶所	粵行	廣東韶州	四年十月八日
南雄匯兌所	雄所	同	南雄	四年十一月二十四日
北海匯兌所	北所	同	北海	四年十月十八日
海門匯兌所	海所	浙行	浙江海門	四年十一月二十九日
餘姚匯兌所	姚所	同	餘姚	五年十一月二十九日
南潯鎮匯兌所	潯所	同	南潯鎮	
鼇江匯兌所	鼇所	同	鼇江	
新絳匯兌所	絳所	晉行	山西新絳	四年五月三十日

大同匯兌所	同所	同	大同	四年五月三日
五通橋匯兌所	橋所	渝行	四川 五通橋	四年十二月十九日
瀘州匯兌所	瀘所	同	瀘州	四年十月一日
潼關滙兌所	關所	秦行	陝西 潼關	五年四月十六日
漢中匯兌所	中所	同	漢中	
豐鎮匯兌所	豐所	歸行	察哈爾 豐鎮	四年九月十日
吉安匯兌所	陵所	贛行	江西 吉安	六年五月一日
袁州匯兌所	袁所	同	袁州	
景德鎮匯兌所	浮所	同	景德鎮	五年十月十七日
廬州匯兌所	廬所	皖行	安徽 廬州	五年一月五日
宣城匯兌所	宣所	同	宣城	四年十月一日
樅陽匯兌所	樅所	同	樅陽	五年一月十五日
屯溪匯兌所	屯所	同	屯溪	五年四月九日

三河匯兌所	三所	同	三河	五年一月十五日
烏衣匯兌所	衣所	同	烏衣	
六安匯兌所	六所	同	六安	
亳州匯兌所	亳所	同	亳州	五年十一月十五日

右表石家莊匯兌所。原係濮陽匯兌所。於民國四年一月開業。四年十一月、移設石家莊。七年二月裁撤。其霸縣盧台涿縣密雲靜海灤縣滄縣祁縣泊頭泰安桑園龍口掖縣膠縣道口洛陽榆關留守營巴彥興城莊河大孤山溝幫子法庫建甌延平浦城南雄潼關宣城三河亳州各匯兌所。均經先後停撤。三都匯兌所。七年二月。改爲收稅處。中國銀行總分行號所。自元年以來。已增至一百五十餘處之多。營業範圍。殆遍全國。雖廣西甘肅新疆三省。尚付缺如。亦正在籌設。甘肅爲西陲重地。民國二年。甘督曾請設立。民國四年。經派員前往調查。報稱該處匯兌阻塞。金融紊亂。商民困苦。亟宜籌設分行。俾資周轉。且已領購官產。籌建行基。繼以西南軍事。暫從緩議。五年十二月。甘肅商民。復請繼續籌設。惟該省向有官銀錢號。經理金庫。發行鈔票。與開設分行。頗有阻

礙。故須俟之異日。廣西當民國三年中國銀行曾來桂添設。嗣以桂省概算不敷之數。中央尚未撥補。暫緩實行。及五年軍興。又長用廣西銀行鉅款。要俟清償。再行籌設。六年初、稅務處請於南寧梧州兩地設立號所。受轄粵行。但與廣西銀行關係甚多。尚在設法籌設。至新疆及塔城伊犁等處。亦經呈請設立。正在討論進行云。

第四節　股本

第一項　官股

中國銀行。股本總額。定爲六千萬元。官商各半。認購由政府先交所認股分三分之一。開始營業。此本則例第三條之所明定也。民國元二年間。先後撥交銀元二百九十三萬五百八十七元一角六分。三年七月。又發六釐公債一千萬元。作價銀元七百萬元。兩項合計。共九百九十三萬五百八十七元。核與應交原額一千萬元之數。尚短六萬九千四百十二元八角四分。以二年分部中股利項下。撥足一千萬元之數。四年九月。又經呈奉批准。續交一千萬元。然兩年以來。僅交一百二十八萬一千元。六年冬、中國銀行王總裁。以銀行資本務在確實。債票入股。諸多不宜。復核實規定。先招股本一千萬元由政府酌量認購除前後已交之四百二十八萬二千元再由部撥湊五百萬元之額其前發一千萬元之公債票卽行收回不必作爲股本旋由煙酒公賣費及印花稅幷官產變賣等項收入陸續撥付七十一萬九千元以足五百萬元之數此官股認購及繳納之大略也（詳見第二節修正條例案原呈內）

第二項　商股

第一款　招股方法

中國銀行商股於民國四年九月宣布招股章程先招十萬股計一千萬元其招股之章程如左

中國銀行招集商股章程

（一）股分

第一條　中國銀行依據中國銀行則例第一條之規定爲股分有限公司

第二條　中國銀行依據中國銀行則例第一條之規定股本總額爲六千萬元分爲六十萬股每股銀圓一百圓

第三條　中國銀行股本除由政府業經撥交一千萬元。及現定續交一千萬元外。今照中國銀行則例第二條之規定。招集商股。茲先招十萬股。計一千萬元。

(二)認股及交股

第四條　凡附股者。皆爲中國銀行之股東。

第五條　數人合購一股者。應以一人出名爲股東。

第六條　認股者可到中國銀行總行、及各分行號所、或中國銀行指定之各招股處掛號。

第七條　掛號時、每股須繳認股定金五圓。由銀行給以認股證。此項定金。得於繳股時。由認股者在所繳股分內扣除。

第八條　掛號期限及繳股時期。由中國銀行登報宣布。所認股銀應一期交清。於交股之次日起息。

第九條　凡認股人於掛號期內將股銀交足者。得分本年下半期全期之紅利。其在本年十二月內交足者。得分本年下半期三個月之紅利。

第十條　到期應交股銀。認股者逾期不交。得由銀行另招他人認購。所有定金。卽充罰款。不予退還。

第十一條　中國銀行股分。概用通用銀元交納。

(三)股票

第十二條　中國銀行股票。依據中國則例第五條規定。概用記名式。除中華民國人民外。無買賣轉讓之權利。

第十三條　中國銀行股票。分一股、五股、十股、五十股、一百股、五種。

第十四條　認股者、股銀交淸後。卽由銀行將股票照數交給。

第十五條　股票如有買賣讓與情事。應由賣主或讓主於股票背面簽名蓋章。並應由買主或受主將其股票送行註册改名。同時應由買主或受主納改名費。每張銀一角。

第十六條　如因繼承關係。須改股票上姓名。應由繼承人將股票並附證明書。送行註册改名。但須納改名費。每張銀一角。

第十七條　股東欲將股票上原有姓名或字號更改時。得向銀行商酌辦理但應將股票並附證明書送行註册改名並納改名費每張銀一角。

第十八條　股東請註册改姓名字號者應將印章式樣連同股票送交本銀行。

第十九條　如有遺失股票者得向本銀行請補給新股票但須有二人以上之保證人簽名蓋章。並應由遺失人出費登載政府公報及其他新聞紙。俟四個月仍不發見後始補給之一面應由遺失股票者出具收據交存銀行。

第二十條　對於遺失之股票。若生轇轕應俟審判廳判決後補給之。

第二十一條　股票如有毀損汚染或其背面已無簽名蓋章之餘地時。得由股東請換新股票。但須納換票費每張銀二角。

第二十二條　股東得隨時請銀行變更股票之種類。但須納換票費每張銀二角。

㈣酌分淨利之標準

第二十三條　每年所得淨利。應依據中國銀行則例第七條之規定。於總額內。先提十分之一以上作爲公積金之後。再攤派股利。

第二十四條　本行股利分爲左列二種。

甲　官股照每年四釐正息。

乙　商股照每年七釐正息。

第二十五條　股東所得股利。若不滿年息四釐或七釐者。得由公積金內提出補足四釐七釐之率。

第二十六條　商股股利不足之數。如公積金不敷彌補時。得提官股股利彌補。或由政府另備款項補充。

第二十七條　淨利中提出公積金及付給股利後。如尙有餘利。應提作特別公積金及股東紅利。並大小行員獎勵金。其分配辦法。由股東會議決。但此項獎勵金至多不得逾餘利百分之三十。

第二十八條　每年股利紅利。於次年股東總會閉會後支給。

(五)股東之義務及權利

第二十九條　股東有如期交給所認股分之義務。

第三十條　股東有遵守中國銀行則例、及各項法律章程、規則、之義務。

第三十一條　股東有到股東總會之權利。但依中國銀行則例第二十二條之規定。非在開會前六十天註册、繼續有十股以上者。不得到股東會。

第三十二條　股東有選舉董事監事。及被選舉爲董事監事之權利。但照中國銀行則例第十六條之規定。董事監事之被選舉權。以有一百股以上之股東爲限。

第三十三條　股東有議決分配淨利辦法之權利。

(六)董事監事之資格及員額

第三十四條　董事監事。應以股東中有股分一百股以上者爲合格。政府選派之董事監事。不在此例。

第三十五條　董事監事。以年在三十五歲以上。具有財政或商業智識、及經驗者爲合格。

第三十六條　董事監事以品行端方素有聲譽者爲合格。

第三十七條　董事員額應照中國銀行則例第十五條之規定定爲九人由政府選派六員商股股東選舉三員。

第三十八條　監事員額應照中國銀行則例第十五條之規定定爲五人由政府選派三員商股股東選舉二員。

第三十九條　商股招足一千萬元卽行開會選舉董事監事。

第四十條　商股之董事監事應由股東照額定員數先行推舉候選董事監事三倍開列名單送呈財政總長覆選董事三人監事二人爲中國銀行董事監事。

第四十一條　政府之董事監事應由政府照額定員數預擬候選董事監事三倍交由股東總會選舉董事六員監事三員爲中國銀行董事監事。

（七）董事會之組織及職權

第四十二條　董事會議由總裁爲議長副總裁爲副議長以政府選派及商股股東選舉之董事爲議員。

第四十三條　董事會議。由總裁召集。議員到未及半時。不得開正式會議。以到會議員之人數。從多數取決。如人數相同時。由議長加一權以決之。
第四十四條　凡年終決算表報。應由董事會會同監事會。審核承認。
第四十五條　凡提交董事會之議案。應先由總裁核定付議。
(八)監事會之組織及職權
第四十六條　監事會議。以政府選派及商股股東選舉之監事為議員。
第四十七條　監事會議長。由監事互選一人充之。
第四十八條　監事會每月開會一次。議員到未及半時。不得開正式會議。
第四十九條　本行年終決算表報。應由監事會同董事會。審核承認。
第五十條　本行之一切帳目證券及庫款。監事得受股東委託。前往檢查。
(九)股東總會手續及職權
第五十一條　股東總會。依中國銀行則例第十八條之規定。分為左列二種。
甲　通常股東總會。

乙　臨時股東總會

第五十二條　通常股東總會應依據中國銀行則例第十九條之規定每年於總行所在地開會一次由總裁召集之

第五十三條　臨時股東總會應依據中國銀行則例第二十條及二十一條之規定於總裁認為重要事件必須會議及於董事或監事全體或股東總會會員五十人以上并占有股分全額百分之十以上者因重要事件請求會議時由總裁召集之

第五十四條　股東有到股東總會之資格者應於會期前將股票持至總行或就近之分行驗取到會執據並應於開會數日前持執據赴總行報到取入場劵並本屆議題及報告

第五十五條　股東總會會員因有事故不能到會時應依據中國銀行則例第二十四條之規定得於會員中委託代理人但每會員之代理投票至多不得超過十票

第五十六條　股東總會會員之投票權應依據中國銀行則例第二十三條之規定每十股有投一票之權百股以上每三十股遞增一權

第五十七條　每年分配淨利辦法•應由通常股東總會議決辦理。
第五十八條　董事監事。應由通常股東總會選舉。
第五十九條　年終決算報告。未經董事會監事會認可者。應由股東總會議決。
第六十條　如董事監事有舞弊情事。或辦事不力者。得由股東總會提出意見書送由總。裁轉陳財政部核准。照第六章第三十九條第四十條辦法另行選舉。
第六十一條　關於本行特別重要事件。應由臨時股東總會議決。
第六十二條　商股招足一千萬元時。卽行召集開第一次股東總會。
(十)附•則•
第六十三條　凡本章程未備之處。悉以本銀行則例。及本銀行詳請財政部核准之單行規章細則爲準。
第六十四條　本章程如有須增改之處。應詳由財政部核定。呈准實行。
第六十五條　本章程自經財政部呈明大總統核准後。公布施行。
自。此。項。章。程。公。布。以。後。招。募。商。股。至。民。國。六。年。僅。收。股。款。三•百•六•十•四•萬•三•千•三•百•元。

六年冬、修正則例改訂股章、先招一千萬元、除官股認繳五百萬元外、續招商股一百三十五萬六千七百元、以足商股五百萬元之額、計截至六年十二月八日止、所收股款計逾定額二萬二千七百九十八股、合銀二百二十七萬九千八百元、作爲擴充股本、此商股認購及繳納之大略也、

第二款　股東總會

(一)股東代表會

依原則例第二十九條及招集商股章程第三十九條之規定、股東總會須俟招足商股一千萬元時始能召集、然自招股以來、至五年十二月底止、先後僅收商股二百數十萬元、故正式股東總會未能成立、民國六年二月、總裁徐恩元擬一變通辦法、於法定股東總會未經成立以前、先集股東代表會、略倣本行則例第十五條暨本行招集商股章程第三十七條選舉董事之規定、擬定股東代表爲九人、由部指派六人、由商股公推三員、於中國銀行總管理處附設投票處、六年五月一日齊集北京開始會議、凡關於營業之方針、暨進行之辦法、如商股之如何續招、分行之如何推廣、國幣及兌

換劵之如何推行代理金庫之如何統一借墊款項之如何辦理諸問題皆由本行開列議案公同討論報部施行以收詢謀僉同之助是即股東代表會之所由設也

(二)通常股東總會

民國六年冬修正則例先招股本一千萬元依則例第二十九條關於股東之規定自招滿十萬股時發生効力七年一月官股五百萬元既經撥足商股五百萬元亦已收齊計滿十萬股之額二月十七日遂依法招集正式股東總會其從前股東代表會卽行停止并依則例第十五條之規定選出董事九人監事五人玆附錄董事會、監事會、各規章於左

中國銀行董事會規則 民國七年三月十八日批准

一、本會依據則例以當選董事組織之

二、本會刊刻圖記一方文曰中國銀行董事會之圖記

三、本會於左列事項有議決權

(一)年終營業決算報告之審核

(二)總分行號之設立或撤銷及設立地點之變更。
(三)總分行號詳細章程之規定。
(四)營業用地基房屋之租借建築或買賣。
(五)股東會之召集。
(六)對外重要契約之訂立。
(七)裁決各部分權限之爭議。
(八)章程第十八條之事件。
(九)章程第二十條之事件。
(十)章程第二十一條之事件。
(十一)章程第二十三條之事件。
(十二)章程第二十八條之第二項事件。

四、本董事會如有對外行爲經開會公決後得公推董事一人或二人爲代表其不經公推者所有對外行爲不生効力。

五、董事照章得列入行員組織章內。凡行員應守之規則。董事皆應遵守。其本身不得與本行有貸借及抵押諸行爲。
六、董事對於本行行務。有一切應守祕密之義務。
七、本會應議事件。須得董事過半數出席。方得開議。
八、本會開會時期如左。
(一)常會　每月第一第三星期之星期三日。午後二時行之。
(二)臨時會　遇有應議事項。總裁、副總裁得隨時召集開會。或董事三人以上。認爲必要時。亦得請求總裁、副總裁召集開會。
九、本會開會。以總裁副總裁爲會長副會長。所有議案。取決於到會董事。多數決議。可否同數。取決於會長。會長因事不能出席。副會長代理時亦同。
十、董事非萬不得已。每次開會均須到會。如實不克到會者。須先期通知。委託他董事爲代表。卽非董事不得爲董事會代表。但一董事不得代表二人。
十一、本會已經議決事件。董事缺席者。不得有異議。

十二、董事有提議事項。須於會期前。將議案交會。俟開會時討論。再行表决。總裁副總裁有提議事項。亦照此辦理。

十三、本會議决事項執行時。如確有窒礙者。除照本行章程第三十六條辦理外。並得由總裁副總裁聲明理由。請求覆議。

十四、本會所議事項。如非一次所能解决。可延至下次會議。其事關緊要。得繼續會議。

十五、本會所議事項。有應調查事實者。得公舉董事一人或二人。擔任調查報告。

十六、本會得設辦事員·及速記員。辦理往來文牘。保存案卷圖記。紀錄會議事項。並理本會庶務。

十七、本會日行事件。由董事中公推一人或二人執行之。

十八、議决事件。由列席董事。於議案後簽名存案。

十九、本規則如有未盡事宜。非經本會董事過半數到會。不得提議修改。並不得適用第三四條之代表到會。

二十、本規則自議决之日施行。並送財政部備案。

中國銀行監事會章程 民國七年三月二十九日批准

一、本監事會依據則例以當選監事組織之設立辦事處於中國銀行總行內。

二、本監事會以中國銀行章程第四十條所定各款爲職務。

三、本監事會不論何時得請求總裁、副總裁報告本行業務情形並檢查帳目案據及庫款證券。

四、本監事會辦理第四十條第二項第四項時公推監事二人執行之。

五、本監事會得僱用辦事員及速記員辦理往來文牘保存案卷記錄會議事項并理本會庶務其員額薪俸由監事長商同總裁定之倘遇重要事件發生及因公務之必要時經監事會議通過後得指調行員或其他人員助理。

六、董事會所核之年終決算報告應於股東會定期二十日前交監事會覆核。

前項決算報告提出時并應附送下開各件。

財產目錄

貸借對照表

營業報告書
損益計算書
公積及贏餘分派之議案

七、董事會所議決之議案。應隨時通知本監事會。其應守祕密者。監事亦同負責任。

八、監事照章程列入行員組織章內。凡行員應守之規則。監事亦當一律遵守。

九、本會如有對外行爲。經開會公決後。得公推監事一人或二人爲代表。其不經公推者。所有對外行爲不生効力。至對外文牘。須由監事過半數核閱後。始得繕發。

十、本會開會日期及議事細則。另定之。

十一、本監事會所需經費。由中國銀行總管理處開支。

十二、本章程如有未盡事宜。經監事會議通過後。得隨時修正之。

十三、本章程自議決之日施行。

中國銀行監事會議事細則

一、中國銀行監事會之議事。依本細則行之。

二、本監事會應議事件。必得監事出席過半數方得開議。

三、本監事會由議長主席。議長遇有事故不能列席時。公推一人爲臨時議長。會議時。取決於多數。可否同數時。取決於議長。遇有必要時。得請總裁、副總裁列席發表意見。但無議決權。

四、本監事會開會時期如左。

(一)常會 定於每月第一第三星期之星期三日。其會議時間。於開會前三日。通知各監事。

(二)臨時會 遇有應議事項。由議長或監事二人以上之請求。得於三日內召集之。

五、常會議題。由議長酌定。三日前通知各監事。各監事就職權內有提議事項時。應於常會三日前。將議案交會。但認爲有重要事件時。得臨時提出議題。

六、監事如有萬不得已事故。不克到會者。須先期通知。或委託他監事爲代表。但一監事不得代表二人。至關於修正章程時。本條不適用之。

七、本監事會之議事錄。應於散會時交發言者核閱蓋章後。再由議長簽名蓋章。

八、凡涉於監事本身之議案。該監事不得有議決權。

九、本細則自議決之日施行。

第五節　國庫之經理

經理國庫。爲國家銀行應盡之職務。依中國銀行則例第十三條之規定。中國銀行受政府之委託。經理國庫。故凡關於關稅鹽課。及一切國家之款項。應歸中國銀行經理。但我國之初。無一定之辦法。或由官署經理。或由地方銀行經理。民國二年頒布金庫條例草案十二條。由財政總長委託中國銀行掌理總金庫分金庫支金庫。冀漸收金庫統一之效。至民國四年冬。各省國庫業已由中國銀行接收者。有十八省之多。其餘各省。或尚未完全接收。或正在商議。其所以未能完全收回者。多因墊款關係耳。茲將中國銀行經理國庫情形。分省說述於下。

直隸　直省收支款項。民國初元由直隸銀行代理。三年六月。財政部電令直隸財政廳。遵照財政廳權限條例第八條。所收賦稅。交存金庫。即於是年七月一日歸中國銀行管理庫款出納矣。

山東· 魯省國庫收支事宜。民國二年以前。委託山東銀行代理。嗣因中國分銀行成立。卽於是年八月。改由該行管理矣。

山西· 晉省收支款項。民國初元。由官錢局代理。嗣以中國分銀行成立。改歸金庫收放。初僅限於國家稅收入及政費。迨三年六月後。地方收支款項。亦一律交由中國銀行管理矣。

奉天· 奉省收支款項。向由官錢號代理。該號雖係官款設立。然非金庫性質。經財政部疊商。該省改由金庫管理。於三年五月。遂移交接管。

吉林· 吉省收支款項。民國初元。由官銀錢號代辦。嗣改歸中國分銀行經理。旋因收支不敷。中行不允墊款。呈奉部令。暫由官銀號代理。迨四年一月。復歸中國銀行承辦。

黑龍江· 黑省收支款項。向由廣信公司代辦。該公司雖附有官款。然非金庫性質。財政部以中國分銀行業已成立。令該省改存金庫。於三年九月。移交中國銀行接管。

陝西· 陝省收支款項。向由秦豐銀行代理。近財政部以中國分銀行業經設立。令該省改歸金庫近始就緒。

河南　豫省收支款項。已歸金庫辦理。惟與交通銀行。同負責任耳。

湖南　湘省收支款項。民國初元。由湖南銀行代辦。三年、財政部令改交金庫。旋因紙幣尚未整理。至近日始移歸中國銀行經理。

湖北　鄂省收支款項。向係官錢局代理。三年夏、財政部電令改交金庫。近方就緒。

安徽　皖省稅收。民國初元。由財政司存儲。三年春、財政部電商該省。改交金庫。旋經復稱稅收有淡旺之分。而軍政兩費須按月支出。金庫如能擔任。卽可照交等語。輾轉磋商。至三年十月。中國分銀行始與財政廳協議就緒。訂立簡章。改交金庫。

江蘇　蘇省收支款項。民國初元。由江蘇省銀行管理。嗣以中國分銀行成立。改交金庫收放。五年夏、財政廳以中國銀行受停止兌現之影響。兌匯不靈。仍交江蘇銀行代辦。

福建　閩省收支款項。民國初元。委託福建銀行代辦。三年春、財政部電商該省。改交金庫。旋據復稱。定於七月一日移交金庫等語。屆期又因墊款未決。改於八月十二日。

始見實行。

浙江 浙省收支款項。民國初元。係由浙江銀行代理。三年春、財政部以中國分銀行成立。電商該省改交金庫。旋因磋商墊款。致稽時日。迨七月一日。始移歸中國銀行辦理。

江西 贛省收支款項。民國初元。係由中國銀行內附設之省庫科經理。三年夏、財政部以中國分銀行。已經成立。電令改交金庫。後因磋商墊款。於四年八月。方移交中國銀行辦理。

貴州 黔省收支款項。民國初元。由貴州銀行代理。三年夏、財政部電令該省改交金庫。時以中國分銀行未經成立。暫仍其舊。民國四年。中國分銀行開幕。卽完全移交經理矣。

四川 川省收支款項。民國初元。係濬川源銀行代辦。由財政廳委任收支委員一人。專辦國家分金庫事宜。三年夏、財政部電商該省改交金庫。於四年十二月。移歸中國分銀行辦理矣。

廣東　粤省收支款項。民國初元係由司庫管理。三年夏、財政部電商該省。改交金庫。於是年十一月由財政廳與中國分銀行議定金庫簡章詳部核准卽行移交矣。以上各省中國銀行皆已完全經理金庫。此外如甘肅、雲南、廣西、新疆、庫倫各處或正在籌設分行。或業經磋商移轉。則十年之間。當可達金庫統一之目的。至國庫出納事務委之中央銀行管理。雖爲各國之通例。然亦有存款制度與保管制度之分。國庫收入悉存中央銀行。作爲存款生息。支出時再開支票向銀行取用。是爲存款制度。英國行之。行內另立國庫。金出納之計算。不與銀行營業之出納相混。專事保管並不生息。是爲保管制度。歐美各國及日本行之。我國金庫條例草案第九條之規定。謂『金庫款項與營業資本分別存儲但經財政總長核准得以金庫款項之一部分移作存款』云云。是我國之中央銀行經理國庫。蓋以保管制度爲原則。以存款制度爲例外。亦酌參各國之制。以期變通盡利耳。

第六節　兌換券之發行

依中國銀行則例第十二條之規定。中國銀行有發行兌換券之特權。開業之初。所發紙幣計有三種（一）爲李鴻章像票係承受前清大淸銀行者（二）爲美印黃帝像票（三）在中國石印者紀念票屬之惟時紙幣條例未頒推行之途未廣二年一月財政部擬訂中國銀行兌換券暫行章程五條呈請大總統鑒核其原文略謂『竊維一國經濟之流通全恃銀行紙幣爲其樞紐自去秋以來金融機關一切停滯公私出納皆以現金遂至周轉無方商民交困非有大宗鈔幣流行國內不足以救濟恐慌現在中央政府所設之中國銀行已經籌備組織次第設立應請在紙幣則例未定以前卽以該行所發之兌換券暫時通行全國所有官款出納商民交易均准一律行用並由該銀行多儲準備金以供兌換多設兌換所以便取攜總期信用漸孚藉以維持市面一俟紙幣則例經參議院議決頒布之後再照新章辦理等語於二年一月五日批准施行其原章如下

中國銀行兌換券暫行章程

一、中國銀行兌換券由中國銀行及中國銀行指定之代理處一律發行

二、凡下開各項用途一律通用此項兌換券

甲　完納各省地丁錢糧釐金關稅。

乙　購買中國鐵路輪船郵政等票及交納電報費。

丙　發放官俸軍餉。

丁　一切官款出納及商民交易。

三、此項兌換券按照券內地名由中國銀行隨時兌現。

四、凡兌換券內印有兩處地名者在此兩處皆可通行兌現不取匯費。

五、此項兌換券如有拒不收受及折扣貼水等情從嚴取締。

自茲以降中國銀行兌換券極力推行。然截至民國四年底止發行全額不過三千餘萬元。雖較從前大清銀行發票已增一倍以我國幅員之廣人民之衆比諸各國之中央銀行實未能望其顛末細察當時兌換券未能迅速推廣之故厥有三端(一)各省紙幣太濫供過於求也考鈔票之流通有天然之限度必待市面需要方能逐漸推行。辛亥以來各省官銀錢號濫發紙幣數累鉅萬雖迭奉明令嚴禁增發或由財政部撥款收回但財力不足全數收回者僅浙江廣東兩省其餘黑龍江江西僅一小部分如四川貴州正在開始收換湖南廣西尙未着手進行統各省官票尙有一萬三千餘萬元其他私立銀行及外國銀行所發紙幣爲數亦屬不少惡幣既充斥市塲良貨卽無從發展此中國銀行兌換劵未能迅速推廣之原因一也(二)國庫未能統一無從推移也查各國國家經費均用中央銀行紙幣而中央銀行代理金庫復能於收款時吸取現金出款時支付鈔票當時我國金庫已歸中國銀行完全接收者祇有直魯浙閩皖寧晉吉數省其他省分或因地方交通不便金庫驟難遍設或因濫幣整理未完金庫礙難接收其最困難者則以本省豫算收支不能適合若銀行接收金庫不得不墊支款項而墊款過多必致竭蹶所以各該省金庫或仍由本省銀行兼管或暫歸其他機關代理事權不一牽掣尤多欲求如外國銀行藉金庫之支付廣鈔票之用途者其勢有所不能此中國銀行兌換劵未能迅速推廣之原因二也(三)幣制未能劃一難期挹注也鈔票爲銀圓之代表必須全國適用銀圓始能乘勢推行鈔票但各省貨幣複雜異常福建習用龍洋站人東三省通行羌帖老頭票正金鈔票西北各省行使銀兩之習慣未除偏僻地方習用制錢之風氣未改卽就銀圓而論國幣外幣種類不同

南洋北洋價格互異甚至滬寧密邇彼此無可通融川鄂毗連匯兌均須貼水銀幣既不統一鈔票自難流通此中國銀行兌換劵不能迅速推廣之原因三也以上三端實爲阻礙兌換劵之最大原因救弊補偏必須從此著手四年十一月財政總長周學熙悉心考察逐一改良對於濫幣如黑龍江官帖則以官銀號及廣信公司之餘利收回貴州紙票擬由中國銀行借款收回四川軍票則由官公各產及隨糧各捐備款收回陝西紙幣則由變賣官產撥款收回江西則息借款項收回湖南則售賣礦產收回濫幣如果肅清則鈔票自能推廣此對於收回濫幣推廣中國銀行兌換劵之辦法也其次卽整理國庫對於完全接辦者復切實進行卽牽掣多端者亦分途協議總期循序漸進一律接收庶國庫之制度既可統一而鈔票之發行自易擴充此對於統一金庫推廣中國銀行兌換劵之辦法也至劃一貨幣一端現在新國幣既已通行各省而陝西河南山東各省向用銀兩銅錢者近亦漸趨於行使銀元之傾向更陸續購買各省之雜項洋元飭廠改鑄輸運各省交由中國銀行發行則不及一二年幣制既已完全統一則替代銀幣之兌換劵自能通行全國數目日增此對於劃一幣制推廣中國銀

行兌換券之辦法也。今則濫幣次第收回（參看地方銀行編各章）國庫漸歸統一。（參看上節）舊銀元雖未盡銷除。新國幣已通行全國。故考近日中國銀行兌換券流通之數。較前復增加一倍。計至民國六年十二月底止。總額凡七千一百八十九萬二千九百六十二元。列表於左。

中國銀行各分行兌換券流通額數表 六年十二月止

分行名稱	流通數
北京分行	三二〇八九〇五九元
天津分行	八八一四三三
上海分行	五〇七八四七九
漢口分行	九二九一八三
南京分行	一八一六二一六
山東分行	一二五一八九五
河南分行	一九七五六七

東三省分行	一四五八二九四〇
福建分行	五五五四七九
廣東分行	四九八〇九一
浙江分行	一七一六八八二
山西分行	二四一〇八二
重慶分行	五九二四九六六
貴州分行	四五四五五三
陝西分行	二七〇〇〇
江西分行	七六三八三三
歸綏分行	一〇六五三〇
安徽分行	二一五九五三
長沙分行	三四三三二一
張家口分行	四一〇〇〇

庫倫分行　　四五〇〇

總計　　七一八九二九六二

右表所列東三省分行流通券內計有小洋券一三八〇九四五六元福建分行流通券內計有台伏票一三六四二元廣東分行流通券內計有毫洋票二二一〇二九一元又直平票九四五元。

第七節　兌換券之停兌及開兌

民國五年初西南戰事方殷商民持票爭先兌現京津兩處適當其衝應付維艱國務會議維持辦法採用暫時停兌之策五月十二日國務院發布命令略謂「各國當金融緊迫之時國家銀行紙幣有暫行停止兌現及禁止提取銀行現款之法以資維持俾現款可以保存各業咸資周轉法良利溥亟宜仿照辦理應由財政交通兩部轉飭中國交通兩銀行自奉令之日起所有該兩行已發行之紙幣及應付款項暫時一律不准兌現付現。一俟大局定後即行頒布院令定期兌付所存之準備現款應責成兩行一律封存至各省地方應由各將軍、都統、巡按使凡有該兩行分設機關地方官務卽酌派軍警監視該兩行。不准私自違令兌現付現。並嚴行彈壓禁止滋擾。如有官商軍民人等。不收該兩行紙幣或授受者自行低減折扣等情。應隨時嚴行究辦。依照國幣條例第九條辦理。一面與商會及該兩行接洽。務期同心協力。一致進行。並飭該兩行將所有已發行兌換劵種類額數。剋日詳晰列表。呈報財政部。以防濫發。仰各切實遵行此令。」等語。茲將停兌後之情況。說述如下。

財政委員會之設立　自停兌命令發布以後。卽創設臨時財政委員會。以討論停止兌現善後之辦法。茲舉其大概如左。

一　本會爲辦理銀行暫停付現、及維持市面事宜而設。名曰臨時財政委員會。設立於財政部。

二　本會委員由國務院、統率辦事處、內務部、財政部、陸軍部、農商部、交通部、中交兩銀行各派重要委員充之。另派辦事員若干人。由上列各機關派委。

三　凡往來函電。關於第一條事宜者。均由本會辦理。

四　本會遇有重要事宜。由第二條所指各機關長官出席開會會議。

五　本會委員推定主任副主任各一員主持會中一切事務

六　本會委員應輪流常川到會辦事員應逐日駐會辦事

通電停兌後一致之辦法　五月十四日國務院通電辦法之大畧(一)商家押匯放款可酌量放鬆允做利息按月以七釐爲限(二)匯款以國內爲限一律不收匯水鈔票在本國使行無論何處概不貼水(三)銀兩銀元存款萬數以下按照當地金融情形一律酌加利息以一釐爲率往來存款亦然(四)存款放款利息比較相差之數不得超過二釐此皆有利於商民惟各省一律辦理則上列各條可以實行其辦法大綱如左(一)兩行之十元票可換五元票五元票可換一元票一元票可換銅元票二十枚以下銅元票可換銅元惟兌換銅元之時間及數目應加以制限(二)一元票兌銅元票以現在當地銅元市價爲標準作一定價不得漲落(三)妥定銀兩兌換銀元鈔票之市價逐日兩行懸牌(四)由中交兩行設兌換機關由官廳督令酌量辦理(五)官廳出示曉諭商民一切錢糧釐稅事收兩行鈔票

對於停兌後各地之辦法　自院令宣布以後各省以地方情況不同有主張停止兌

現者有暫行限制兌現者有請求照常兌現者因時制宜要皆出於維持之一法茲就當日各省報告停兌後維持之辦法分別舉之如左

京兆　當院令初布之始商人紛紛到商務總會質問經多方解釋凡殷實各大商號不但明白現狀且能暫時支持惟各小商號及居京之小民亟須極力維持勿使失業遂由總商會公同議定入手辦法四要件第一要件須於京師迅速酌設兌換銅元機關多處每日早晨由八點鐘起至十一點鐘止下午由三點鐘起至五點鐘止爲兌換銅元時間以濟下級商戶民人之日用而拯其窮第二要件凡持中交兩銀行鈔票在一元以上者一律通用其一元者准其持票兌現或小洋俾下等小民日用飲食不至虧耗以免滋生事端第三要件亟應與外國銀行通融行使則大宗鈔票可以流通而金融濟矣第四要件應迅速多鑄小銀元銅元剋日運京以便周轉而濟艱窘

天津　直隸爲近畿重地天津尤爲通商大埠凡軍警餉項民生日用在在均關緊要而華洋貿易枝節橫生自兌現停止後卽經商請各領事轉飭洋商諭將已存之票

暫勿兌現。其開灤礦廠工人。不受紙幣。并即飭警彈壓。令換銅元。始得暫時平帖。至於市面情形。大概以洋商爲歸束之地。一旦金融停滯。勢必大起恐慌。民食一項。尤爲重要。當由警廳撥現銀三萬元。以平市價。但萬商雲集。險象環生。尤非一枝一節。所能包舉。僉以爲停兌一事。諸多窒礙。市面現金。本屬無多。所恃以流通者。全在紙幣。今一旦視同廢紙。而關稅鹽課軍警兩餉。凡屬公家之收入支出。着動需現金。當經紳商等公同商議。集合鉅款。組織直隸全省金融維持會。以資救濟。於五月二十日開會。其簡章如左。

一　本會因中國交通兩銀行。停止兌付現款。市面金融滯塞。商民生計攸關。紳商各界。湊集鉅款。以維持現狀。流通市面爲宗旨。

二　本會以直隸省紳商及僑居直省之紳商。共同設立之。

三　本會維持以中交兩行。蓋有直隸及天津字樣之鈔票爲限。

四　本會奉巡按使飭交中交兩行報告直津鈔票號碼細數清單、內現發行在外之鈔票。中國行二百三十七萬二千六百餘元。交通行二百六十六萬七千九百餘元兩行合計直津鈔票共五百零四萬餘元本會維持以上列數目爲限。

五　前條所列直津鈔票各界一律通用。

六　中交兩行已收回之直隸天津鈔票本會議決商請巡按使飭令復查暫時公同封固。

七　紳商集款計各行商五十萬元長蘆紳商五十萬元直隸省銀行五十萬元中交兩銀行五十萬元共現款二百萬元此外直隸省之田賦稅等項收入及中交兩行抵押品約在數百萬元之譜作爲保證。

八　本會維持方法隨時酌定布告。

九　本會請巡按使監督。

十　本會設正會長四員副會長八員董事無定額均係純粹義務。

十一　本會之收入支出各款日行事件按旬造報監督並總商會查核如有特別事件亦隨時請示每日按銀行規則立有請簿存據。

十二　本會公同議決自本會成立之日起所有中交兩行已到期存款及浮存款

由本會與兩行籌商歸還辦法各存戶在此三個月內暫緩提取如不願遲延由兩銀行以外省鈔票如數照發

十三　本會俟中央籌有辦法中交兩行照常兌付現款時應即取消

十四　本會公同議決臨時簡章由巡按使核奪批示遵行所有未盡事宜及辦事規則隨時稟請核定立案

張家口　該處奉令以後維持現狀尚屬相安但觀察大勢恐難爲持久之策依各界籌畫善後之法大要有三(一)禁運現洋出口口外匪亂初平地方偏僻現庫活存本屬無多祇恐各商家私運現洋出境則現金愈過愈少萬一地方有事關係匪淺應請張綏路暫停裝運現款出境以維現狀(二)請多發銅元銅元多則易於兌換庶小民生計得以活動而地方亦賴以乂安(三)務限制兌現蓋兩行不兌現恐商家將有閉市之舉動與地方關係甚大應請照常兌現惟外票數在百元以上者暫不兌現

熱河　奉令之後即傳集各商會切實勸導均各遵行歸綏分行及包頭鎮分號於是

月十五日實行停兌官商協力布置不致多所誤會軍警保護亦極得力數月以來並無風潮。

奉天　奉天處特別地位情形實有不同查中交兩行在奉發行紙幣純係小洋與準備金之大洋有別一也此間兌現屢起風潮實由外人所致迭經交涉迄無效果二也今一旦停兌停付外人藉口習慣必致傾囊倒篋相逼而來聽之則應付愈難拒之則交涉立起在商民則當此人心搖動之際轉賴市面活動方足以資維持倘錢法稍不流通則謠諑頻興禍患何堪設想務宜俯念時局之艱難准予暫行照舊兌付以維大局。

吉林　連日與軍警長官及商界集議求其保護現款維持鈔票咸謂對內對外均有困難吉林各市素極平穩鈔票來即付現一旦停兌必惹商民恐慌且日俄貨幣充斥市面今若停兌勢必我幣落而彼幣漲金融之權全操諸外危險損失不堪設想此對內之困難也停止兌現對於本國人則可若外人取現勢難阻止此對外之困難也綜此情形停止兌現既難辦到而保存現款之令亦不得不遵擬一維持辦法

一面禁運現洋出境，凡攜帶出境過三百元以上者充公。行中付現，自百元以下照付，百元以上者大劵掉換小劵。如此則現款可以保存，鈔票亦不失信用。

黑龍江 江省設分行後，發票額甚少，市面需要尚形不足，且所發元票均以小洋計算，通行三省，商民稱便，向無持票兌現之事，與各省情形不同。奉令停兌，當邀行長籌議，僉謂此說一傳，恐有意外危險，不如暫不宣布，以免商民疑慮。推商再四，衆議僉同。

陝西 迭准電囑維持，自是目前整理財政之急圖。惟不從兌現著手，終是徒託空言，無裨實際。陝省兩行鈔票二十一萬餘元，該行現存款項五萬餘元，擬由陝設法借撥該行五萬元，再由中央撥付十萬元，該行卽可開兌照常營業。以後如需款接濟，再由此間設法力爲護持，不至有恐慌危險之慮。

山西 晉省金融尙無何等之險象，所發紙幣現已流通市面，民間資以周轉，該行儲蓄頗裕。但能照常兌現，商民對於紙幣之信用未減，則紙幣自流通無阻，不至惹起恐慌。倘一日停兌，人心恐不免動搖。爲信用計，爲大局計，不宜立時發布，致生不測之處。無已仍主持兌現。

甘肅　甘省僻處西陲。尙未分設中國交通兩銀行。至官立金融機關。僅有甘肅官銀總號。其性質本與銀行不同。且準備充足。該號兌換劵。又信用素著。商民樂於使用。現在甘省金融現狀如常。似無庸停止兌現。轉滋疑慮。

山東　停止兌現。各界恐慌。惟慮有奸人乘機煽惑。以及託外人以大宗兌現。勢必枝節橫生。煙台爲通商要埠。南北觀聽所繫。匯劃不通。現額不兌。秩序極形紛擾。急應設法維持。以防不測。其維持之法。綜其大要有三。(一)勿提現款。查中交兩行在煙台分行。現洋約有三十萬元。擬萬勿提撥。專供軍警餉糈之用。(二)制限兌現。凡小票自一元至五元者。應照常兌現。其大額則酌示制限。庶金融不至停滯。人心亦藉以稍安。(三)暫留稅款。凡五十里以外之常關。及附近各縣地丁雜稅收入。暫由該兩行代理金庫。應將收入各款。暫行留存。以備緩急而資補助。

安徽　院令及電示一切辦法。均屬可行。惟皖省中國交通兩銀行。銅元及一元票之輔助金毫無預備。斷難實行。至軍警商民。亦非空言所能開導。故暫時尙難宣布。閉江蘇辦法。外省紙幣停止兌現。其本省貨幣。應仍一律兌現。現已會同商會及中交兩行籌議辦法。決議令駐皖各分行。仿照南京分行一律辦法。(一)中交兩行兌換劵由軍民二署出示照常行使。并准向原發之各該行隨時兌現。(二)由商會宣布。凡活期存款。除軍警外。每戶於一星期內。卽十五日起至二十一日。支取不得過三百元。定期存款到期。照活期辦法。(三)外省發行紙幣。暫停兌現。俟各省協商後再辦。(四)現洋一千元以上。非有軍政長官護照不得運送。商家購貨亦同。(五)兩行運送現洋。由軍署給一長期護照。

上海。 滬行爲中外觀瞻所繫。欲求保全。必自滬始。當時僉謂滬行鈔票。勢難停兌。遂於是晚。外國律師代表股東。向滬行要求將本行所有財產負債。交付律師管理保護。一面於十三日通告各商。存款鈔票。一律兌現。以弭風潮。其辦法如左。(一)上海中行由股東聯合會。舉定監察員一人。到行監察。全行事務。悉歸股東聯合會主持。

(二)本行所有財產負債。移交外國律師代表股東管理。一切并隨時有查賬之權。

(三)上海分行鈔票。將準備金移交外國律師保管。隨時兌現。(四)所有存款均到

期立兌(五)將來各商家設有損失悉歸股東聯會合負責

南京　南京分行亦以難行止兌情形由軍政長官會議辦法(一)中交兩行江蘇兌換券隨時兌現(二)活期存款除軍警外每戶暫於一星期內支取不得過三百元定期存款到期照活期辦法(三)外埠券暫停兌現(四)現洋一千元以上非有將軍及巡按使護照不准運送(五)銀行運送現洋每行給長期護照一紙

四川　川省自軍興以後稅收減色商業停滯前敵軍餉全賴中國銀行兌換券信用素著藉資周轉一聞院令兌現者擁擠商會難以維持不得已宣布照常兌現由錢幫並力扶助風潮稍平挨時度勢非照常兌現不能維持且渝城兩埠與他埠不同兩行所發紙幣儲金有餘聲言兌現信用愈著矧大軍所在關係尤重第恐外票充斥難於應付擬限三日內將本埠所有外票一律收完三日之外決不兌換

河南　近因陝魯不靖若遽止兌恐人心勢更浮動擾及治安由長官會議辦法三條如下(一)兩行鈔票不論本省外省均准完納錢糧稅項及一切軍政官商款項應用各徵收機關及錢店商鋪均不得稍有挑剔或低價折扣并貼水等事(二)中交

兩行外省鈔票准其買賣貨物存匯劃撥一切應用與現金無異(三)中交各票本省銀元票數在十元以內銀兩票數在七兩以下均准隨時兌換現洋或銅元各隨其便銀行不得留難

湖南　中交兩行紙幣久著信用自戰事發生已呈不穩之現象若明令不准兌付其影響必妨治安當經召集各銀行商會籌議辦法僉以此策實行諸多窒礙今擬定兩行鈔票照舊流通市面並設法通融匯兌藉資維持

湖北　漢地五方雜處商務最繁平日商民信仰中交兩行皆謂國家銀行資本甚足紙幣幾於人人存貯以易於攜帶不願兌現故漢口中交兩行發行兌換劵不足三百萬幷無兌現風潮現在準備金可以兌現武漢商會皆謂如官款不足商款及行戶可以補助現屆茶市開始向用現款迭經召集商會竭力勸導照常營業幷由長官布告通行兌現藉維市面商民智識短淺將欲止之必固與之端賴現款流通以爲徵信維繫之計庶人民確知有款之可兌可取而後可安於不兌不取與維持大局之旨同也

江西　經軍民兩長派員會同警察廳將款封存遵照院令辦理惟漢滬仍均照常兌現南昌以漢滬爲樞紐自停止兌現以後商業阻滯各界恐慌旋奉院令准予變通亦即於五月二十三日照常開兌矣

福建　按此令精意自以京津各地紙幣充斥現金缺少難敷流通不得已作此權宜之計以免利權外溢藉資周轉惟此等情形按之閩省實有不同分行所發紙幣僅二萬數千元現在本省秩序安然紙幣流行如故而閩省有支番習慣每三數日卽由滙豐、台灣、渣打三銀行湊集各項紙幣數萬元自銀行或民間錢鋪支取現番歷來無異如猝出不兌換之令民間來取遴派軍警彈壓自可制止但因該幣不支之故人民恐慌勢必輾轉入於外人之手各銀行仍用習慣來行支取安得立備鉅款銀行倒閉商務隨之頃商會各董請將閩行所發之二萬餘元紙幣各錢商情願自籌現金爲其代支應請稍緩宣布停兌一俟大局底定再行遵令奉行至廈門一隅爲通商口岸洋商籍民林立一經停兌市面立起恐慌險象環生旦夕莫保軍政官廳及紳商各界公同討論再四磋商竭力維持亦惟有將廈門發行紙幣照常兌現

以安民心惟存款概暫停支現銀禁運出口藉可以維大局云

依以上各地之情形觀之當時實行停兌者京津及其他特別區域一二處而已六七兩月停現紙幣一律通用惟紙幣與銀元之間價値稍有差異初則減爲九五繼則減爲九成八九兩月則減至八五以下以致物價騰貴金融阻塞商民待澤孔殷衆議院內如兪議員鳳韶凌議員文淵均有整理中交兩行之建議案後經財政委員會幷案修正以中行先行兌現交行徐圖兌現爲主旨茲將原案節錄於左

（甲）關於中行兌現辦法　中行兌現問題據政府報告業有籌備惟是中行關係全國金融若一面兌現一面續發紙幣勢必紙幣愈多應付愈難且籌備兌現亦須將已發紙幣確定數目方能定準備金之標準應請政府飭令中行暫停續發紙幣及確查發出數目剋期兌現以維信用

（乙）關於交行之淸理及速籌兌現之辦法　分爲三端一、派員淸查交行總管理處及京行賬目其淸查手續分爲四種（子）歷年共印鈔票若干已發行若干未發行若干先後收回若干銷燬若干均須查明確數以便整理（丑）未發出之鈔票無論已求簽字。應卽分別點數註銷。解由財政部驗收備案。(寅)查明官欠、官存、商欠、商存各數目及合法證據。並歷年盈虧賬目。切實報告。如查出弊混。應澈底查究。(卯)開始清查時。應由清查人員負責。勿使金融稍有震撼。

二、通電各省財政廳。按照第一條各節辦法。同時清查各交通分行賬目。外埠應卽另派專員辦理。但各該分行未發行之鈔票。應由各清查員點驗註銷。解財政部彙存。

三、籌畫兌現辦法。得分爲兩端。(子)國有營業。如郵電航路等。及賦稅收入。應一律收用鈔票。所有分成搭現辦法。應卽嚴飭取消。以維信用。(丑)已發鈔票。既經清查明確。卽應責成交通總分行。刻期籌兌現金。

以上甲乙兩條。衆議院交由大會公決。咨請政府查照。惟兌現問題。所關甚巨。操之過促。易啟後患。近月以來。中央財政艱窘如常。朝野上下。咸思以最少之費。得收整理之效。惟持論各異。互有長短。附述於下。

關於籌議開兌各種之方法

(一)全部以國庫證券收換法　此證券每年還本三分之一。三年還清。採用此法。能使價格漲跌無定之紙幣絕迹於市場而市場立可恢復原狀實爲簡捷之辦法惟人民持有此項紙幣者一旦驟失其購買力（因證券非通貨）於市面金融不無窒礙然若可准其持向銀行爲押款則亦未始非補救之一法也

（二）全部以公債收換法　此法之效用與前法同惟公債年限過長則商民吃虧更甚不如用國庫券較爲妥善耳

（三）定期兌換法　此法能否維持紙幣之價格專視定期之長短以爲衡如定期在一年或一年以內則可如其過長則價格必受影響且到期時財政上必須確有把握方可若一經展期信用更失是不可不注意者也

（四）一部兌現法　一元紙幣悉數兌現五元以上則用國庫證券換收此爲便利小民生計之通融辦法比全部以國庫證券換收較爲穩妥

（五）付息法　自停止兌現之日起對於紙幣附以年息或月息若干算至開兌之日止此法若開兌有定期且定期較近則於維持價格確有效力否則徒多將來之紛擾實際上恐無效力耳

(六)自然消却法　此法紙幣仍聽其照舊流通。惟公家之收入。准其搭用若干成。以維持其價格。惟一經收入。卽不復發。一面另訂購買公債或國庫券章程。願以此項紙幣購買者。准其照額面價格。不願購買者聽。此法毫無強迫性質。不致驚動市面。惟公家一經收入。卽不復發。目前財政上收入。卽須減少。此其缺點也。

(七)全部以政府紙幣收換法　政府紙幣。係短期不換紙幣之性質。而其效用。與現幣同。公家一切收入。除鹽關鐵路須與外人交涉外。其餘徵收機關。准其無制限使用。且此項政府紙幣可通行於全國。不分疆域。若以此項紙幣匯款者。中國銀行不收匯費。匯至付款之地。仍以政府紙幣付之。至發行之數。以現在所發紙幣之總數爲標準。編製精確之預算。分年收回。由政府提案於國會。求其同意。如此則銀行不致受損。而匯兌仍可流通。亦維持價格之一法。惟欲行此辦法。既須各地協助。復須商民遵從。揆以現情。殊難辦到耳。

以上各法。雖或言之成理。但利弊參半。故均未能見諸實行耳。

開兌以後之情形　以上諸法。既未能見諸實行。五年十月中國銀行京鈔之數。約近二千萬元。政府乃籌集鉅款。先行兌現。十月二十六日、中國銀行總裁徐恩元。以現在大局已定。各方面盼望兌現。異常迫切。本行準備金額。現已如數儲足。經國務會議議決。先行兌現。即於二十六日開兌。即日通知各省所有京行兌換劵。本京中外各銀行、及錢莊、爐房。均一律收用。京外如直隸、山東、山西、河南、奉天、江蘇、安徽、浙江、湖北、等省各分行號。亦均照常行用。並電各省財政廳及各徵收機關稅關。一律收受。與現金無異。以維信用而便商民云。計自開兌以後。未及半月。已兌出一千萬元。自此請求兌現者。復紛至沓來。京行以擁擠不堪。分設各區兌換所。爲之兌付。金融疏通。幣價亦歸統一。厥後雖稍示限制。然紙幣流通市面。以及匯兌各省者。尙與現金同價。六年七月。京畿戰事發生。幣價日形跌落。事平以後。財政總長梁啓超。極力維持。以提高幣價。首在推廣用途。其推廣之法。第一取消四路之搭現。使京奉、京漢、京綏、津浦、四路。專收中交兩行鈔劵。第二各項賦稅之收用。飭令京兆、直隸、山東、河南、暨歸綏、等四特別區域所有中央直接收入之烟酒、印花、津浦統捐、常關稅等項。一律改爲專收京鈔。第三財廳收入之收受。並擬於前列各區所有財政廳一切收入。亦改收京鈔。已於六年十月實行。雖一時幣價稍藉以轉機而政局又適值更動任公辭職王克敏曹汝霖兩氏相繼任政又復設法維持旋採用發行公債整理京鈔之策遂於七年五月發行短期公債（四千八百萬元）及民國七年六釐公債（四千三百萬元）兩種其大旨略謂兩種債票各按五成數目搭配出售概收兩行京鈔（例如以京鈔百元承購債票應得短期公債票暨六釐公債票各五十元其餘以此類推）兩種公債長短相配擔保確實且本息均付現金人民必樂於購買倘能全數售罄則政府所欠兩行之債務悉數清償兩行所發之京鈔悉數收回上而裨益國家之度支下而活動社會之金融根本目的立時達到此發行公債整理京鈔之策一也萬一此項公債不能全數售罄本部擬卽將所餘之兩種公債票交存兩行作爲整理京鈔準備金查東西各國本有以證券爲鈔票準備之先例其效用雖不能與現金相等然人民知兩行果有十足之有價證券存儲庫中每屆本利到期既有現金收回則其信用自與前此不同此發行公債整理京鈔之策二也交存兩行公債所有到期本利一律抵還部欠由部監督兩行專款存儲一面陸續疏通匯兌減少票額及票價提高現金充實不難開始兌現此發行公債整理京鈔之策三也以上皆爲循序漸進之策設兩行更進一層得有以證券融通現金之機會則種種維持之法不難同時舉行收效更速此發行公債整理京鈔之策四也要之、此次發行兩種公債既爲整理京鈔維持金融起見自應照上開各種計畫分別進行京鈔若能立時收回全數固爲最善、即不然亦可陸續收回全數以期結束至收回鈔票撥還部欠兩行不再發行無論如何票額必日見減少票價必逐漸增高此項公債發行之日即整理京鈔根本計畫完全成立之日也

第八節　營業及利益

依中國銀行則例第九條及章程第十七條之規定其營業之種類如國庫證券商業確實期票及匯票之貼現或買入辦理匯兌及發行期票買賣生金生銀及各國貨幣經收各種存款並代人保存證券票據及其他一切貴重物件代銀行公司商號及個人收取各種票據之款項以金銀貨及生金銀作抵押爲借款公債證券或政府發行及保證之各種證券作抵押爲定期或活期借款公債證券之買賣等皆爲應有盡有之業務無足以特紀者惟辦理外國匯兌一事實爲該行營務之特色從來外國匯兌

假手於外商民國四年由京津漢滬粵五處試辦外國匯兌設總機關於北京總行並派員赴津滬各處與外國捐客接洽擇外國著名銀行委爲代理店直接由本行在外國代理店付款不由滙豐等銀行轉匯一面延攬匯入之款一面向各輸出中外商人收買倫敦交款匯票使出入足以相抵其裨益於政府銀行均不少也

中國銀行營業之範圍依該則例及章程之規定開幕以後歲有盈餘民國元年分行設立者祇有京津滬三處元年十二月之決算計京行獲得淨利一萬一千一百七十三兩九錢八分津行獲得淨利三千四百七十六兩四錢滬行獲得淨利七萬三千一百五十二兩五錢七分共獲公砝平銀八萬七千八百零二兩九錢五分其時開業僅及半年商股未募官股亦僅撥三十三萬九千八百零一兩一錢一分按五釐週息五個月息銀分配七千零七十九兩一錢九分外實淨利公足銀八萬零七百二十三兩七錢六分全數作爲餘利內提公積金一成計八千零七十二兩三錢八分又提特別公積金一成八千零七十二兩三錢八分以厚資本之力又提花紅一成半計一萬二千一百零八兩五錢七分尚餘六成半計五萬二千四百七十兩四錢三分留爲撥充

各分行開辦經費。此元年度中國銀行營業利益分配之概要也。至民國二年。各處分行漸次設立。營業情形。較前亦略有進步。然除京滬兩行以外。其餘行號存放款項。仍屬無多。按二年度之決算。總分行營業共結餘淨利三十萬零零十六元七角。內提公積金十分之一。計三萬零零一元六角七分。股利週息五釐。計十四萬六千五百二十九元三角六分。又提特別公積金十分之二。計六萬零零三元三角四分。又提四萬一千九百五十六元一角七分。充總分行行員酬勞金。再上年全國通用一元兌換券損失。計一萬一千九百五十八元五角六分。卽以其餘淨利劃抵外。尚餘九千五百六十七元六角。作爲去年滾存。此二年度中國銀行營業利益分配之概要也。民國三年開幕已達三稔。分行號所之設立。計有五六十處之多。營業總額。每年出入計算。約在一萬萬元以上。按三年度之決算。計獲淨利洋一百四十一萬元。內提百分之二十爲公積金。計洋二十八萬二千元。又提百分之二十爲特別公積金。計洋二十八萬二千元。股利較二年分加算二釐。按七釐提算。計共洋二十一萬元。蓋計算股利。胥視贏虧之大小。以定利率之高低。元二兩年。獲利未豐。故僅照年利五釐。提取三年度所獲淨利既較前兩年增加且股本已收三百萬元自應加提股利此外又提百分之十備抵呆帳計共洋十四萬一千元其餘百分之三十三分作爲普通及特別獎勵金共洋四十六萬五千三百元分給大小行員尙餘二萬九千七百元歸入前期滾存項下此三年度中國銀行營業利益分配之概要也民國四年所獲淨利較前數年爲最多計共洋三百五十八萬一千六百五十三元零二分各分行中如北京、上海、天津、東三省、江西等處淨利多者有六七十萬元少亦二三十萬元其分配之法就淨利總額（一）提公積金按照則例及股章之規定於總額內提取十分之一計三十五萬八千一百六十五元三角（二）提官股正息股本現計一千萬元每年四釐計息共四十萬元（三）提商股正息股本凡五百萬元除僅交掛號金外核計全交股款者共二百三十一萬二千五百元每年七釐計息共二萬二千四百三十一元九角七分（四）提備補未達帳（各決算期內各行號所對於彼此往來款項互相報告之帳須於期內各憑記正帳而因郵遞未及延至期後始行寄到者謂之未達帳該項未達帳歷來爲帳表精確起見皆詳加鈎稽補入期內各帳因是特備專款以便提補至所提之數如果有餘卽歸入滾存項下。不足則再由滾存項下提補）計二十萬元。（五）提特別公積於純益總額內提出十分之二。計七十一萬六千三百三十元零六角。（六）提官股紅利五釐計五十萬元。（七）提商股紅利七釐。（本屆爲第一次招募商股奉部核准比官股特加二釐以示優待）計七萬七千四百二十一元七角五分。（八）提獎勵金百分之二十八。計七十二萬八千二百九十五元六角一分。除前列八項外尚餘五十七萬九千零零七元七角九分。歸入滾存項下。此四年度中國銀行營業利益分配之概要也。

民國五年年終。據各行號所報告盈虧數目。計總益四百零三萬一千二百十二元六角六分。嗣經查核京行尚有應算給財政部四年分存利。計十一萬元未經列入。而京行各帳已經結束。無從加入。爰於總益內提存十一萬元。以備算給財政部存息之用。故實計淨利爲三百九十二萬一千二百十二元六角六分。卽於此總額內（一）提十分之一爲公積金。計三十九萬二千一百二十一元二角七分。（二）提官股正息四釐。計四十萬元。（三）提商股正息七釐。除僅交掛號金外共股本二百五十萬零九千八百元。計息十七萬二千七百七十八元。（四）備補未達帳。計十萬元。（五）提特別公積計五十七萬一千二百六十二元六角八分。（六）官股紅利週息五釐計五十萬元。（七）商股紅利週息九釐計二十二萬二千八百五十七元二角五分。（八）提獎勵金百分之二十八計七十九萬九千七百六十七元七角五分。尚餘七十六萬二千四百二十五元七角一分。歸入滾存項下。此五年度中國銀行營業利益分配之概要也。

中國銀行歷年淨利表

年度	總額
民國元年	八七八〇二二·九五兩
民國二年	三〇〇〇一六·七〇元
民國三年	一四一〇〇〇〇·〇〇元
民國四年	三五八一六五三·〇二元
民國五年	三九二二一二二·六六元

中華銀行史

第二編 特種銀行

第一章 交通銀行

第一節 交通銀行之創立

交通銀行以綰握輪路電郵四政收回利權爲主旨前清光緒三十三年十一月經郵傳部奏請設立其原摺畧稱『本部所管輪路電郵四政總以振興實業挽回利權爲宗旨卽如借款所辦各路存放款項向由分儲各立界限此盈彼絀不能互相挹注且由歐滙華由華滙歐又不能自爲滙劃而鎊虧之折耗猶其顯者也京外各商埠銀行合羣競進度支部雖設銀行勢力尙難悉敵自應聯合官商廣設銀行以爲中央之助本部所管四政可興之利甚多設欲籌借資本無抵押者不足取信有抵押者復恐難行現擬贖回京漢鐵路需款尤鉅議辦債票股票必須有總滙之區專司出納未贖路之先所出股票債票須由銀行擔任否則所有應辦事宜與部直接微獨無此政體且

不能消息銀行機關諸多窒礙查東西各國無論官商營業准設銀行通都大邑多至百數十處但遵守中央銀行所定之法律與中央銀行並行不悖國內銀行愈多交通愈普國事民事均受其益近據各埠殷實華商迭請規仿日本興業銀行集資設立以期利不外溢核其辦法尙合機宜擬由郵傳部附入股本設一銀行官商合辦股本銀五百萬兩招募商股六成先由本部認股四成以應開辦之用名曰交通銀行將輪路電郵各局存款改由該行經理就本部各項散款合而統計以握其經畫之權一切經營悉照各國普通商業銀行辦法兼採奏准之中國通商銀行四川濬川源銀行及咨准浙江鐵路興業銀行各規則與中央銀行性質截然不同援照商業各銀行銀號通例兌出銀元銀兩票紙以資周轉一俟度支部頒布銀行鈔票準備金章程及銀行法律卽與京外各埠商業銀行一律遵守將來擴充郵政凡郵便匯兌郵便儲金實爲本部專責及聯絡海外華僑遞信匯兌諸事調度較靈愈足以堅人信故輪路電郵四者互爲交通而必資銀行爲之樞紐卽中央銀行劃一幣制得鐵路車站電報郵政各局所爲之經理匯兌儲金使國幣推行內地而鄉曲沿用生銀之習亦可漸次改良是輪

路電郵實受交通利便之益，而交通利便實不僅輪路電郵實受其益已也。謹就各國普通商業銀行章程，擇其合於本國程度者，酌擬三十八條，呈候訓示』等語。卽於十一月初四日批准施行。茲錄其章程於左。

交通銀行章程

宗旨

一、交通銀行純用商業銀行性質，由郵傳部附股設立，官股四成，商股六成，一切均照奏定商律辦理。

二、該行藉以利便交通，振興輪路電郵四政。

三、度支部定有銀行鈔幣準備金章程，施行各銀行時，該行一律遵守。

四、度支部定有銀行法律，施行各銀行時，該行一律遵守。

特別營業

五、該行爲京漢贖路時，總司一切存款、匯款、消息、鎊價、預買佛郞克等事。

六、贖路債票股票章程，俟奏定後，由該行經理收發。

七、輪路電郵各局所存儲匯兌揭借等事。該行任之。此係指郵傳部直接管理之各局而言。商辦各局。願歸該行經理與否。任聽其便。

八、先就鐵路所經省分設立總分行。各海岸陸續增設。所有准備金額。即以國幣及通用現銀爲準。

九、該行收入輪路電郵款項。卽與尋常貿易商業一樣看待。

尋常營業

十、總行設在北京。鐵路可通之天津、上海、漢口、廈門、鎭江、廣州、六處。先立分行。或與殷實商號。訂立合同。作爲代辦。必須因地制宜。隨時酌定。以後各商埠路線。漸通續行添設分行及代辦行。

十一、該行設立以後。將來體察情形。擬在外埠外國設立分行。或覓殷實華僑代辦。

十二、凡官紳商民人等。有在銀行入股及存放款項。應按照外國銀行通行規則辦法。妥爲收存營運。不能問其款之所從來。且款項旣存行內。卽有保護之責。無論該款有何關係轇轕之事。非持存款憑券。不得用官力向銀行強迫閱帳查辦。致使銀行信用。稍有損礙。

十三、該行係官商合辦之業。凡各部省各地方官。雖因公事。若無抵押的款。不得違章挪借致失國民信用。

十四、該行專理存放款項。買賣荒金荒銀。匯兌劃撥公司款項。折收未滿期限票。及代人收存緊要物件。其餘未及詳列之款。以及各項禁令。均照中外商業銀行章程辦理。

十五、該行開辦之初。凡辦事人員。各有應盡義務。款項出入。各有交代責任。但貿易之道。頭緒紛繁。須立一定規則。方足以資遵守。其詳細規則。由總理協理擬議呈核。頒發各分行一律遵行。

十六、該行所集官商股本。定爲常年官息六釐。半年結算一次。年終結帳一次。先分官息。如有餘利。彙結得有實在數目。除公積花紅外。餘按入股之遲早均分。

十七、該行擬仿照京外銀號及各國銀行。印刷通行銀紙。分一百元、五十元、十元、五元、一元、五種。幷仿照各銀號。印出該埠市面習慣通用平色各種銀票。以及各項票據。

惟不得出國幣紙票俟度支部禁止各埠銀行出票後該行所出通行票紙卽當照章收回與各埠銀行一律辦理。

權限

十八、以北京爲總行行內特設總管理處派總理一人協理一人專管總分行事務另派管理鐵路人員爲幫理使款目互相關顧不至有所牽掣。

十九、總行分行均定派總辦一人酌派副辦一人專理一行事務與總理協理權限不同。

二十、總理協理均聽郵傳部堂官命令。

二十一、該行總理協理總辦副辦各員必須有專門財政學出洋考察財政學或曾在銀行充當職事及曾辦銀號著有成效者其分行總辦副辦先由總管理處遴選預備額數呈核由最大股東於核定員內公舉。

二十二、該行總辦副辦係有辦事全權另由部派出總稽查一員隨時赴行專司稽查之任此員與總理協理均有稽查各行之責如前往各該行時總辦副辦應將帳目現銀。及貿易情形。呈出查核。

二十三、各行總辦副辦。由總管理處遴選預備額數。呈部核定。再由股東按照商律。於核定人員內公舉。總管理處遴選之員。應照第二十一條辦理。公舉既定。由總理等與之訂立合同。取具押櫃銀兩妥實商號保單。先行試用。仍責成該總理等。隨時分赴考察。一切款項及帳目要件。均須過目。如有不能勝任者。准該總理等。隨時呈請照章另舉更換。

二十四、該行總辦等員。一經選定訂立合同後。即作爲能遵守該行條例之據。所有應得利權。即應給予。罰約亦應遵守。

二十五、該行每季詳造營業資財。切實報告。送呈郵傳部查核。年終結帳。轉咨度支部查核。郵傳部並可隨時調查該行各帳。此外各項貿易事業。公家決不干預。

二十六、總行中重要事件。進口鉅款。總辦副辦與總理協理詳細商酌。其與各行關係者。並須預先電商辦理。此外各項貿易。總辦與副辦會同酌辦。由司帳逐款登帳。如有司帳未經登帳款目。該行不能承認。各行應照章保險。如遇有兵險意外之事。及因兵險意外牽涉之事須預先妥爲設法補救如實有不及防範意外之事應由總辦副辦查明核結其或有因公虧損資本息銀亦應預先籌畫商量補救先以公積銀彌補考查明確再行核實結算

二十七、行內辦事人等不能兼爲他人管理生意并不得自開支店其原有之自己貿易俱准照常開設惟不得以其字號出名在銀行借款如他人在銀行借款亦不得以其字號作保惟現銀交易匯兌不在此例

股章

二十八、該行先備資本銀五百萬兩分爲五萬股每股庫平足銀一百兩由郵傳部籌款認購二萬股其餘三萬股無論官紳商民人等均准購買俟貿易擴充之時再行陸續添招五萬股隨時由辦事人及大股東等議定呈准施行

二十九、該行照有限公司辦法股分以外不得再向股東添取銀錢卽有虧欠與股東無涉惟添招股分之時先儘舊股東承受如舊股東不買方可另招新股

三十、凡認買股分券者均先繳足四分之一其餘俟該行貿易應用之時再行報告分

次收取惟購買此項股分劵者。必須書明姓名籍貫註册。以本國人爲斷。外國人不得購買。其原有股分者。亦不得轉售及抵押與外國、暨入外國籍之人。

三十一、該行分次續取股本之時。均於兩月以前普行報告股東。若屆時未將續交各款交到者。須俟其補交時。令於應交數目外。增加十分之一。若再逾兩月之久。仍未交到。即將其股發賣。由其已交本銀內除淨所罰加一之款。及因發賣所需一切費用。如有盈餘。交還原主。倘或不足。仍向原股東追繳。其股東處在外省、或外洋者。可再展期兩月。照此辦理。

三十二、該行旣爲官商合辦有限公司。則官股商股。本無歧異。所有未經限滿以前股本銀兩。不能隨時提用。亦不得藉詞挪借。如商股東欲將股票賣給或讓與他人。須由原主函知該行核准。再行通知本人。將賣給或讓與之契據。兩造簽名畫押。連股票送至該行登註股分總册。並由該行人員於後面格內簽字畫押。此外有持執股票來行。自稱股東者。該行均不承認。惟認曾經註册者。爲實在股東。

三十三、該行營業伊始。折息銷路未暢。亦無須資本過多。商股一時如未足數。聽人自購。俟布置就緒。續行招足。

三十四、該行執事各員。每月須有大會議一次。議辦一切要事。如有特別會議。另行知照總管理處辦理。

三十五、股東會議。到場有全數之半。其所持股分有全股之半。並該行執事人到及一半者。卽可定議。否則改期再議。若不能如上所限。而在場股東以爲事在可行者。已居多數。可以暫時議決。至業經公會議定諸事。未經赴議之人。不得退有後言。查農工商部奏定商律內公司會議章程。極爲詳細。凡該行未經詳列者。一切均可查照該章程辦理。

三十六、郵傳部旣認二萬股。卽爲最大股東。可以選派總理協理。由股東公舉董事四人。爲稽核總管理處事務之員。會議時總理爲議長。如遇一事可否各半者。議長有判決之權。總理如有事故。以協理代之。又各行設監事二人。由股東公舉。監察本行一切事務。毋庸常川駐行。此外司賬等員。均由總辦延訂。

三十七、董事非有百股以上。監事非有四十股以上。不得當其選舉。董事選舉後。須呈明郵傳部再行任事監事逕由股東公舉。

三十八、以上章程定後尚須隨時修改並酌擬詳細辦法但與原定章程宗旨不甚懸殊者均可刊刻通行。

第二節　交通銀行章程之改訂

民國改革之初該行章程尚繼續適用三年三月交通銀行始呈請修改略稱『本行成立根據前清奏案發生所有各項章程條款均有奏定專案歷經按照施行在案民國改建繼續有效幸賴政府維持逾格當局整理有方本行營業漸就發達信用尙孚處金融緊迫之秋盡財政酌劑之責兩年以來一切成績早在政府洞鑒之中無待陳述惟是民國要素首重法治矧在銀行尤爲先務本行前訂章程雖事實上至今援用而因革損益要貴因時制宜庶對內對外效力益遠查中國銀行等則例迭奉大總統明令公布共資遵守某等鑒於時勢之需要特開會議公同討論謹就原訂章程參以本行現狀與夫進行情形擬訂交通銀行則例二十三條請予轉呈公布』等語查交通銀行自入民國以後維持地方金融輔助國家財政厥功至偉成績尤優雖係營業

機關資本亦多商股然開辦該行之本意原爲輔助交通事業起見且經前郵傳部附入資本至二萬股之多與他項股分公司固有區別其所經營事業如掌管特別會計之國庫金及委託分理金庫等項尤非尋常商辦營業可比是交通銀行則例直接關係該行之信用間接關係國家之信用此次根據原訂章程呈請核准卽經財政農商兩部察核轉呈於民國三年三月十八日批准公布矣茲將修改則例錄之於左

交通銀行則例

第一條　交通銀行爲股分有限公司

第二條　交通銀行設總行於北京並於國內外貿易上重要之處設立分行或分號或與他銀行訂立代理或匯兌契約但分行分號之或設或撤及他銀行代理或匯兌契約之或訂或廢均由該職員會核定幷呈報財政部交通部立案

第三條　交通銀行股本總額庫平足銀一千萬兩計分十萬股每股庫平足銀一百兩除前郵傳部爲輔助交通事業進行所附入之四萬股爲固定股本外其餘六萬股由人民承購交通銀行如欲增減資本須經股東總會議決呈明財政部交通部

核准。交通銀行股本原定庫平足銀。但幣制公布施行後。應遵照幣制則例。合成新幣。倘生奇零之數。得向股東增減。

第四條　交通銀行營業年限。自本則例公布之日起。滿三十年爲期。但經股東總會議決。交通部認可。得向財政部呈請展期。

第五條　交通銀行股票概用記名式。其買賣讓與權。另以章程定之。但以中華民國國民爲限。

第六條　交通銀行營業種類如左。

一　國內外匯兌及跟單押匯。

二　各種存款及儲蓄。

三　各種放款。

四　國庫證券及商業妥實期票之貼現。

五　兌換外國貨幣及買賣生金生銀。

六　經收各種票據及保管貴重物件。

七　其他匯業銀行及實業銀行應有之營業。

第七條　交通銀行。掌管特別會計之國庫金。

第八條　交通銀行。得受政府之委託分理金庫。

第九條　交通銀行。受政府之委託專理國外款項及承辦其他事件。

第十條　交通銀行。除前四條所載外。不得經營他種事業。

第十一條　交通銀行。不得買受不動產股票貨物等件。但左列事項。不在此限。

一　營業應用地基房屋。

二　清還欠款。由債主交出變賣。或由審判斷定管業。

第十二條　交通銀行。不得買受或押入本行股票。但債戶欠款。延不清償。或無力歸還時。以此作抵。或以此清欠者。不在此限。

第十三條　交通銀行。受政府之特許。發行兌換券。其辦法照財政部所定之銀行兌換券則例。但發行式樣數目及期限。另由銀行呈請財政部核定。

第十四條　交通銀行。設董事五人以上。十一人以下。由股東總會就二百股以上之

股東選出呈報財政部及交通部存案任期四年期滿得再選再任

第十五條　交通銀行設總理一人幫理一人總理由股東總會就四百股以上、協理就三百股以上之股東選出呈報交通部轉咨財政部存案任期五年期滿得再選再任幫理以路政局局長充任由交通部委派

第十六條　交通銀行總協幫理及董事之責任權限另以章程定之

第十七條　交通銀行每年於總行所在地開通常股東總會一次如有特別事故得開臨時股東總會股東總會章程另定之

第十八條　股東總會會員之投票權每十股有投一票之權百股以上每五十股遞增一權

第十九條　交通銀行每年營業所得淨利須提出十分之二以上作爲公積金

第二十條　交通銀行須將關於營業上之計算報告書呈報財政部交通部

第二十一條　交通銀行如有違背本則例之處財政部得制止之

第二十二條　交通銀行須照本則例主旨將原定章程詳細改訂呈交通部轉咨財

政部立案。

第二十三條　本則例自公布日施行。

按上列各條較前清奏准交通銀行章程範圍爲廣於原定經理四政款項外並得分理國家之金庫且於原定匯兌四政款項外並得爲國內外各種之匯兌三四兩年營業頗見發達股本原爲五百萬兩新定則例雖有增加股本一千萬兩之條迄今尙未實行耳。

第三節　總分行之組織

交通銀行採用總管理處制度設總行於北京置總理協理幫理各一人總協理由股東公舉綜理全行事務幫理係交通部路政司司長兼任俾得輔助行務其下分股辦事至各地分行設經理一人繁盛之區間有設副經理者分行之下有匯兌所設管事一員其組織略與中國銀行相似惟人員較少章制較簡耳茲將交通銀行各分行及匯兌所列表於左。

交通銀行分行一覽表

名稱	所在地
北京分行	京兆區域
天津分行	直隸省
濟南分行	山東省
開封分行	河南省
洛陽分行	河南省
煙台分行	山東省
上海分行	江蘇省
浦口分行	江蘇省
揚州分行	江蘇省
徐州分行	江蘇省
無錫分行	江蘇省
九江分行	江西省

漢口分行	湖北省
宜昌分行	湖北省
長沙分行	湖北省
重慶分行	四川省
蕪湖分行	安徽省
廣州分行	廣東省
香港分行	廣東省
營口分行	東三省
奉天分行	東三省
長春分行	東三省
熱河分行	特別區域
張家口分行	特別區域
新加坡分行	海外

交通銀行匯兌所一覽表

名稱	管轄行
通縣匯兌所	北京分行
新集匯兌所	同
保定匯兌所	天津分行
海甸匯兌所	同
唐山匯兌所	同
順德匯兌所	同
勝芳匯兌所	同
海縣匯兌所	同
上灤匯兌所	同
德州匯兌所	濟南分行
濟寧匯兌所	同

棗莊匯兌所	同
龍口匯兌所	同
滕縣匯兌所	同
周家口匯兌所	開封分行
漯河匯兌所	同
信陽匯兌所	同
鄭縣匯兌所	同
焦作匯兌所	同
道口匯兌所	同
彰德匯兌所	同
新鄉匯兌所	同
歸德匯兌所	同
南陽匯兌所	同

禹州滙兑所　同
石家莊滙兑所　山西
豐鎭滙兑所　同
大同滙兑所　同
陽高滙兑所　同
蚌埠滙兑所　江蘇
清江浦滙兑所　同
鎭江滙兑所　同
蘇州滙兑所　同
板浦滙兑所　同
杭州滙兑所　浙江
寧波滙兑所　同
沙市滙兑所　湖北

湘潭匯兌所	長沙分行
寶慶匯兌所	同
益陽匯兌所	同
衡州匯兌所	同
常德匯兌所	同
吉林匯兌所	東三省
孫家台匯兌所	同
遼源匯兌所	同
掏鹿匯兌所	同
哈爾濱匯兌所	同
錦縣匯兌所	同
遼陽匯兌所	同
安慶匯兌所	蕪湖分行

宣城匯兌所　同
合肥匯兌所　同
運漕匯兌所　同
亳州匯兌所　同
赤峯匯兌所　熱河分行
歸化匯兌所　同
鐵嶺匯兌所　同

第四節　紙幣之發行

交通銀行。受政府之特許。發行兌換券。其辦法照財政部所定之銀行兌換券則例。但發行式樣、數目、及期限。另由銀行呈請財政部核定。此爲該行則例之所明定也。紙幣條例。未經規定以前。所有交通銀行發行之兌換券。應按照中國銀行兌換券章程一律。以資輔助。此又命令之所特許也。因有此特許。故其運送鈔票經過各海關時。亦得援照中國銀行兌換券辦法。准其免稅。凡公款出入。完納稅項。發給官俸軍餉。商場交易以及郵電路航各費之應付。一律通行。比年以來。周轉金融。信用素著。迨國幣條例發布以後。備製國幣兌換券。計一元、五元、十元、五十元、一百元五種。亦復推行盡利。自五年五月停止兌現。京兆一隅。頗受影響（詳見中國銀行兌換券停兌節）而各地幣價之信用。尚鞏固如恆。茲將該行最近兌換券流通數額列表於後。

交通銀行各分行兌換券流通額數表 六年十二月底止

分行名稱	流通數
北京分行	一七・五八五・五二一七元
天津分行	一・三四六・四二一七元
上海分行	七四一・七五三元
漢口分行	六二九・二九二元
東三省分行	五・三〇三・〇五五元
重慶分行	九五三・六三九元
開封分行	六二七・八一五元

蕪湖分行	八四・七六四元
長沙分行	四三四・一三九元
張家口分行	三三〇・七一二元
總計	一八・〇二七・一二三元

第五節 國庫之經理

經理國庫本爲國家銀行特有之權限然依交通銀行則例第八條之規定交通銀行得受政府之委託分理金庫云云誠因民國初元政府以中國銀行尚未籌備就緒故將金庫事務委託交通銀行分任之二年五月遂頒行委託交通銀行代理金庫章程十六條其原文如左

財政部委託交通銀行代理金庫暫行章程

一、本部於金庫條例未經國會議決施行以前暫行委託交通銀行代理金庫現金出納事務

二、俟金庫條例經國會議決時應按照金庫條例草案第五條之規定得由中國銀行

委託之。

三、本部委託交通銀行之範圍。以國債收支一部分為主。但租稅統系內之出納。亦得酌量各該地情形。委託交通銀行代理。

其依金庫條例第八條之規定。有法律契約之制限。應屬於交通銀行代理者。交通銀行並得代理之。

四、應設金庫之出納區域內。無中國銀行。而有交通銀行者。交通銀行可行其代理金庫之職權。

五、有中國銀行之金庫出納區域。如款項出納過鉅。或遇特別情形時。交通銀行。得分任代理。

前二項之代理。不以國債收支為限。

六、特別會計之歲出入。除法律契約別有規定外。交通銀行得代行中國銀行管理金庫職權。由財政總長。交通總長。令管理特別會計出納官吏。將所有款項。統由交通銀行收納支付。

七、特別會計與國債之收入支出須劃分兩部並不得與銀行營業收支相混。

八、本部收入款項除特別會計外分別善後借款與非善後借款通知交通銀行分立簿册。

九、支出款項除特別外註明從某款內開支交通銀行即分別辦理。

十、收支款項如係外國生金銀及平色參差其買賣價格折合銀元須先與本部庫藏司商訂價値方可轉賬。

十一、金庫各種賬簿由本部訂定之惟未訂定以前暫由交通銀行呈報採用。

十二、交通銀行每五日須作一收支報告每月終須作一月計表送本部庫藏司查核。

十三、財政總長無論何時得派員檢查交通銀行關涉代理金庫之賬簿、現金及有價證券。

審計院派員檢查時先期函由本部轉知交通銀行遵照並由本部派員會同臨核。

十四、交通銀行依代理金庫職權得發行兌換券其發行額按照市面情形伸縮之但須呈明財政總長核准。

十五、本章程自公布日施行。

十六、本章程俟金庫條例經國會議決施行時、即按照適宜之法、酌量改訂。

第六節　營業及利益

交通銀行之營業、辛亥以前、迭遭損失、革改之際、行務岌岌難支、於時商股各股東、組織股東聯合會、設法維持、公舉梁士詒爲總理、任事之後、除舊布新、一面收欠還存、一面擴充營業、行之兩年、規模漸復、信用大昭、旋又修訂則例、交通部綏提部股官利、俾商股得派利息、商情踴躍、股票價騰、至民國三年度所獲淨利、凡一百六十七萬五千一百九十八兩六錢零九釐、其分配之法、資本官利爲三十萬兩、資本紅利爲十五萬兩、公積金爲四十一萬九千二百十八兩七錢七分六釐、酬勞及獎勵金爲二十八萬七千二百九十六兩八錢八分九釐、歸入盈餘之款、爲五十二萬零三百五十九兩四錢二分九釐、四年度之淨利、尤較三年爲巨、共二百萬零一千八百四十三兩五錢三分七釐、其分配之法、資本官利及紅利各三十萬兩、公積金爲五十萬零四百六十兩八錢八分四釐、酬勞費及獎勵金爲三十六萬零四百十四兩七錢九分六釐、歸入盈

餘之款爲五十四萬零四百六十七兩八錢五分七釐

第二章　興華匯業銀行

興華匯業銀行所以圖國內外匯兌之便利民國初元議設此種銀行擬具則例提交參議院議決頒布其設立之理由略謂通商以來國際貿易日趨繁盛東西各國富商大賈挾其巨資遠渡我邦者絡繹不絕就中握金融之樞紐而爲衆商之先導者厥惟匯業銀行如匯豐、匯理、德華、花旗、正金、道勝等行皆外商之領袖而國際貿易之所賴以發展者也我國地大物博甲於全球而輸入貿易反過輸出歷年以來爲額甚鉅民窮財盡胥基於是究其原因雖不一而足而海外匯兌機關之缺乏實爲其中一大原因蓋貿易之發展全恃金融之流通國內如此國外亦然此匯業銀行所以亟應設立而揆之今日國中種種情形尤覺此項機關不可一日稍緩者也茲由陳錦濤等發起興華匯業銀行擬照股分有限公司辦法招集股本銀一千萬元先由發起人等集股四百萬元餘俟則例施行後再行遵章募集以期成立而挽利權誠以匯業銀行其利有四幣制爲國計所關改革實當日之務而消却舊幣吸收現金有匯業銀行足補中央銀行之所不及。觀於日本正金銀行之成效可知矣。且以世界大勢之所趨。中國事情之所適。幣制必當改爲金匯兌本位。殆可斷言。若不及今速設機關於外國。以爲儲蓄大宗金款之預備。他日問題發生。又必爲外國銀行所包攬。如印度菲獵賓等。其儲金咸爲人所握。持其盈虛。遂難自爲消息。今日之改設匯業銀行。正爲他日儲金預備。其利一也。財政有非常之開支。借債亦濟急之一道。惟外債之能無弊。在募集之能自由。歷年以來。所募之債。皆假手外國銀行。致被壟斷。不特虧耗巨費。甚且損失主權。若使匯業銀行。棋布歐美市場。以與各國大資本家相見。信用一昭。嗣後募債。卽可直接。既免外國銀行之操縱。卽保內國財政之主權。其利二也。銀幣本位未改以前。外資之借還。皆以金計。鎊價漲落。權操於人。無形之間。損失甚鉅。卽金幣本位採用以後。匯票抬抑之權。亦商務損益所係。若有匯業銀行。介乎其間。則借貸之際。自可預爲設法。維持匯價。使劑於平。其利三也。通商遠國。運貨需時。押運以濟商本之窮。貿易乃覩輸出之盛。我國向無滙業銀行。可以資周轉。商人對於外國銀行。又難冀通融。故相率不敢自運土貨出外。而外國商人。因得以壟斷。誠能設銀行於國外。作商戰之後盾。則押匯之機關既備。輸出之發達可期。土貨暢銷。漏卮自塞。其利四也。抑匯業銀行之爲商辦。尤有三利。一曰當在戰時得受公法之保護也。蓋戰時敵國私產不被沒收者。國際公法之通例也。匯業銀行營業區域遍及國外。倘爲國有。一旦有事。沒收堪虞。而商辦得以免焉。二曰遇有訟事不啓國際交涉也。匯業銀行營業範圍既廣。法律行爲斯繁。控案轇轕。涉訟外廷。事所恆有。倘爲國立之機關。易招國際之爭議。而商辦得以免焉。三曰脫離政界可無政黨之關係也。匯業銀行開設於內外市場。必因各地經濟之情形。以定各行營業之方策。倘爲國立。則與政府關係既深。將爲政黨之變遷而致業務之更動。政府信用一弱。銀行信用遂衰。危險實非淺鮮。而商辦又得以免焉。夫匯業銀行之有利也如彼。而商辦之有利也又如此。以性質言之。斷不能附屬於中央銀行。故英法德日。非無中央銀行。而外國匯兌事業。必委託商業銀行者。其意蓋極深遠。然商本維艱。又不得不賴中央政府補助。查日本正金銀行。得以低息向中央銀行通融資金二千萬元。其他各國政府。對於此種銀行。亦多特許條件。蓋匯業銀行。較之普通銀行。性質頗不相同。職務亦因有別。以利國爲先務。以利己爲後圖。故政府恆與以相當之特權。以示獎勵。并締密接之關係。以通功能。法至良。意至美也。爰照日本先例。并參酌各國成規。核定則例三十一條。以利推行。而資遵守。即於元年十一月二十六日公布。錄之如左。

興華匯業銀行則例

第一條　興華匯業銀行。為股分有限公司。

第二條　興華匯業銀行。設總行於上海。並於國內外貿易上必要之處。開設分行、分號。且得與他銀行、訂立代理或滙兌契約。但分行分號之或設或廢。及與其他銀行代理或滙兌契約之或結或解。均由該行職員會核定。呈明財政部立案。

第三條　興華匯業銀行營業年限。自開業之日起算。滿三十年為期。但經股東總會議決。得向財政總長呈請展期。

第四條　興華匯業銀行資本。定一千萬元。分十萬股。每股一百元。如欲增減資本。須經股東總會議決。呈明財政總長批准。

第五條　興華匯業銀行之股東。限於中華國民。

第六條　興華匯業銀行股票。概用記名式。凡買賣讓與。另以章程定之。

第七條　興華滙業銀行。得以低息隨時向中央銀行通融款項。但其數以一千萬元為限。

第八條　興華匯業銀行之營業如左。

一　國內外匯兌及貨物押匯。

二　各種存款及保管貴重物件。

三　放款。

四　各種期票之買入或賣出。但其制限。由行長隨時開職員會議定之。

五　代素有交易之公司、銀行、商號。收取各種票據之款項。

六　兌換外國貨幣。及買賣生金生銀。

七　其他國際銀行應有之營業。

第九條　興華匯業銀行。酌量營業情形。得買賣公債證券。

第十條　興華匯業銀行。遵政府命令。經理在國外之公債及公家款項。

第十一條　興華匯業銀行除前三條所載外不得更作他種營業。

第十二條　興華匯業銀行除左列事項外不得買入或承受不動產股票貨物等件。

一　銀行營業應用地基房屋。

二　清還欠款由債主交出變賣或由審判斷定管業。

第十三條　興華匯業銀行不得買入或押受本行股票但債主欠款久不清償或無力歸還時。以此作抵或以此清欠不在此限。

第十四條　依第十二條第二款及第十三條所定承受不動產股票及其他物件時限六箇月內售出。倘因時價不當未能售出時得呈請財政總長批准延期。

第十五條　興華匯業銀行對於活期存款之應付應置四分一以上之相當準備金。

第十六條　興華匯業銀行設董事五人以上十一人以下任期二年由股東總會就五十股以上之股東中選出呈明財政部存案其期滿再被選出時亦同但按第十八條由財政總長特別任命者可無股分數目之制限。

第十七條　興華匯業銀行設行長及副行長各一人均由董事互選呈明財政部存

案。

第十八條　財政總長認爲必要時。得於前兩條額定職員外。命中國銀行總裁或副總裁。兼興華匯業銀行副長或董事。

第十九條　興華匯業銀行行長、副長及董事、之責任權限。另以章程定之。

第二十條　興華匯業銀行每年於銀行所在地。開通常股東總會二次。議決本行章程所定之事項。如有特別事故。隨時得開臨時股東總會。股東總會出席者。以會期六十日以前已經註册之股東爲限。股東之議決權。另以章程定之。

第二十一條　每半年分配盈餘時。應先將分配成數。呈請財政總長認可。

第二十二條　每半年須提盈利十分之一以上。作爲公積金。以備左列各項之用。

一　塡補資本之虧損。

二　補充股息之不足。

第二十三條　放款過期不還。將歸損失時。須量其損失之數目。於前條規定外。提存盈利爲公積金。

第二十四條　興華匯業銀行。於營業上受損失至資本半額以上。或違背則例時。財政總長。得停止其營業。或令其解散。

依股東總會議決。經政府許可。得隨時解散。但該股東總會。必須得股東總數二分之一。以上與股本總額二分之一以上之股東出席。且依議決權三分之二以上。方可決議。

第二十五條　興華匯業銀行。若違背則例時。財政總長。得制止之。或令改選董事。

第二十六條　財政總長。特委監理員一人。監察興華匯業銀行一切業務。

第二十七條　興華匯業銀行。須從財政總長命令。呈報關於營業上之計算報告書。

第二十八條　興華匯業銀行。總分行分號。於重要各項文書。須簽字。其漢文文書並須加蓋圖章。

第二十九條　興華匯業銀行。遵照本則例。另訂章程。由股東總會議決。呈請財政部立案。其修正增删亦同。

第三十條　興華匯業銀行之行長、董事。及其他行員。如有違犯則例者。處以十元以上百元以下之罰金。其因此損及本行營業者。仍責令賠償。

第三十一條　本則例自公布之日施行。

按上列各條。與日本正金銀行條例之規定。大略相同。蓋欲擴張海外之貿易。自當先圖內外國匯兌之便利。其機甚微。其效甚巨。獨惜則例頒布以來。將及七載。而銀行尚未舉辦耳。

第三章　鹽業銀行

第一節　鹽業銀行之組織

民國三年十月。大總統以鹽款爲財政大宗。急宜專設銀行。妥愼經理。藉以維持鹽業。活潑金融。即派張鎭芳氏籌辦。考其創設之本旨。大要以經營鹽務爲主腦。故曰鹽業銀行。第一各運鹽公司以可保證公債券。向銀行借貸。第二專賣局遇需款時可向該行借貸。遇有贏餘亦向該行存放。官運局亦然。第三證券債券之發行付息償還由該行經理之。第四遇有改良改造之必要。需購機器創立製造廠。得預計成本餘利。呈明政府。由銀行發行公債。第五獨立營業。暫不與中央各銀行相混。其範圍以關於鹽業上之設備改良匯兌抵押存放收付爲限。對於國家。亦不擔負鹽業以外之義務。嗣後商訂章程。關於發行鈔票問題。又生爭議。或主該行有發行鈔票之權。方能吸收現款。厚集實力。以謀鹽業之發展。旋以政府現採中央銀行紙幣集中政策。新設銀行。不宜再有此權。卒行删去。資本總額五百萬元。財政部籌撥官股二百萬元。另募商股三百萬元。民國四年三月。商股已集有成數。於三月二十六日開業。即以張鎭芳爲經理。袁乃寬爲副經理。設總行於北京。其天津、上海兩處。亦擬開設分行。至各省繁盛之區。俟京、津、滬三行成立後。節次擴充。酌量添設。總期基礎堅定。脈絡貫通。進漸持恆。推行盡利。其章程大半依據交通銀行則例而定。附錄於左。

鹽業銀行簡章

第一條　鹽業銀行爲股分有限公司。

第二條　鹽業銀行設總行於北京。並於國內外貿易上重要之處。設立分行、或分號。或與他銀行訂立代理、或匯兌契約。但分行分號之或設或撤。及他銀行代理或匯兌契約之或訂或廢。均由該行職員會核定。報明財政部立案。

第三條　鹽業銀行股本總額銀幣五百萬元。計分五萬股。每股銀幣一百元。財政部爲輔助鹽業銀行營業進行。已經認定二萬股。餘三萬股由人民承購。本銀行股本定爲週息五釐。以收到之次日起息。鹽業銀行如遇增加資本。須經股東總會議決。報明財政部核准。

第四條　鹽業銀行營業年限。自開辦之日起。滿三十年爲期。但經股東總會議決。得向財政部酌請展期。

第五條　鹽業銀行股票概用記名式。其買賣讓與權。另以章程定之。但以中華民國國民爲限。

第六條　鹽業銀行營業種類如左。

一　國內外匯兌及跟單押匯。

二　各種存款及儲蓄。

三　各種放款。

四　國庫證券及商業妥實期票之貼現。

五　兌換外國貨幣及買賣生金生銀。

六　經收各種票據及保管貴重物件。

七　其他匯業銀行及實業銀行應有之營業。

第七條　鹽業銀行掌管特別會計之國庫金。

第八條　鹽業銀行得受政府之委託分理金庫。

第九條　鹽業銀行得受政府之委託專理國外款項及承辦其他事件。

第十條　鹽業銀行除前四條所載外不得經營他種事業。

第十一條　鹽業銀行不得買受不動產股票貨物等件但左列事項不在此限。

一　營業應用地基房屋。

二　清還欠款由債主交出變賣或由審判斷定管業。

第十二條　鹽業銀行不得買受或押入本行股票但債戶欠款延不清償或無力歸還時以此作抵或以此清欠者不在此限。

第十三條　鹽業銀行設董事五人以上十一人以下由股東總會就二百股以上之

股東選出報明財政部存案。任期四年。期滿得再選再任。

第十四條　鹽業銀行。設總理一人。協理一人。總理由股東總會就四百股以上。協理就三百股以上之股東選出報明財政部存案。任期五年。期滿得再選再任。

第十五條　鹽業銀行每年於總行所在地。開通常股東總會一次。如有特別事故。得開臨時股東總會。股東總會章程另定之。

第十六條　股東總會會員之投票權。每十股有投一票之權。百股以上。每五十股遞增一權。

第十七條　鹽業銀行。每年營業所得淨利。須提出十分之一以上作爲公積金。

第十八條　鹽業銀行。須將關於營業上之計算報告書。報明財政部。

第十九條　鹽業銀行。如有違背本簡章之處。財政部得制止之。

第二十條　鹽業銀行。辦事細則。隨時修訂。報明財政部立案。

第二節　鹽業銀行之營業

鹽業銀行。自四年三月二十六開始營業。四年結帳。除開支及股本官息外。計獲淨利六萬七千一百零九元八角七分五。五年結帳。除開支及股本官息外。計獲淨利二十六萬七千二百二十一元二角六分。兩年中提存各項公積計共十三萬八千三百九十五元六角七分。股東四年分官餘利一分。五年分官餘利一分二釐。六年結帳。除開支及股本官息。計獲淨利四十二萬五千五百四十九元七角二分。計超過四年淨利約六倍。超過五年約十分之六以上。實出於意料之外。蓋六年營業困難之點。較之四五年尤甚。政治方面。五月及七月。京津一帶兩經軍事。十月以後西南軍事影響。又及於滬漢。內閣國會。種種之變遷。皆於金融界直接間接生若干之影響。經濟方面金價之低下。銀貨之輸出。羌帖之暴落。船隻之缺乏。國外貿易。既復不振。而水災兵禍。交通阻滯。國內貿易又遭奇變。故銀根奇緊。利率加增。實為營銀行業者最困難之時期。是以鹽業銀行營業之方針。較之往年尤為嚴謹。幸社會各方面。知其為完全商業之性質。歷年營業之謹慎。屢經事變。信用有加。存放各款。有增無已。故六年分存放利率相抵外。利息一項。實盈餘三十三萬九千餘元之多。藉此一端。可以證明鹽業銀行之信用也。其他匯水餘水。亦日益增多。又足徵惠顧者之與年俱進。至京外公家機關。尤重視商業上之金融機關。對於鹽業銀行業務。亦均格外照拂。加以中交兩行。以國家銀行之資格。特別指導。其他銀錢行號。以同業之好意。隨時匡扶。故其基礎得日益鞏固。盈餘得日益增多。依六年度之分配公積金。計有十六萬六千七百零二元二角九分。連同四五兩年公積金。實達三十萬零五千零九十七元九角六分。其營業之發達。概可想見。據該行總理之報告。今後營業尤復力圖擴張。其預定方針。約有數端如左。

一本行應竭力發揮商業銀行之性質。謀社會各方面金融之便利。

二本行股本定額爲五百萬元。先收足四分之一以上開辦。計六年止已收股本實爲一百五十萬元。現在營業日益發達。股本自應續收。惟增收數目過多。則營業擴張太驟。殊非穩健進行之道。故擬自七年起。每年續收二十分之一。即二十五萬元。以期營業逐漸擴張。基礎穩固。利益增多。

至每年續收股本辦法。當然本行股東有優先權。本行股東逾定期不能續交時。始得招集他人。但本行股東每年續交股本超過每年續收定額時。得按股平均攤派之。

三京津滬各行及所轄分號匯兑所七年均陸續撥增資本擴充營業漢口營業尤擬特別擴張以築長江上游商業之基礎時局稍定卽擬着手於東三省及重慶廣州三處蓋鹽業銀行既爲商業銀行行號不宜過多然商業中心地點必須設立分行匯兑流通方資便利故本行計畫京津滬漢渝廣長春七處擬逐漸設行其他各處必要時由就近分行酌設簡單機關純以營業利益爲標準絕不稍事鋪張致失商業銀行之性質

四本行創辦已屆三年照公司條例及本行章程應選舉董事監事機關亟應成立應請各股東於本屆股東總會議決選舉

五查銀行之性質其基礎穩固之程度例不在股息之厚薄而在公積金之多寡凡股息加增漸而公積金加增驟之銀行其營業未有不穩固者今六年度本銀行盈餘較多自應於例提公積金外仍照上年成例酌提若干爲股息平均公積金以備盈餘較少之年提補股東餘利以保持股票之信用至六年分股利則擬較四年加增五釐較五年加增三釐以一分五釐計算以期股息漸增營業日固

附民國六年份資產負債表及損益表

鹽業銀行資產負債表

中華民國六年份

資產 元	角分	科目	負債 元	角分
		負債類		
		股本	5,000,000	00
		定期存款	1,907,582	19
		活期存款	6,241,087	91
		暫記存款	1,290,441	63
		公積金	44,196	38
		股利平均公積金	94,199	29
		本年純益	488,822,	60
		資產類		
3,500,000	00	未收股本		
993,752	57	定期放款		
1, 274676	03	抵押定期放款		
3,861,587	70	活期放款		
2,433,601	13	各銀行往來欠款		
544.979	21	暫記欠款		
14,658,	38	開辦費		
17,083	27	營業用器具		
63,738	03	營業用房屋地皮押租		
2,262,259	68	庫存		
15,066,330	00	合計	15,066,330	00

鹽業銀行損益表

中華民國六年份

損失 元	損失 角分	科目	利益 元	利益 角分
		利益類		
		利息	339,349	39
		匯水	108,622,	90
		餘水	114,259	94
		平色	36,902	06
		雜損益	5,328	01
		滙兌所純益	25,833	54
		損失類		
112,082	62	各項開支		
6,282	07	攤提營業器具開辦費		
23,108,	55	總管理處開支		
488,522	60	本年純益		
630,295	84	合計	630,295	84

第四章　殖邊銀行

第一節　設立之旨趣

我國政治上最難解決之大問題卽東南人滿西北空虛是也此問題解決則人民生計問題國防外交問題俱可隨之解決然欲解決此問題非先團結資本以謀活潑邊地金融實行其商業移民政策不可英窺西藏俄瞰東蒙急起直追時猶恐失矧南滿輿圖駸駸有變色之懼乎此殖邊銀行不得不預爲設立者也

第二節　殖邊銀行之成立

殖邊銀行爲股分有限公司自元年徐紹楨等籌設以來中經國會停頓歷一十七月之久始行批准民國三年十一月北京總行開始營業該行採總管理處制度因就總行中析分一部爲總管理處綜全體用人行政之權一部爲京行專管營業事務餘如上海、漢口、天津、成都、重慶、雲南、奉天、哈爾濱、吉林、長春等處於民國四年次第成立分行、支行及派辦處茲將總分行支行處所列表於左

總處及分支行	開幕日期	所在地

總管理處	三年十一月二十二日	北京
北京分行	三年十一月二十二日	北京
天津分行	四年八月十一日	天津
保定營業所	六年三月二十八日	保定
奉天分行	四年三月二十九日	奉天省
鐵嶺派辦處	四年十一月二十七日	鐵嶺縣
開原派辦處	四年十二月二十六日	開原縣孫家潭
昌圖派辦處	四年十一月二十七日	昌圖縣
西安派辦處	四年十二月十六日	西安縣
山城派辦處	五年七月一日	山城縣
遼城派辦處	五年三月六日	遼源縣
營口派辦處	六年一月十日	營口
洮南派辦處	五年三月十三日	洮南縣

朝陽派辦處	六年六月十九日	朝陽鎮
遼陽營業所	六年二月四日	遼陽縣
興京營業所	六年五月二十三日	興京
東豐營業所	六年一月一日	東豐縣
西豐營業所	六年一月四日	西豐縣
海龍營業所	五年十一月十四日	海龍縣
遼中營業所	六年六月十日	遼中縣
同江營業所	六年四月二十三日	同江口
山海關營業所	五年七月五日	山海關
輝南營業所	六年十月十日	輝南縣
錦縣營業所	六年一月七日	錦縣
長春分行	四年十一月八日	長春
吉林支行	四年八月三十日	吉林省城

延吉派辦處	六年三月十八日	延吉縣
伊通派辦處	六年二月一日	伊通縣
四平街營業所	五年十月十八日	四平街
公主嶺營業所	四年十二月	公主嶺
留守營營業所		留守營
張家口分行	四年五月九日	張家口
多倫支行	四年七月二十三日	多倫
哈爾濱分行	四年四月十二日	濱江縣
雙城派辦處	五年二月十八日	雙城縣
呼蘭派辦處	四年九月十三日	呼蘭縣
綏化派辦處	五年四月三日	綏化縣
寧安派辦處	四年九月十七月	寧安縣
海倫派辦處	五年八月六日	海倫縣

三姓派辦處	五年十一月二十五日	三姓伊蘭縣
慶城營業所	六年六月三十日	慶城縣
阿什河營業所	六年四月十日	阿什河
齊齊哈爾營業所	五年九月	黑龍江省城
富錦營業所	六年十一月二十七日	富錦縣
迪化分行	四年十一月十五日	新疆省城
塔城支行	四年八月二日	塔城
喀什喀派辦處	五年一月	喀什喀
漢口分行	四年三月一日	漢口
沙市支行	五年二月九日	沙市
宜昌支行	六年	宜昌
天門派辦處	六年一月一日	天門縣
成都分行	四年一月一日	四川省城

重慶支行	四年九月九日	重慶
自流井派辦處	四年十一月二十三日	自流井
上海分行	三年十二月六日	上海
杭州支行	四年三月十五日	浙江省城
汕頭分行	四年九月二十六日	汕頭
雲南分行	四年七月二十日	雲南省城

第三節　條例之制定

殖邊銀行。於民國二年七月、初由發起人擬具則例草案。呈請財政部轉咨國會議決。三年三月、復將原擬則例草案。改爲條例草案。續請財政部提交國務會議議決。當經財政部分別修正。於三月六日呈准公布。其內容之規定。大率屬於邊疆殖業銀行之性質。惟發行鈔票。代理金庫兩事。實爲政府特別付與之權。全文凡二十一條。舉之於左。

殖邊銀行條例

第一條　殖邊銀行爲股分有限公司。
第二條　殖邊銀行以輔助政府調劑邊疆金融並貸款於沿邊實業爲業務。
第三條　殖邊銀行設總行於中央政府所在地並得依欲設分行或代理機關於營業所在地呈由財政部批准。
第四條　邊殖銀行股本二千萬元每股十元其招股章程另定之。邊殖銀行股本招定二十萬股後開始營業。
第五條　邊殖銀行自條例批准後須於一年以內開始營業如過此期限尚未開業得由財政部將批准條例呈請取銷。
第六條　邊殖銀行股票除六十萬股用無記名式外其餘一百四十萬股用記名式。無記名式股票無論何時不得超過記名式股票三分之一。
第七條　營業期限爲三十年自本條例批准之日起算如展期得由股東總會開會公決呈由財政部批准。
第八條　每年營業所得之淨利總額內應提出十分之二爲公積金後始得攤派股

利。

第九條　邊殖銀行營業之種類如左。

一　動產不動產之抵押放款。

二　經理存款。

三　生金銀之買賣。

四　辦理匯兌。

五　各種期票之貼現。

六　他銀行之業務代理。

第十條　殖邊銀行得發行鈔票。但至少須有十分之四現金之準備。及中國銀行兌換券。餘以保證準備之。

前項鈔票通用地域。以財政部部令定之。

第十一條　殖邊銀行發行之鈔票數目。每月須製造發行數目平均表。報告財政部。

第十二條　殖邊銀行。得受金庫之委託。代理金庫。

第十三條　殖邊銀行。設總理一員。協理一員。董事七員。監事五員。均由股東公選。選定後呈請財政部備案。其選舉法另定之。其他職員由總協理推任。

前項總理。非有一百股以上。董事監事。非有五十股以上之股東。不得選充。

第十四條　總理協理任期三年。董事監事任期二年。任內不得兼他銀行、或他公司職務。任滿後。得連舉連任。

第十五條　殖邊銀行職員。對於營業上之處理。得開職員會。其組織及會議細則另定之。

第十六條　殖邊銀行之股東總會。分通常總會、臨時總會二種。其會議細則另定之。

第十七條　通常總會每年二月中旬。於總行所在地開會一次。由總理召集之。屆時須頒布上年營業成績。並報告股東及財政部。

第十八條　總協理或職員會公認爲重要事件時。或股東有股分總額五十份之一以上者之請求。均得召集臨時總會。

第十九條　每百股有一表決權。百股以下之股東。得與他股東湊足百股。互推一人為代表。亦得一表決權。惟此項代表人不能超過二十表決權以上。

第二十條　殖邊銀行一切簿記。須按月由財政部派員檢查之。

第二十一條　殖邊銀行一切業務。如經財政部認為違背本則例及其他章程或為營業上不利事件時。皆得制止之。

第四節　發行鈔票及準備

殖邊銀行。乃一種拓植銀行之性質。故特許以發行鈔票之權。但銀行鈔票之發行。實一特種利害之關係。善用之則利。不善用之。適收無窮之害。該行發行之初。遵守該行條例第十條規定之外。特嚴訂一種兌換券準備金章程。無論何行。其發行之第一期。須有現金十成。以為準備。至第二期以至第七期。依次遞減。及於條例四成之規定。查該行現在發行鈔票之地域。除東三省外。僅雲南、杭州、張家口、天津數地而已。其他如漢口、汕頭、成都、重慶等。在滬行停兌時。已完全收回。以上各地。除奉天一隅。目下已減如條例規定之四成現金準備。六成保證準備外。餘如長春、張家口、杭州、天津等。猶在於第一期之十成準備中。惟雲南一隅。刻已實行第二期之九成現金準備。至哈爾濱分行。則現金之準備。且超過十成。此皆根據各行各種帳簿而來也。惟殖邊銀行營業之方針。既趨重於邊地。則此後鈔票之發行。亦當隨營業之方針。而定所有腹地各行之已發鈔票。現擬逐漸收回。其未發之處。亦擬採放棄主義。而不再發行矣。茲附錄其兌換券準備章程如左。

殖邊銀行兌換券準備章程（民國四年九月三十日通告 五年十一月十一日修改）

第一條　本行依條例第十條。發行兌換券。其準備方法。須遵本章程辦理。

第二條　本行各分支行處所。凡初發行兌換券時。均須有十成現貨準備。但得分期遞減之。其遞減之比例如左。

第一期	十成現貨準備	一成保證準備
第二期	九成現貨準備	一成保證準備
第三期	八成現貨準備	二成保證準備
第四期	七成現貨準備	三成保證準備
第五期	六成現貨準備	四成保證準備

第六期　五成現貨準備　五成保證準備

第七期以後　四成現貨準備　六成保證準備

上項按期減成之比例。由總管理處按照各處情形隨時酌定。但減成後。仍得增加之。

第三條　本行兌換劵。無論何行。一律兌現。其兌現較多之地點。應由發行行與兌行互訂存款付現之契約。

第四條　兌換劵各種準備。由總管理處派司劵員會同各分支行行長或處所長掌管。並由總管理處隨時派人抽查之。

第五條　兌換劵各種準備。不得與營業資金混合。

第六條　保證準備。應行注意之點如下。

(一)各種票據。至遲須在三個月以內確能兌現者。

(二)證劵債票及不動產貴重品等所估價格。須隨時可以變賣現貨者。

第七條　各分支行處所。每日發行兌換劵時。由司劵員會同行長或處所長。將各種準備檢查後。始得照額發行。否則司劵員。得執行其制止之權。
第八條　兌換劵發行準備額表。由總管理處頒布表式。交由司劵員會同行長或處所長按日塡寄。
第九條　凡發行兌換劵。各分支行處所。按照發行會計規程。塡具帳表。及發行準備額表時。司劵員及行長處所長概須簽名蓋章。以明責任。
第十條　發行額與準備額。如違反本章程第二條之規定。及不服總管理處之指揮。或報告與庫存不符時。該司劵員及行長處所長。應受相當之處分。
第十一條　其他發行大洋以外各種紙幣。如羌洋票小洋票直洋票銀兩票存票等。一律適用本章程之規定。
第十二條　本章程非經董事會議決。不得修改之。

第五節　股本

殖邊銀行股本。分創辦股普通股兩種。總額定爲二千萬元。民國六年九月。據各行報到股東姓名表。兩項股本合計認股爲一二百零五萬五千餘元。已繳者一百九十九萬餘元倘滬行之風潮不起則爭先恐後迄於今日總額之二千萬元當亦相差無幾矣但自滬行失敗以來鄰於海上之資本家靡特裹足不前卽已認繳一二期之本行股東亦大多意存觀望不繼繳納惟較僻遠之區影響之波及較細故未若上海鄰境之受患劇烈且益踴躍擔任矣如四川之成都當政潮未起之時得股東之提倡各界預認股三十萬元以整理成行惜著手催收政潮驟起百業俱廢迄未進行奉天則商會已聯合各商願認股本四十萬元現正力與接洽他如雲南、新疆廈門、新家坡等之富於資財者其願意投資近復絡續不絕也

第六節　對於上海分行復業之計劃

據殖邊銀行股東張維鏞氏之報告上海分行所負債務截至民國六年二月二十八日止本息該洋約二百六十萬元債權本息約合洋一百二十四萬元惟債權之部因當時經理人舞弊營私措施乖謬將來可望收回或可與債務相抵者不過全部之八九是該分行應負債務至少非百五十萬不能清償

或謂上海分行損失之鉅若此微論總處鉅額之現金一時難於籌辦卽籌措矣當此

各行金融滯塞。何如以之分配各地。藉活潑其營業。而於滬上殘局。實行割棄之爲妙乎。爲斯言者。殆亦常識未具。且於全體行務。漫未加以思索耳。請舉其說。

（一）對內之關係　憶自滬上未發生風潮以前。分支行處所成立者計三十一處。至滬行停業。其三十處雖營業如故。以迄今日。然業務上所受之惡影響。實多。觀於各行最近三期之決算比較。可以知之。是滬行一日不恢復。即各行一日不能蘇甦也。

（二）對外之關係　吾人平心論之。彼中外各存戶及手執鈔票之人。各應有之資財。停滯至年餘之久。不能行使自由。其一種恐慌憤懣之情。概可想見。維鏞在滬應付至八閱月。雖幸危險未生。然種種困苦艱難之象。絕非楮墨所能形容。最近復有所謂殖邊債主聯合會等之發起。一日函電交馳。措詞激烈。勢非各將其債權從速收回不爲功。然則割棄之說。無論對內對外。均辦不到。抑亦事實上之所萬難者。

由是言之。滬行之恢復。爲絕對不可緩之事實。然欲達復業之目的。非百五十萬之現金不可。乎抑有他變通辦法。以救濟乎。夙夜熟商。並徵諸過去之事實。設於事前得撥現金。陸續匯滬。相機而對付之。有現金百萬。敢保必能達到目的。此變通方法。有理由

以說明之蓋滬上各方面希望滬行恢復而樂贊助也

(甲)對外貿易之本國商人　吾國商人向來以國貨之輸賣於歐美各國者無不於各外國銀行請求押匯介紹交易者均外國人往往於應繳銀行費用之外再受介紹者之詐索用是營此業者頗感種種之不便而我國中交銀行均不爲此上海殖邊銀行開幕歐美諸國及南洋諸重要商埠咸就地託有代理銀行於是滬商之向在外國銀行押匯者紛來殖邊辦理之向來感受外國掮客之不便者咸得立時解除之自滬上殖邊停業各商原感之痛苦立見故輸出商方面極願贊助滬行之復業也

(乙)各存戶　按滬行各存戶中其大多數皆希冀債權早有著落探各存戶之心理將來只須給以現金幾分之幾餘則給與公債或本行股劵必能滿意凡此皆經過之事實惜一時未得現金未能繼續進行耳

第七節　殖邊銀行今後營業之方針

殖邊銀行依國家特許之條例乃一種拓殖銀行之性質與日本之台灣銀行、朝鮮銀行類似營業方針應注重邊疆及海外華商繁盛之區開辦之始因種種特別之關係未能將營業地點斟酌盡善，致營業趨向未能貫澈其本旨。民國五年，總管理處改組後，即決定計畫，專事經營東三省及新疆、蒙古、川、藏、滇、粵、閩等處，以便推及朝鮮、台灣、安南、南洋、新金山各埠。奈自滬行破壞後，各行受其影響，所有已設立之各分支行處所擴充，既難收束，亦不易易。雖勉力將東三省及新疆兩區營業設法發展，然按之本行營業計畫，究未能達十分之一。此後仍當抱此方針，積極進行，內以輸入華僑現金，謀邊地實業之發展；外以抵制外人紙幣侵占，藉挽已失之利權。至依此方針如何營業，試分述於後。

（甲）以奉天、吉林、黑龍江達蒙古爲第一營業線

查滿洲一域，南部金融操於日，北部金融操於俄，兩國紙幣行於南北滿者，在二萬萬以上。我國銀行合中國、交通、殖邊及三省省立與私家銀行等所發紙幣，不足日俄紙幣五分之一。欲以我積弱之國家、力薄之銀行，抗制兩國金融，勢所難能。但現時俄國內亂羅布，一落千丈，趁此機會將南北滿金融發展，縱他日俄人捲土重來，而我實力已充，彼雖欲恢復原狀，恐亦匪易。最可懼者，日本以鯨吞南滿之氣，操縱金融，我國銀

行。不僅於南滿一方。不能抵抗。即謀生存亦不易。所幸我南滿商民。富於愛國熱誠。日本紙幣雖流通於奉天各處。尚不過視爲一種貨物。商人持爲投機之買賣。或對外匯兌至普通行使者甚小。本行如得政府之扶助。充實本力。將對內對外之匯水減少。並謀匯兌敏捷。再於台灣、橫濱、設立分行。或託有力者爲代理機關。使此後中日進出口貨買賣之匯兌。不爲日本獨握。則此後南滿不亡。雖挾萬鈞之力以謀我。而本行實力。可以應南滿商民之需要。則商民具有愛國熱誠。自然扶助本國銀行。日人豈奈我何。日本既不能一時制我死命。俄國又困於內亂。無力發展。則本行於此時立定根基。不愁營業不日臻進境。即以紙幣言。合三省計算。共發二千萬元。甚爲便利。此項紙幣吸收之現金。以五成爲準備。以五成放款生利。每月可得利息十二萬有加。以三省歷年來利息平均計算。每百元月可得一元五角以上。按一分二釐計息。乃最低之價格。更就存款與匯兌言。如果信用少著。存款總在五百萬以上。每月匯款總在一千萬以上。存款除付息金外。平均作加放二釐。月可得一萬元。匯款平均收二十元。一萬月可得三萬元。每年除開支約五十萬元。可純益一百四十餘萬元。此就普通營業計算也。若

益以信託業及實業上特別之經營則獲利更不可計矣

再言蒙古蒙古未開化之區仍係貨物交易無所謂金融自西比利亞鐵道貫穿後俄人勢力逐漸侵入俄蒙交易日多羅布亦遂通行於蒙古各貿易區域此外蒙人與華人買賣除以茶磚代幣使用外間亦通用生銀然至今無人於蒙古金融上爲有統系之組織本行若於奉吉一線進而經營內外蒙一帶各部落輸入紙幣使之流通不但使蒙古之金融權不至全落於外人之手且可使內地與蒙古之貿易日見發達此對第一線之營業計畫也

(乙)由張家口綏遠內蒙寧夏蘭州達新疆爲第二營業線

張家口爲通蒙古新疆之要道每年由張家口進出蒙新之貨物約七八千萬元庫倫獨立後雖較前少減然由張家口至庫倫進出口者仍有四五十萬此宗貨物價值之匯款半購羅布易金鎊匯倫敦轉上海半購羅布直寄天津如有一銀行爲之匯兌機關則此種直接用銀之匯款皆可承攬且庫倫無幣制專用俄帖如有我國銀行於中操縱則我國紙幣縱使財力甚薄匯兌之款不及十分之二況龍票與俄帖價值時時

漲落。以銀或以銀元爲本位之銀行號收受此種匯款。甚爲危險。蓋新疆路途遼遠。卽以電報匯款往返亦須一星期。此一星期間如俄帖或龍票低落。則損失匪淺。本行若將國幣流行於新疆。不但便利。且可將華俄銀行之匯兌權立時奪回。并可促進內地商人於新疆之貿易也。

(丙)由廣東福建通南洋達新金山爲第三營業線。

南洋荷屬英屬各島、及美之新金山一帶。閩粵僑商最盛。且多富有資財。合計不下十萬萬。每年匯兌不下數千萬。存款亦有五六千萬。皆由外國銀行經理。本行擬於福山、廈門、汕頭、廣州、設立分支行。聯絡海外僑商。推廣營業於新家坡、檀香山、新金山各處。不但進處匯兌每年不下數千萬。卽吸收數千萬之存款。亦屬易易。前本行曾與新家坡商會議定。由本行撥資本五十萬。再由該處籌資五十萬。於新家坡設立分行。可通行於該地。本行前於民國四年奉財政部部令開辦分行於庫倫。曾經前往籌辦。嗣爲庫倫政府禁阻。不能開業。然當時庫倫政府之所以敢強橫者。有俄人主使於其間也。現俄人已自顧不遑。無力再爲蒙古之助。我政府如能趁機向庫倫提商。開設殖邊分

行庫倫政府勢無拒絕之餘地使本行能於該處成立分行不但本行營業可獲莫大之利益而於國家收服外蒙政策上亦有極大之影響也

新疆金融向操於俄人通行之紙幣除官廳發出之紅錢票即俗名大龍票小龍票共計一千餘萬外通用者皆俄國之羅布自殖邊銀行於迪化設立分行塔城、喀什喀設立支行後官廳商民多要求本行發行銀兩、及銀元票以抵制俄之羅布並藉以流通國幣若趁此俄帖低落之時發行紙幣數百萬不但俄帖立時排出且可收幣制統一之效至於匯兌一項前此盡操於華俄道勝銀行華人雖有一二票號然財力薄弱不能與爭至本行擬設立之分行於該處股款業已籌足旋因滬行失敗無力兼顧遂將此舉擱置此後仍當竭力進行此之計畫不但有益於本行而於溝通華僑發展國內商業亦有極大之影響也

(丁)由川入藏爲第四營業線

西藏之富著稱於世英人名曰金藏無時不以經營爲念雖該處人民智識淺陋開化不易而與印度接近者已漸爲英人經濟勢力所侵占拉薩、江孜、亞東各處之貿易一

律通用盧比。惟自前清宣統元年以來。日益低落。內地商人。以其有利可圖。遂由四川運銀元入藏。藏人稱便。復自行鑄造銀元並銅元流通各地。然為數甚少。供不應求。即拉薩、江孜、亞東各處。亦不敷周轉。本行若於拉薩各處設立分支行。發行銀元票。逐漸流通於前後藏各部落。幷吸收其生金銀。運於內地。再於印度孟買設代理機關。則此後由川入藏。由藏至川。由藏至印度。由印度返藏。由川經藏經印度轉香港或上海。由上海或香港經印度入藏之匯兌。盡入本行掌握之中矣。

(戊)由雲南經安南達香港等為第五營業線

滇為山國。鑛產之富。甲於各省。約而計之。一錫鑛每年產額約二千萬元。二銅鑛約五百萬元。三銻鑛約三百萬元。四鎌鉛鑛約一百萬元。餘如銀石珠玉羽毛皮革之屬。亦皆出口大宗。以上貿易總額年約三千萬元。輸出皆仰賴於滇越鐵道經安南而入香港。自法之開設匯理銀行於蒙自。金融大權。即已操之於彼。不惟各鑛商之借貸匯兌為所壟斷。即洋關鹽郵各稅。亦悉歸其掌握。歐戰以來。各鑛值之漲落極巨。匯理銀行因之愈神其操縱之術。殖邊銀行在雲南開設分行後。極意補救。大受各界歡迎。微特

私家之存放匯兌逐漸收回卽公家之鹽郵各稅款亦幾全數改由本行匯撥惜因滬上之風潮波累未克充分進行以後當重謀發展也

安南爲滇省生熟貨輸出入之關鍵僑商之貿易其間者以西貢爲最該埠兩粤僑商約三十萬人海防與東京次之然富有者實居多數所有資財除用於營業資金外大都存入各外國銀行每年之匯歸祖國者亦不下二三千萬滇行早撥分支其間脫能卽見實行利用各僑胞愛國之心匪特存放匯兌之權可逐漸入於本行之手卽彼安南民族之富於資財者亦可聯絡而入吾彀中蓋其國雖亡於法其民心則時傾於我也

香港爲滇省出口消售之尾閭亦幾全滇出入各款之轉還場所也歷年鑛商輸運各品概由安南運集該埠出售事畢除將其値購相當之棉紗及洋雜貨返滇外餘款均須託銀行匯回此項匯業向亦操諸外人自滇行開設後與各商之感情極洽匯水亦較他爲廉故開幕之第一期僅香港一埠之匯款約計數百萬元此外尙有粤商之入滇收買原料品者每年亦在數百萬元本行刻於該埠收付系託他行代理利權不免

外溢將來必須分支於其間況彼地爲國外匯兌之導線尤不得不急加注意也

中華銀行史

第三編　實業銀行

第一章　勸業銀行

民國二年冬農商部籌議舉辦勸業銀行以興實業迨三年四月遂會同財政部呈定勸業銀行條例凡五十三條其原呈略云『我國地大物博夙擅天府之稱惟農工各業囿於小成未能宏大規模擴充營業推原其故端由農林墾牧水利工鑛等項非有雄厚資本不足發展事業而環顧內外金融機關既未徧設農工貸借又苦無從遂使地利未獲盡闢富源不克大興國計民生胥受其困亟宜特設銀行藉以勸導實業』等語於三年四月呈准其條例如左

勸業銀行條例

(一)總則

第一條　勸業銀行以放款於農林墾牧水利鑛產工廠等事業爲目的

第二條　勸業銀行爲股分有限公司。

第三條　勸業銀行資本總額定爲五百萬元分爲五萬股每股一百元。

前項資本總額經股東會議決呈由財政部核准得增加之。

第四條　勸業銀行之營業年限自開業之日起算以滿六十年爲限滿期後經股東會議決呈由財政部核准得延長之。

第五條　勸業銀行設總行於北京。

(二)營業

第六條　勸業銀行之放款以左列各項爲限。

一　關於水利之放款。

二　關於森林之放款。

三　關於墾牧之放款。

四　關於鑛業之放款。

五　關於工廠之放款。

第七條　前條放款之方法如左。
一　用分年償還法。以不動產爲抵押。其償期不逾十年者。
二　用定期償還法。以不動產爲抵押。其償期不逾五年者。
第八條　銀行定期償還之放款總額。不得逾該行分年償還放款總額十分之一。
第九條　勸業銀行。所收放款之抵押。以第一次抵押爲限。
第十條　第七條作抵押之不動產。以有永續確實收益者爲限。
前項不動產。如係房屋。以保險房屋爲限。但除抵押房屋外。如以與房屋同價之不動產或動產。爲增加抵押時。不在此限。
第十一條　以不動產作抵押之放款。其總額不得逾銀行估定價值總額三分之二。
第十二條　以房屋作抵押之放款。其總額不逾銀行估定價值三分之一時。勸業銀行不要求增加抵押。得爲放款。
第十三條　分年償還之放款。自放款之日起。五年內得還息不還本。五年以後。須將本息分年攤還。

第十四條　債務者償還放款至五分一以上時。得按照償還之數。要求解除抵押之一部。對於其殘額亦同。

第十五條　債務者不能履行分年償還之義務時。勸業銀行得於其時或償還期內。隨時要求全部之償還。

第十六條　勸業銀行於抵押物價格低落時。得要求增加抵押。債務者不應前項要求時。勸業銀行。得於其時或償還期內。隨時要求全部之償還。

第十七條　抵押之不動產全部或一部。因土地收用法之施行。被收用時。勸業銀行。得於其時或償還期內。隨時要求全部、或一部之償還。如債務者供託收用補償金之全部。或另以相當之不動產爲增加抵押時。不在此限。

第十八條　勸業銀行得代人保管生金生銀。或有價證券。

第十九條　勸業銀行得購買農業銀行、工業銀行之債票。

第二十條　勸業銀行。如有餘款時。除購買國債票。或地方債票外。不得使用。

第二十一條　勸業銀行。不得營本條例所未規定之業務。

(三)職員

第二十二條　勸業銀行設職員如左。
行長一人　副行長一人　董事三人(或五人)　監事三人

第二十三條　行長代表勸業銀行總理銀行事務。

第二十四條　副行長輔助行長依勸業銀行章程所定掌理銀行事務。
行長有事故或出缺時。副行長代理其職。

第二十五條　行長副行長由股東會於三百股以上之股東中選任之。但須呈報財政部核准。

第二十六條　董事依勸業銀行章程所定。分掌銀行事務。

第二十七條　董事由股東會。於百股以上之股東中選任之。任期六年。任滿亦得連任。

第二十八條　監事監查銀行業務。

第二十九條　監事由股東會於五十股以上之股東中選舉之。任期三年。任滿亦得連任。

第三十條　行長副行長及董事。於任期中。不得兼他項職務。並不得經營商業。但得財政部之許可時。不在此限。

（四）股東會

第三十一條　股東會分爲通常股東會。及臨時股東會兩種。

第三十二條　通常股東會。每年於總行所在地開會一次。由勸業銀行行長召集之。

第三十三條　勸業銀行行長認爲有重要事件。必須會議時。暨董事或監事全體。或股東占有股份全額五分之一以上者。因重要事件。請求會議時。均可召集臨時股東會。

第三十四條　股東因有事故。不能到會時。得委託代理人。但以股東爲限。

（五）勸業債票

第三十五條　勸業銀行。於資本金繳足四分一以上時。得發行勸業債票。但不得超過資本金繳足額之四倍。並不得超過分年償還放款之總額。但爲借換起見發行勸業債票之發行。不適用公司條例第一百九十條之規定。

第三十六條　勸業債票票面金額定爲十元。並爲無記名式。但因應募者或所有者之要求。得改爲記名式。

第三十七條　勸業銀行。每年應按照該年償還放款總額。及農業銀行工業銀行之債票償還額。用抽籤法償還勸業債票一次。

第三十八條　勸業銀行。依第十五條第十六條第一項第十七條之規定。於償還期前收回放款時。須以該款充償還勸業債票之用。

第三十九條　關於勸業債票償還之免責時效。本金以十五年爲限。息金以五年爲限。

（六）公積金

第四十條　勸業銀行。每年須提盈利十分之一。作爲公積金。以備塡補資本虧損之用。

第四十一條　勸業銀行每年須提盈利百分之五以備補充股利之用。

(七)監督及補助

第四十二條　勸業銀行之業務由財政部監督之。

第四十三條　勸業銀行每次發行勸業債票須擬具詳細辦法呈請財政部核准。

第四十四條　財政部於勸業銀行之營業認爲違背法令章程侵害公益時得制止之。

第四十五條　財政部因必要情形得命勸業銀行呈報其營業狀況及計算報告書。並得特派臨時監查員監查勸業銀行之業務。

第四十六條　財政部因必要情形得限制勸業銀行之放款。

第四十七條　勸業銀行分配盈利於股東時須呈報財政部。

第四十八條　勸業銀行須遵照本條例擬定章程呈請財政部核准。前項章程之規定非經財政部核准不得變更。

第四十九條　勸業銀行設置分行或代理處時須呈請財政部核准。

第五十條　財政部得命勸業銀行。設置分行或代理處。

第五十一條　勸業銀行之盈利。不足五釐時。財政部得酌量給與補助金。

前項補助。自創立日起。以十年爲限。

補助金額。每年至多不得過資本金繳納額百分之五。

（八）罰則

第五十二條　勸業銀行。有左列情事之一時。處行長以百元以上千元以下之罰金。

副行長董事於職掌範圍內。應受罰金時亦同。

一　違背第一條第六條之規定而放款。

二　違背第二十條之規定。使用餘款。

三　違背第二十一條之規定。經營本條例所未規定之業務。

四　非低利勸業債票之發行額。逾第三十五條之制限。

五　違背第三十七條之規定。怠於償還勸業債票。

第五十三條　勸業銀行。行長、副行長、董事、違背第三十條之規定時。處以百元以上五百元以下之罰金。

按上列各條規定最爲詳密。惜條例已見頒行。而銀行尚未興辦。至民國四年。財政部復有中國實業銀行之設。（詳見次章）卽以樹勸業銀行之先聲。籌備兩年。漸次就緒。將來該行成立。則勸業實業兩者之名。斷無並存之必要。勢應歸統於一行也。

第二章　中國實業銀行

第一節　設立之趣旨

中國實業銀行於民國四年八月。由財政總長周學熙呈請設立。其大旨略謂國家財政所賴以開濬利源者。厥爲實業。而實業之能否發達。則以銀行之能否設法輔助爲斷。我國商業銀行。日漸增設。而實業銀行。尚付闕如。非由政府厚集資本專案辦理。實不足以資提倡。前在政事堂特別會議。議決設立實業銀行辦法。大致擬由中國銀行撥資開辦。謹本斯旨。疊與中國銀行細加討論。酌擬民國實業銀行（按中國實業銀行原名民國實業銀行。後改今名）章程四十條。並招股章程二十條。尚屬周密。如蒙照准。卽請明發申令。以資遵守。惟實業銀行。固爲力求實業發達而設。然苟無運輸及保險機關互相爲用則凡實業上之各種出產及一切設施仍或不無缺點而成效卽未易驟期惟運輸保險兩種業務民間旣未能籌集鉅款積極進行國家又復因財政困難勢難另辦似不如卽由中國實業銀行酌量附設以期營業互相維繫於銀行實業兩有裨益等語卽於是年八月十五日批准實行矣附錄章程如左

中國實業銀行章程

第一條　本銀行以輔助實業發達或改良爲宗旨定名曰中國實業銀行。

第二條　本銀行爲股分有限公司。

第三條　本銀行經財政部核准註册給照並請農商部備案。

第四條　本銀行設董事局於北京分設分行分號於實業重要地方。

第五條　本銀行營業年限自開業之日起滿六十年爲限期滿後經股東會議決稟請財政部核准得延長之。

分號隸於附近之分行分行直隸於董事局設立分行分號時應稟請財政部核准。

第六條　本銀行資本總額爲二千萬元分作二十萬股每股百元公股商股各半。

第七條　本銀行公股由中國銀行擔任商股由商股創辦人擔任籌募以本國人爲限。

第八條　本銀行如有增加資本之必要時。經股東會議決稟請財政部核准後再行添招。

第九條　本銀行股票爲記名式分一股、五股、十股、五十股、百股、五種。凡買賣讓與另以細則定之。

第十條　本銀行股分爲一人以上共有者。應推一人爲股東。

第十一條　本銀行股分爲公司行號所有者。應推定一人執行股東權利。

第十二條　本銀行股票除記載左列事項外。應蓋本銀行圖記幷由總董署名蓋章。

一　本銀行名稱。

二　股票編號、及發行年月日。

三　資本總額、及每股銀數。

四　股東姓名。

第十三條　本銀行得於左列範圍以內從事營業。

一　左列各項關於種植墾牧水利礦產工廠鐵路鹽業等事之放款。

(甲)以不動產爲抵押十年以內分期拔還者。

(乙)以不動產爲抵押五年以內定期償還者。

(丙)以出產物爲抵押一年以內定期償還者。

二　以工廠機械爲抵押之放款。

三　保證辦貨放款。

四　經理特別區域營業之匯兌貼現其區域另定之。

五　代理或介紹買賣商品。

六　代理發行國家及公共團體之債票。

七　代理發行公立私立各種實業公司之股票及債票。

八　附設公共查賬會延請會計專家專代公立私立各種實業公司檢查賬目清理財產另訂會章稟請財政部核准。

九　建設貨棧爲客商存儲貨物兼做押款棧章另定之。

十　買賣生金生銀及外國貨幣。

十一　代理保管有價證劵及貴重物品。

十二　經收各種票據。

十三　購買地方實業銀行債票。

十四　收受各種存款。

第十四條　作抵押之不動產以有永續確實收益者爲限。如曾經保險者。並須附加保險合同。

第十五條　以不動產作抵押之放款。其總額至多。以本銀行估定價值三分之二爲限。

第十六條　如以房屋機械作抵押時。並須於估價內減去至滿期日銷耗數目若干。方可作準。

第十七條　債務者償還放款至五分之一以上時。得按照償還之數。要求本銀行解除抵押品之一部。對於其殘額亦同。
第十八條　債務者不能履行分年償還之義務時。本銀行得隨時要求全部之償還。
第十九條　本銀行於抵押價格低賤時。得要求增加抵押。債務者不應要求時。本銀行得隨時要求全部之償還。
第二十條　債務人不應第十八條第十九條之要求時。本銀行有自由處分其抵押品之權利。將所欠本息。如數扣清。其處分之結果。仍有不足。應要求債務者補繳。如有餘款。應卽給還。
第二十一條　股東會分常會、臨時會、兩種。
第二十二條　股東常會。每年四月。於董事局所在地舉行。由總董召集之。
第二十三條　總董認爲有重要事件。必須會議時。或股東占有股分全額五分之一以上者。因重要事件。提出理由。書請求會議時。均可召集臨時股東會。
第二十四條　各股東之議決權。每一股有一權。其所逾一百股以上之股分。每二股有一權。其所逾一千股以上之股分。每五股有一權。

第二十五條　股東因有事故不能到會時。得委託他股東到會場代理。但不得託股東以外之人到會。

第二十六條　本銀行設董事局。置董事九人。由公股中推舉五人。稟請財政部核准。商股中公舉四人。稟請財政部立案。凡本銀行一切特別重要事件。由董事局開會公決。

董事局章程另定之。並須稟請財政部核准。

商股董事須有本銀行股分一百股以上者。方能當選。

第二十七條　董事局由公股董事中公推一人爲總董。稟請財政部核准。其職務權限如左。

一　綜理本銀行對內對外事務。

二　署名蓋印於股票及實業債票。

三　指揮、並監督行員。

四　聘用、及黜陟行員。

五　召集股東會、及董事會。
六　董事會議時爲議長。
七　編定各種辦事細則。
第二十八條　董事局由公股商股董事中各推一人爲副總董稟請財政部立案輔助總董襄理行務。總董有事故時。得由首席副總董代行其職務。
第二十九條　董事列席董事會議。議決本銀行之重要事務。
第三十條　本銀行設監事三人。由公股中推舉一人。商股中公舉二人。其職務權限如左。
一　監察本銀行職員有無違背本行定章。
二　查核本銀行賬目財產及放款抵押品。
三　覆核董事局造送股東會之各種簿册並陳意見於股東會。
四　署名蓋章於實業債票並監視開籤。
商股監事。須有本銀行股分五十股以上者方得當選。

第三十一條　董事之任期三年每次改選三分之二得連舉連任。

第三十二條　監事之任期二年得連舉連任。

第三十三條　本銀行得發行實業債票以資本實收之數八倍爲限但不得超過放出款項之總數每次發行前另訂詳細專章稟請財政部核准方可招募。

第三十四條　本銀行賬目於每年年底總結一次造具財產目錄貸借對照表營業報告書損益計算書盈利分配案實業債票計算書由總董提交董事會議通過後交監事覆核再提出於股東會請求承認並報告財政部存案。

第三十五條　本銀行於每年結賬時除去營業費實業債票獎金外作爲淨利。

第三十六條　本銀行營業淨利先提十分之一以上作爲公積金再提股利七釐如尚有餘按照十成分配如下。

一　特別公積金　三成五

二　股東紅利　三成五

三　董事監事及各行員獎勵金　三成

第三十七條　本銀行業務有違背本章程、及其他法律時。財政部得制止之。

第三十八條　本銀行得請財政部派員監理。

第三十九條　本銀行章程之修改應由總董提交董事會議議決後。經股東會通過。稟請財政部核准。

第四十條　本銀行招股章程另訂之。

按上列各條。在銀行營業以外兼辦保險運輸兩業。於提倡實業之中。寓挽回利權之意。誠能於銀行保險運輸三者同時並舉。則相輔而成。實業之發展。可立而待矣。

第二節　籌備之情形

中國實業銀行章程既經批准之後。卽於四年九月一日。在北京先行設立籌備處。推定李士偉爲本銀行籌備處正主任。巢鳳岡爲副主任。並派定籌備員若干人分任各務。數月以來。對於各務均著著進行。其一爲股務。查本銀行章程。資本總額定爲二千萬元。商股公股各半。其公股一千萬元。由中國銀行擔任。幷擬先籌二百萬元。以便從速開辦。籌備處成立以後。所有一切開辦經費。均係中國銀行陸續撥付。至商股一項。

分由各地中國銀行代爲收股。當時長蘆各鹽商。擔任股款四百萬元。東綱各鹽商擔任股款二百萬元。兩淮各鹽商擔任股款五百萬元。兩浙各鹽商擔任股款一百六十萬四千元。卽此直魯淮浙四岸鹽商所認股額。已達商股一千萬元以上。其繼續認股者。尚未計及。且據繳到入股定金五十五萬元。及直隸第一期股款二十萬元。此中國實業銀行籌備股務之情形也。其二爲業務。查本章程第十三條之規定。營業範圍極爲寬廣。其重要者如農工業之放款。水利礦產鐵路鹽業等之放款。皆係目前急務。此外附屬各業。如建設貨棧辦理保險運輸等業。尤與銀行營業有密切之關係。自應次第進行。惟我國幅幀遼闊。物產豐富。各地已興未興之實業。不勝枚舉。而實業之目的。貴在因時因地而異。其趨籌備處歷次開會討論。僉謂我國自通商以來。洋貨進口。逐年加增。利權外溢。欲謀抵制。自以獎勵土貨出口爲要着。而我國出口土貨之中。以絲茶棉花脂蔴羊毛牛皮以及各種雜糧爲大宗。而此項農產物之出口。以東三省及長江沿岸各埠爲最鉅。其產額逐年雖有增加。祇以內國金融機關及倉庫保險運輸交易所等之輔助商業機關。尚未完全設備。以致貿易之權。均操諸外人之手。利權喪失。

歲難數計。本行現擬於上列地點。設立機關。以輔助金融之發達。至於營業方針。則東三省方面。擬以發達墾務。擴張油坊火磨各種工業。及設立農產物交易所爲宗旨。長江沿岸各埠。則以建設貨棧。設立物產交易所。經營保險運輸。及維持工業爲宗旨。並經派員前往各地。詳密調查報告矣。此中國實業銀行籌備業務之情形也。其三。爲行務。中國實業銀行機關之設置。現擬於北京設一總行。卽由董事局組織。擬於東三省設一分行。使經營三省區域內之各種實業。復擬於重要地點。設立分號。卽歸東三省分行管轄。以收指臂之助。其餘各地。則酌量情形。隨時推廣。至長江沿岸各埠之商業。均以上海爲總匯。自應於上海設一分行。其漢口、九江、蕪湖、鎭江、各埠之事。卽由上海分行。隨時籌畫進行。以一事權而收實效。此中國實業銀行籌備行務之情形也。以上籌備各事。既有端倪。本擬五年春初。卽行開幕。適滇黔事起。政局糾紛。財政困難。金融滯塞。及五年五月中國交通兩銀行復停兌付。官股既難照撥。已繳股款。又因存儲中國銀行。未能提出。銀行成立之期。遂因之猶豫矣。六年八月政局粗安。復繼續進行。另定辦法。推舉熊希齡擔任籌辦事宜。將從前辦法。略加變更。大抵趨重商權。以收速效。

其大要分爲兩端。

（一）股額　中國實業銀行原定公股商股各一千萬元。其中商股業已認定之數。計直、魯、淮、浙各商。共計一千二百六十萬餘元。實溢原定之額。現在國家財政。既甚困難。財政部之意。又擬注重商權。則官商股額。不妨酌量增減。擬將商股推廣招募。額定爲一千六百萬元。除已認定一千二百餘萬元外。其不足之數。另招巨商。公同認募。其從前公股一千萬元。則減爲四百萬元。仍合原定股額二千萬元之數。

（二）職員　前定創辦人員額。原定公股推舉五人。商股推舉四人。現在股額既有變更。自應改定員數。按照認股多寡。比例分配。全數擬爲十人。由長蘆各商推舉二人。山東各商推舉一人。兩淮各商推舉二人。浙江各商推舉一人。其他各商推舉二人。公股推舉二人。凡本處重要事務。由創辦人開會公決。以昭公允。現在籌備期內。擬暫定總理事一人。理事二人。常駐理事一人。以執行事務。一俟銀行成立有期。再行照章特開股東會。另行推舉董事。以符定章。茲將原定籌備處及招股、認股處、招股處各章。附錄於後。以資參考。

中國實業銀行籌備處章程

第一條　本處爲籌辦中國實業銀行而設。未經正式開幕前。由本銀行創辦組織之。

第二條　本銀行創辦人由公股認股機關推舉五員。商股團體推舉四員。共九員。凡重要事件。由創辦人開會公同議決辦理。

第三條　本處由創辦人中、公推正主任一員。副主任二員。凡本處日行事務。由正副主任裁決處理。

上列正主任一員。由公股創辦人中推出。副主任兩員。由公股創辦人中推出一員。商股創辦人中推出一員充任。

第四條　本處對外對內事宜。均由正主任主持。凡股款收據及會計出入。皆由正主任簽字蓋章。俾歸劃一。

第五條　本處得酌量事務之繁簡。任用籌辦員若干員。辦事員若干員。管理各項事務。

第六條　本處籌備事務。分股務、行務、庶務三項。由籌備員商承正副主任辦理。其辦事細則另定之。

第七條　本處得延聘實業專家若干員爲協贊員藉策進行而資補助。

第八條　本處所需籌備經費由公股股款內先行墊支列入本銀行開辦經費之賬。

第九條　本處俟本銀行股款招齊董事會成立後卽行改組。

第十條　本章程詳准財政部後實行如有應修改之處由創辦人開會議決辦理仍應詳准財政部後實行。

中國實業銀行招股章程

第一條　本銀行爲股分有限公司。

第二條　本銀行股本總額銀圓二千萬元分爲二十萬股每股一百元。

第三條　本銀行股本分公股商股兩種公股一千萬元商股一千萬元。

第四條　本銀行公股由中國銀行擔任商股由商股創辦人擔任。

第五條　凡入股者均爲本銀行股東數人合購一股者應以一人出名爲股東查照本銀行詳細章程享有股東各種之權利。

第六條　認股者應到北京本銀行籌備處及本銀行指定之各省招股處挂號。

第七條　挂號時、每股須繳認股定金銀圓五元。由招股處給與認股憑單。認股定金。俟交納股款時。在應交之數內扣除

第八條　挂號及交款各日期。屆時登報通知。

第九條　交款期內。認股人將所認股款全數及認股憑單。交至招股處。倘逾期不交。所有認股定金。作爲罰款。概不發還。

第十條　交納股款時。由收款處先給收據。俟定期登報。更換股票。

第十一條　本銀行股票爲記名式。除中國人外。不得買賣轉讓。

第十二條　本銀行股票。分爲一股、五股、十股、五十股、一百股、五種。

第十三條　股票如有買賣轉讓情事。由賣主或讓主於股票背面簽名蓋章。交買主或受主。送本銀行改名。應由買主或受主納改名費每張銀元一元。

第十四條　如因繼承關係。須改股票上姓名。應由繼承人將股票連同證明書。送本銀行改名。並納改名費每張銀元二角。

第十五條　股票如有遺失。得請本銀行補給新票。須有二人以上之保證人。出具保證書。并由失票人出資登報聲明。俟四個月後。仍不發見。始補給之。即由失票人出收據交存本銀行。

補給新票之後。如再發見所失之舊票。作爲無效。請補新票者。應納補票費每張銀元二角。

遺失股票。倘於登報期內發見時。須通告本銀行。取消補給之請求。並由失票人登報公告。

第十六條　對於遺失之股票。若生糾葛。應俟正式解決之後。再行補給新票。

第十七條　股票如有汚染損壞。或背面已無簽名蓋章之餘地時。得由股東請換新票。應納換票費每張銀元五角。

第十八條　股東得隨時請銀行更換股票種類。須納換票費。每新票一張。銀元一元。

第十九條　本章程如有修改之處。須陳請財政部核准後實行。

第二十條　本章程未經詳載之處。悉照本銀行詳細章程辦理。

中國實業銀行認股處辦法

一　認附中國實業銀行商股之機關。名爲認股處。并由籌備處指定該地方之中國銀行爲收股處。

二　認股處所認之股。應照招股章程預交定金百分之五。作爲保證。

三　認股處所認股款每年至少應交五分之一。如不足時。應由認股處設法交足。

四　定金及股款。應逕交收股處。由收股處備具認股定金及收股憑證二種四聯單。以甲聯憑證、交交款人。乙聯報告交認股處。丙聯報告送籌備處。丁聯存根。

五　凡認股處本月內陸續交到之股款。統自下月一日起。按照本銀行章程第三十六條計算利息。

六　每屆一年滿後。認股處應按收股報告總數。造具交款人花名清册。送籌備處。照册塡書換取憑單。交收股處憑認股定金或收股憑證換給收回憑證。繳回籌備處。

七　籌備處內商股創辦人四員。認股處得各推定一人。報告籌備處通知就職。

中國實業銀行收股處辦法

一　中國實業銀行代理收股處由本銀行籌備處委託中國銀行分行辦理。
二　收股處辦理收股事宜須遵照本銀行招股章程及其他辦法。
三　認股定金及收股四聯單由本銀行籌備處發給備用。
四　收股處收到定金或股款時應卽塡具認股定金或收股四聯單甲聯爲收股憑證。交交股人收執乙聯報告認股處丙聯報告籌備處丁聯存根分別簽名蓋章。
五　收股處每一星期須將經收股款報告書彙送籌備處。
六　收股處所收股款應以新幣或北洋銀圓爲準如有用他項貨幣銀兩交納者須按各地時價折合。
七　收股處所收股款。應記入籌備處賬。按照往來存款。計算利息。按年○釐。
八　收股處對於籌備處之往來存款祇開一銀元戶其所收他項貨幣卽由收股處按收入時折合之價換成銀元收賬。
九　籌備處應按收股處所收股款之多寡。酌給酬勞費千分之一。每月底結算一次。
十　收股處所收存股款。籌備處可隨時提用。

十一　籌備處停止收股時應先期通知收股處應將認股定金及收股四聯單并存根等盡數交還籌備處

按以上各項章程及辦法皆係原始規定現在股本及職員兩項既擬變更則章程辦法亦應略有修改均正在討論之中云

第三章　農工銀行

農工銀行與勸業銀行同亦以農業工業之改良發達借出資本為目的惟規模較勸業銀行稍小勸業銀行者於大農業大工業為融通者也農工銀行者於小農業小工業為融通者也勸業銀行祇設於中央其營業區域徧於全國農工銀行應設於各縣其營業區域限於一方且勸業銀行恆對於農工銀行為放款故謂勸業銀行者農工銀行之總店農工銀行者勸業銀行之支店可也蓋農工業之中央機關雖有勸業銀行而因地方機關未備不得盡其作用故設立農工銀行於各縣卽所以應其必要此各國所以於勸業銀行以外復有農工銀行之制也

第一節　條例之制定

我國勸業銀行條例。於民國三年四月業經發布。四年十月、財政總長周學熙復擬訂農工銀行條例。呈請施行。其大旨略稱。『吾國地質之厚。物產之富。甲於天下。祇以農工事業。拘守舊法。未盡地利。殊爲可惜。爲今之計。亟應普設農工銀行。既得融通資本之機關。自有開拓利源之方法。學熙蒞任以來。即督飭員司。妥爲規畫。博採各邦之良規。參以吾國之習慣。反覆討論。釐定農工銀行條例。都七章。凡四十六條。謹撮舉其大要。爲我大總統陳之。查農工銀行。原爲農工業者融通資金而設。茲照各國通例。借貸款項。准以不動產爲抵押。至如牛皮。繭絲。糧食等農產品。均屬不易變壞之物。亦應准其作爲放款抵押。藉以補助農工。裨益實業。此所以規定營業範圍者一也。查各國農工銀行放款期限。有分攤三十年以內歸還者。有定期五年以內歸還者。我國銀行習慣。實業狀況。核與各國不同。竊恐期限過長。流弊滋多。酌以五年。三年。一年。爲度。以合國情。而杜弊端。此所以釐定放款期限者二也。農工放款。抵押自以不動產爲最多。我國登錄之法未行。所有權之確定者固多。而轇轕不清者亦屬不少。且房屋一項。未經保險。設遇水火之災。放款即至無著。尤爲危險。現在民國實業銀行。已准兼辦保險事業。農工銀行放款抵押自應照此規定至登錄一節亦屬萬不可少之事其在未施行不動產登記之處須由銀行邀同地方紳商組織附屬登記所另定辦法以資進行此所以籌定保障放款者三也銀行資本定額應由該銀行量爲規定吾國情形各處不同恐限制一嚴集資爲難有礙進行實非淺鮮茲定資本最少額爲十萬元以上以利推行此所以酌定資本限度者四也發行債票原爲農工銀行融通資財之惟一方法惟濫發之弊不可不防茲定發行數目不得超過已繳資本之二倍并不得逾放款總額以示限制此所以限定公債額數者五也其餘各節均於便利農工事業之中寓鞏固銀行根本之意合將農工銀行條例呈請鈞鑒於民國四年十月八日奉准公布矣其原文如下。

農工銀行條例

(一)總綱

第一條　農工銀行爲股分有限公司以通融資財振興農工業爲宗旨。

第二條　農工銀行資本額定爲十萬元以上每股金額至少須達十元

第三條　農工銀行。非招足資本定額。並繳足半額以上。經該管官廳審查該開辦人及股東果係殷實公正。爲出具證書並驗明資本。轉請財政部核准。不得開業。

第四條　農工銀行以一縣境爲一營業區域。在一營業區域內以設立一行爲限。如地方有特別情形。得由該管官廳轉請財政部核准。將一縣分爲二營業區域以上。或二縣合爲一營業區域。

第五條　農工銀行之股東。以籍隸該縣或在該行營業區域內有產業住所者。儘先招集。如有不敷。得在營業區域以外招募如額。

第六條　農工銀行營業區域內地方公法人。亦得爲該行股東。

第七條　農工銀行股票概用記名式。除中華民國人民外。無買賣轉讓之權利。

(二)營業

第八條　農工銀行經營放款如左。

一　五年以內分期攤還以不動產爲抵押者。

分期攤還法。應將本利合計。定一平均數目。分若干期償還之。

二　三年以內定期歸還以不動產作抵押者。
三　一年以內定期或分期歸還以不易變壞農產作抵押者。
四　一年以內定期或分期歸還以漁業權作抵押者。除漁業權作抵押外。銀行得要求另以公債票或不動產作爲增加抵押。
五　一年以內定期或分期歸還。以政府公債票各省公債票公司債票股票作抵押者。
六　資本殷實之典當。有兩家互保。或十人以上之農業或工業者。以連帶責任請求借款時。銀行調查其信用果係確實。依三年以內定期歸還法不用抵押。亦得放款。
七　地方公法人。確有進益指項。不用抵押。亦得放款。但須經地方官（即縣知事）核准。
第九條　前項放款。以供左列各項之用者爲限。
一　墾荒耕作。

二　水利林業。
三　購辦籽種肥料及各項農工業原料。
四　農工生產之運輸屯積。
五　購辦或修裝農工業用器械及牲畜。
六　修造農工業用房屋。
七　購辦牲畜修造牧場。
八　購辦漁業蠶業種子及各種器具。
九　其他農工各種興作改良等事。
第十條　前項不動產非經過登錄或保險農工銀行不得收作放款之抵押品。
第十一條　農工銀行之放款其數目不得逾銀行估定抵押品價格總額三分之二。
第十二條　農工銀行所收抵押品以第一次作抵押者爲限。
第十三條　農工銀行所收作爲抵押品之不動產以有永續可靠收益者爲限。
第十四條　債務者如到期滯繳應還款項銀行得於滿期次日起加算利息若其款

係分期攤還。並得於其時或償還期內。隨時索還未到期之全額。

第十五條　農工銀行。於抵押品原估價格低落時。得要求增加相當之抵押。如債務者不應前項之要求時。農工銀行。得於其時或償還期內。隨時索還未到期之全額。

第十六條　農工銀行。如查明所放款項。債務者不遵照所定用途。或有挪用情事。得於償還期內。隨時索還全額。

第十七條　農工銀行。按照前三條所定。索還放款時。如債務者不能償還。得通知債務者。拍賣其抵押品。不足之數。仍向債務者追償。

第十八條　農工銀行。得經理定期存款。

第十九條　農工銀行。得受中央金庫委任。辦理租稅錢糧及其他各種款項收發之事。

第二十條　農工銀行。得受國家銀行委託。代任紙幣兌換之事。

第二十一條　農工銀行。得代人保管金銀錠塊及其他重要物品。

第二十二條　農工銀行。營業上有餘款時。得收買政府公債票。各省公債票。民國實業銀行實業債票。或將餘款存放他銀行生息。

第二十三條　農工銀行。得受勸業銀行委託爲代理店。

第二十四條　農工銀行除前項營業外。如欲兼營他項業務。得隨時稟由該管官廳。轉請財政部核准施行。

（三）債票

第二十五條　農工銀行。得稟由該管官廳查核。轉請財政部核准。發行債票。但債票總額。不得逾放款總數。並不得超過已繳資本之二倍。

第二十六條　債票爲無記名式。但因應募者、或所有者之請求。得改爲記名式。

第二十七條　債票最低金額定爲五元。其利率由銀行定之。

第二十八條　農工銀行每年償還債票數目。不得少於該年內收回放款之總額。債票除應付利息外。得加彩償還。

第二十九條　債票每年應付息二次。

第三十條　農工銀行。每次發行債票。須訂定發行債票詳細章程。稟由該管官廳。轉請財政部核准。方可發售。

前項章程內。須聲明左列各項。

一　債票之總額及實收銀數。

二　售票之種類及每種張數。

三　利率。

四　加彩方法及其數目。

五　付息日期。

六　償還期限及分年償還數目。

七　抽籤償還方法。

第三十一條　農工銀行發售債票後。須將發行時日。售票情形。並記名式、無記名式。債票數目號碼各節。開具清册。稟由該管官廳。轉請財政部備案。如有變更。應隨時陳報。

第三十二條　農工銀行。得稟由該管官廳。轉請財政部核准。發行利息較低之債票。

換回舊債票。

新債票發行後二個月內須照售出債票金額如數償還舊債票。

前項償還方法應由農工銀行擬定稟由該管官廳轉請財政部核准。

(四)公積金

第三十三條　農工銀行於每年結賬時應在淨利內提出十分之一以上金額存儲作爲公積金以備彌補資本之損失及保持股息之平均。

前項公積金非陳明理由稟由該管官廳轉請財政部核准不得動用。

(五)監督保護

第三十四條　農工銀行受財政部及該管官廳之監督並得由該省地方長官察看情形委任地方官或其他機關監理農工銀行。

第三十五條　農工銀行監理認爲必要時得命農工銀行報告營業情形及各項賬目并得檢閱該行庫存款項、票據、賬簿及各種文件并詳該管官廳轉陳財政部。

第三十六條　農工銀行監理得出席該行股東總會及各種會議陳述意見但不得

加入表決。

第三十七條　財政部或該管官廳。如認爲必要時。得限制農工銀行放款。及其他各種營業。

第三十八條　農工銀行放款利息。其最高率。應於每年營業期前。稟由該管官廳查核。轉報財政部備案。其隨時變更利率亦同。

第三十九條　農工銀行。應照本條例訂定詳細章程。由該管官廳。轉請財政部核准施行。

前項章程。如有變更。亦須稟請核准。

第四十條　農工銀行在營業區域內。開設分號或代理店時。須稟由該管官廳。轉請財政部核准。

(六)罰則

第四十一條　農工銀行經理。有左列情事之一者。處以一百元以下一千元以上之罰金。副經理、董事、於職掌範圍內。應受罰金亦同。

一　違背第八條至第十三條之規定而放款。
二　違背第二十四條之規定經營本條例以外未核准之營業。
三　違背第二十五條、第三十條、第三十二條之規定而發行債票。
四　違背第二十八條第二十九條之規定而怠於償還債票本息。
五　違背第三十三條之規定而動用公積金。

（七）附則

第四十二條　各地方官認爲該地方應行設立農工銀行之必要時或地方殷實紳商有願出資倡辦者。得詳請該省地方長官批准後。揀派籌備委員組織該地方之農工銀行。

財政部及該省地方長官認爲必要時。亦得派員籌設。

第四十三條　籌備委員按照農工銀行條例。訂定詳細章程。稟請該管官廳查核。轉詳財政部批准後。招集股分。

第四十四條　籌備委員。招集股分。組織成立。并俟董事經理選定後。卽將農工銀行事務交代與該行董事會及經理。

第四十五條　本條例未規定者。得適用銀行通行則例。其公司條例第四章股分有限公司。第九十七條、至第二百二十九條、及第二百四十八條、第二百四十九條之規定。與銀行通行則例。及本條例不相牴觸者。均適用之。

第四十六條　本條例自公布日施行。

第二節　籌備處之設立

農工銀行條例既已公布。先在財政部附設全國農工銀行籌備處。訂定籌備章程。及辦事細則。以策進行。籌備章程。係對外而設。凡關於全國農工銀行設置事項。應預為籌畫。各省財政廳長。對於此項銀行。有提倡補助之責。由財政部委兼本處籌議員。一面由部派員前往各省協同計議。就地籌款按期設立。以收指臂之效。至京外官商所設之農工銀行。及由本處籌設者。管理既有界限。考核尤期完密。一面酌設農工銀行傳習所。養成此項農工銀行專門營業員。以期分派各行任用。庶不至有乏才之歎。此條擬籌備章程之大概情形也。辦事規則。係對內而設。辦事各員。要在期無冗濫。開設之始。應設文牘、調查、庶務、會計、各股。每股酌派專門人才二人、以至三四人。總期爲事擇人。此外如籌議、調查、購置、考勤等事。均各訂立專條。俾共盡職守。此條擬辦事規則之大概情形也。此種籌備章程及辦事細則。均於民國五年四月。經財政部批准矣。原章附後。

（甲）全國農工銀行籌備處暫行章程

一　全國農工銀行籌備處附設財政部內。籌畫設立農工銀行事宜。

二　本處設主任二人。籌議員五人。由財政部遴員派充。

三　凡各省財政廳長。由財政部派爲本處籌議員。對於本處有贊助報告之義務。

四　本處得隨時詳請財政部派員前赴各省。會同財政廳籌設各該省農工銀行。

五　本處得酌設農工銀行傳習所。養成此項銀行營業員。以便分配各行任用。其章程由本處另定。詳部核准辦理。

六　本處承財政部之命。對於本處籌設之農工銀行。有直接管轄之權。對於各處官辦或官商合辦之農工銀行。有監督之權。

七　籌備處對於已設各農工銀行有應行考核營業及其他之必要時得詳請財政部核准派員調查後仍詳陳財政部核辦。

八　本章程自財政部核准之日施行。

（乙）全國農工銀行籌備處辦事規則

一　全國農工銀行籌備處附設財政部內籌畫設立農工銀行事宜。

二　籌備處設主任二人籌議員五人由財政部遴員派充。

三　主任承財政部之命監督管理本處一切事宜。

四　籌議員承財政部之命會同主任籌議一切進行事宜。

五　籌備處如有必要事件得隨時邀同籌議員在本處籌商。

六　籌備處得設辦事員分股辦事其員額由本處主任詳請財政部核定。

七　籌備處置左列各股。

文牘股

調查股

庶務股

會計股

文牘股所掌事務

關於收發文件事項

關於撰擬稿件事項

關於核擬各種規則事項

關於保存文件一切印刷品事項

關於傳習所應辦事項

調查股所掌事務

關於各縣農業調查事項

一　大中小農信用制度

二　農業勞働者狀況

三　農場營業方法

四　農產物之種類及生產額。
五　農產物輸出狀況。
六　米穀交易所之制度及狀況。
七　地主與佃戶之關係。
八　林業狀況。
九　水利事業。
十　漁業狀況。
十一　牧業狀況。
十二　蠶絲業辦法及狀況。
十三　酒業狀況。
十四　農業保險制度及方法。
關於各縣工業調查事項。。。。。。。
一　大小工廠局所信用制度。

二　機器製造。
三　手工製造。
四　出品優劣。
五　工業團體。
六　製造品之種類及原料品。
七　製造品輸出狀況及生產額。
八　工業經營及改良法。
九　工人生活程度。
十　工廠公司之獎勵、核准、註册。
十一　工業之保險制度及保護方法。
庶務股所掌事務
關於本處預算決算事項。
關於本處領款發款事項。

關於保管本處現金事項。
關於購置一切事項。
關於招待、一切事項
關於管理雜差一切事項。
關於不屬各股一切事項。
會計股所掌事務
關於規定各種簿記傳票單據等事項。
關於稽核各縣銀行賬目報告表册及預算決算等事項。
關於轉記各縣銀行每日造送之日記賬事項。
八　辦事員承主任之命分掌本處各股事項。
九　籌備處因繕寫各項文件得酌用雇員其員額由主任察看事務之繁簡隨時酌定。
十　雇員承主任及辦事員之命經理繕寫一切事項。

十一　籌備處得酌派本處調查股員分赴各處調查農工情形隨時報處轉詳財政部查核。
十二　籌備處經費應按照財政部核定數目支配。
十三　籌備處逐月十五日以前應將上月收支各款造具決算清册由主任詳請財政部核辦。
十四　籌備處需用物品由庶務員先行開單請主任核閱再行購置。
十五　辦公時間自上午九時至下午五時止遇有特別事件得延長時間星期日、國慶日、休息。
十六　籌備處設立考勤簿各員按照時刻到處署名如因病請假或有特別事故屆期應向主任陳明。
十七　籌備處應將所設農工銀行辦理情形隨時詳報財政部查核。
十八　本規則如有未盡事宜得隨時修改詳請財政部核定。

第三節　京兆模範農工銀行之設立

農工銀行之設所以促進農工業之改良進步關係民生至爲重要我國創行伊始應宜擇地試辦以資表率全國農工銀行籌備處遂請由京兆地方先行設立兩區爲全國農工銀行之模範惟此種銀行專以通融資財直接農工爲要旨京師地方繁盛不乏金融機關姑從距京稍遠之區先行籌設但各縣情形不同瘠苦之區辦理殊多窒礙通縣昌平兩邑交通便利物產殷繁以之設立農工銀行較易著手惟資本過少則不敷周轉無裨民生過多則公家財力未充勢難籌墊酌中籌議每處定爲二十萬元合計四十萬元開辦之始每處先撥十萬元一俟辦有成效卽行續招商股屆時營業發達信用昭著則事半功倍附股者自形踴躍將來逐漸推廣則京兆各縣當亦不難徧設然創立之始關於該行章程之規定尤爲第一要務故除依據本條例之外另行條擬細章以資遵守業經呈部核准先撥官股二十萬元於民國四年十一月七日開業矣附錄章程於下

京兆通縣昌平農工銀行試辦章程 民國四年十月十一日批准

第一條　本銀行依農工銀行條例營業爲股份有限公司

第二條　本銀行爲補助及改良農工業起見特放款於此項營業爲宗旨。
第三條　本銀行設立於通縣昌平地方。
第四條　本銀行資本爲二十萬元商股未招足以前先由財政部、及京兆財政分廳合墊十萬元開始營業俟陸續招有商股由銀行酌量情形將官股次第售與人民。其招股章程另行規定。
第五條　本銀行營業年限自開業日起算滿三十年爲限期滿後稟請財政部核准。得延長之。
第六條　本銀行設行長一人理事一人。
第七條　行長承農工銀行籌備處之指揮總理本銀行事務。
第八條　行長依農工銀行條例及其他法律命令執行本銀行各項事務。
第九條　行長應就本地情形規定放款章程及辦事細則稟請財政部核准。
第十條　行長對於本銀行一切文書證據當署名蓋印。
第十一條　行長得進退黜陟本銀行之行員。

第十二條　理事承行長之命處理行內各事務。

第十三條　本銀行營業範圍如左。

一　農工業各種抵押放款。

二　農工業各種信用放款。

三　定期存款。

四　買賣債票。

五　代理寄存金銀錠塊有價證券及其他重要物品。

第十四條　本銀行得設左列各課。

一　文書課

二　調查課

三　營業課

四　出納課

五　會計課

第十五條　文書課掌撰擬文牘收發文件及度支庶務發行債票等事務。

第十六條　調查課掌檢查債務者信用及不動產所在地監定各種抵押品價格等事務。

第十七條　營業課掌放款存款保管抵押品及寄存品等事務。

第十八條　出納課掌各項現金出入事務。

第十九條　會計課掌編製賬簿表册核算各項數目利息及存出金等事務。

第二十條　本銀行除調查課得設課員四人外每課設課員二人。

但行長視各課事務之繁簡得增減課員額數。

第二十一條　本銀行得用預備員練習生若干人。

第二十二條　本銀行營業時間每日午前九時起至午後五時止。

但因營業之情形得由行長增加變更之。

第二十三條　凡星期紀念日國慶日得休息。

第二十四條　本銀行之營業年度每年六月及十二月爲决算期決算時應將財產

目錄貸借對照表營業報告書損益計算書等報告財政部存案。

第二十五條　本行純益金先提十分之一以上作爲公積金再提股利七釐。如尙有餘。按照十分分配如下。

一　特別公積金三成五。

二　股東紅利金三成五。

三　行員獎勵金三成。

第二十六條　本銀行章程所有未盡事宜。及當變更修改時。報告財政部核准施行。

第二十七條　本章程未經列載事項。均遵照銀行條例辦理。

第四節　農工銀行之組織

第一項　分課職掌

通縣昌平農工銀行設行長一人。承農工銀行籌備處之指揮。總理本行事務。設理事一人。承行長之命令處理行內各事務。又設文書調查營業出納會計五課。分任各股事務。其職掌如左。

一文書課　分文牘、司會、債票、庶務、四系。

甲　文牘系

一　各種文書之擬稿及酬答來往書信收發事項。

二　行員任免賞罰勤惰事項。

三　每半年營業報告事項。

四　保管報紙雜誌圖書等事項。

五　不屬於他課事項。

乙　司會系

一　支給行員薪俸及旅費等事項。

二　支給各種營業費事項。

丙　債票系

一　發行債票事項。

二　還償債票事項。

丁　庶務系

一　營業用器具及需用品等購入及保管事項。

二　管理役人事項。

三　管理行內各種事項。

四　行員伙食事項。

二調査課　分檢査、鑑定兩系。

甲　檢査系

內部

一　檢査行內各課業務事項。

二　檢査分號業務事項。

三　營業上臨時檢査事項。

外部

一　調査借款者（農工業者）財產信用及其他種種。

二　調查借款者對於借款用途有無違背借款目的。
三　調查銀行所在地一般農工業者情形。
乙　鑑定系
一　監定抵押品價格。
二　實地查勘不動產抵押品之所在地方及其他情形。
三　調查各種抵押品市價情形。
三、營業課　分放款、存款、抵押品、保管品四系。
甲　放款系
一　諸放款事項。
二　要求償還放款事項。
乙　存款系
一　定期存款事項。
丙　抵押品系

一　保管抵押品事項。
二　交還抵押品事項。
丁　保管品系
一　買賣各種債票及保管他人寄託之生金銀有價證券及其他重要物品。
四出納課　分收款、發款兩系。
甲　收款系
一　收納金錢事項。
乙　發款系
一　支付金錢事項。
五會計課　分計算、存出款項兩系。
甲　計算系
一　記入主要賬簿事項。
二　精算各種利息事項。

三　製作諸計算表事項。

乙　存出款項系

一　存出金錢於他銀行事項。

第二項　辦事細則

通縣昌平農工銀行辦事細則如下。

一　本銀行行員受行長之命。擔任各職掌事務。

二　理事受行長之命。得指揮各課員辦理一切。

三　本銀行所有發出證據或其他文書。當編列號數。

四　本銀行所有契據及金錢各庫之鎖鑰。由關係各課之課員收掌。

五　賬簿、傳票、及其他重要書類。每日事務完竣。應收藏於庫內。

六　凡遇交易時。所製傳票、或傳票代用物。必經由關係之各課由課員蓋章。但須用姓名。不得用字號。

七　本銀行置文書調查營業出納會計五課。各課職掌另定之。

八　各行員辦事成績。隨時由行長陳報北京農工銀行籌備處。（即總管理處）
九　行員每早當按營業時間到行。登記姓名於考勤簿。
十　各行員在營業時間。不得會客。
十一　各行員在辦事室內。不得喧嘩吃煙。
十二　行員不得向本行通融借款或先領未到期薪水。
十三　行員對外交際。不得用本銀行名義。
十四　本銀行行員。不得在外招搖欺騙。違者嚴罰。
十五　各課領用物品時。須具領條。蓋印各課圖章。向庶務處領取。
十六　行員因病不能到行時。當具請假書。請假規則另定。
十七　新任行員。照例塡寫保證書。
十八　行員不得兼營他種事業。
十九　行員應守銀行內之祕密。行內所有未宣布事件。不得漏洩。
二十　行員因職務之廢弛。致損害銀行時。行員當負賠償之責。

二十一　行員薪俸每月十五日支付。

二十二　本細則如有未盡事宜得由行長隨時修改。

第三項　農工借款聯合會

農工借款聯合會之組織於簡章上得覘其概略當銀行開辦伊始借戶之信用未著銀行放款不得不過於慎重倘借款者能於抵押品外更有同村居民聯合擔保於銀行收回放款前途較爲穩固現在通昌兩行頻年放款由該會擔保者尙屬少數茲錄其簡章於後。

農工借款聯合會簡章

一　凡農工業者資本短少擬向農工銀行借款者均得聯合各家組織此會。

一　會中須公舉會長一人其餘各人均爲會員

一　凡在會各家向農工銀行所借款項彼此有連環擔保之責。

一　凡在會各家須將抵押借款之自置房屋坐落價値逐項開具清單連同紅契於立會時當衆查驗幷無轇轕典當情事後由會長詳細登入會簿。

一 本會成立後、須將同會各家家長姓名、年歲、住址、及所有會員田房價值、間數、段落、四至、另寫借款、聯合擔保、預約單、一紙、由會長滯同各家契紙、連環擔保、據並預約單、赴農工銀行分別掛號、一面由銀行查驗、給予憑據後、即可借款。

一 會長赴銀行送驗契紙、來往川資及應用印花票稅各款、由同會各家酌量勻攤。惟至多總數不得過通錢一吊。(約合小洋一角)

一 同會各家向銀行借用款項時、須將借錢用項及數目、向會中聲明記賬、以便會中互相查考。

一 借用銀行款項、必須依限償還、以保會中名譽、違者除公議出會外、更當重罰。

一 借款用途、以關於農工兩事為限、不准移作他用、違者公議出會。

一 本簡章如有未盡事宜、或於事實上有所滯礙、得由會中諸人隨時商酌修改。

第四項　農工借款協助會

農工借款協助會之設立、以提倡農工協助借款為宗旨、當農工銀行創設之時、一般社會未悉銀行之性質及借款手續、難免觀望不前、有此會為之提倡指導及輔助銀行核對調查各事於銀行之營業既多裨益於借戶之借款亦較容易且小農小工之作業勤勞信用甚孚而無財產可以爲抵押品者銀行亦得以該會之擔保稍予通融銀行借戶交受其益此實農工銀行創始時惟一之良策也現在通縣此會成績頗著故通行放款亦因之發達茲錄其簡章於左。

農工銀行借款協會簡章

一　本會以協助農工借款提倡改良農工各業爲宗旨。

一　本會置會長一員會員若干員。

一　凡熱心公益願盡義務者經本會認可均得入會。

一　本會對於各農工借款會有協助進行之責。

一　本會會員應分班值日以便各處農工借款會到會接洽。

一　遇有各處農工借款會到會請求協助時應由值日會員將該借款會所報房地契據及約單逐一查驗無誤依次編入號簿隨時介紹於農工銀行以便登記。

一　本會於各處農工借款會所報房地契據認爲有疑義時得施以調查。

甲　核對稅契處存根。
乙　核對淸查地畝分處存根。
丙　實地調查或親往或託人聽會員自便。
丁　請銀行派員調查。
一　各處農工借款會會員有欲向銀行押借款項者。本會會員均負有介紹指導之義務。不收分文酬勞扣頭等費。
一　本會得召集各處農工借款會會長或會員討論改良農工各業方法。以推廣借款用途實享利益。
一　本會調查各處農工借款會會員中。有勤於職業或改良業務者。得開全體會議依普通議決法。請求銀行格外減讓利息。以資鼓勵。如查有不安本分濫用借款者。得依以上議決。向農工銀行聲明。停止借款或索回已借之款。
一　本會會員如有借會中名義在外招搖舞弊者。除名。情節重者。以依普通議決用本會名義訴諸法庭。以示儆戒。

一　凡貧苦農工。無力加入各處農工借款會。而能勤於職業。或改良農工各業者。經本會會員三人以上之請求。得決議後。以本會名義。向銀行特別擔保借款。以恤寒微。

一　本章程如有未盡事宜。得隨時公同修正。

第五節　農工銀行之放款

農工銀行。原爲農工業者融通資金而設。故關於放款之問題。最爲重要。惟此項放款。懸格過寬。固不免流弊滋生。懸格過嚴。又難期推行盡利。本條例第八條以迄十七條。對於放款之方法及範圍。已立有一定之法則。通昌兩行。又復引伸觸類。詳擬放款規則四十條。尤見詳盡。業已呈請財政部核准施行矣。其原文如左。

京兆（通縣昌平）農工銀行放款規則

第一條　本銀行一切放款。須訂立契約爲憑。

第二條　本銀行一切放款之契約證據。須經行長署名蓋印。方爲有效。

第三條　本銀行放款方法。依農工銀行條例第八條。放款範圍。依農工銀行條例第九條辦理。
第四條　本銀行放款方法及範圍不得軼出條例所載以外。
第五條　本銀行對於不動產抵押放款其數目不得逾銀行估定抵押物總額三分之二。以漁業權作抵押時亦同。
第六條　本銀行對於農產物抵押放款。其數目不得逾銀行估定抵押物總額之半。
第七條　本銀行所收抵押物。以第一次抵押者爲限。
第八條　本銀行收放款抵押之不動產。以有永續確實收益者爲限。
第九條　本銀行對於分期攤還放款。應將本利合計。定一平均數目。分若干期令債務者照納。不得變更。但放款業已還償一部分。而變動其數目時。不在此限。
第十條　債務者於借款後。一期或二期以內。得還息不還本。其期限由行長酌定。但行長認爲本息應同時並還時。不在此限。
第十一條　本銀行對於定期放款利息。每年應分作兩期。令債務者照納。
第十二條　本銀行對於不動產之抵押物。應以曾經登錄或保險者爲限。

但房屋未經保險用作抵押時應令債務者於該抵押物以外另以放款金額一倍以上之動產或不動產爲增加抵押如無增加抵押放款不得過房屋之基地估價三分之二。

第十三條　以動產不動產向本銀行抵押時本銀行應調查鑑定其價格及借款之用途。

第十四條　本銀行放款數目以十元爲起點。

第十五條　本銀行因調查鑑定抵押物不得已有費用時歸借款人負擔。

第十六條　凡抵押物係不動產其契約證據於放款期限內應由本行收執。

第十七條　凡以農產物作抵押時本行應照收其現品件數及重量儲存倉庫但所有運費均由債務者擔任關於儲存倉庫章程另行規定。

第十八條　以棧單作抵押時本行當實地調查其物品並存入年月及各種情形然後訂立契約該棧如係未經保險本行認爲危險時得令債務者遷移地位。

第十九條　以漁業權作抵押時如到期不還本息本行得收奪其權招商承充。

第二十條　以各種債票股票作抵押時。由本行按時價酌行折扣。

但本行對於上列債票股票。如認爲不能抵押時。得拒絕之。

第二十一條　以不動產向銀行抵押。其價格經本行估定。除去本行放款應收抵押價格尚有餘額時。債務者對其餘額。只能向本行續借。不得撥抵他處。

第二十二條　以房屋及建築物作抵押時。須於估價內減去抵押滿期日內銷耗數目。方能作準。

第二十三條　本銀行對於債務者。得隨時查詢其營業情形。債務者應負報告之責。如有隱飾或揑造。將借款用於契約目的以外時。本行得索還放款。

第二十四條　債務者不得本銀行承諾。而擅將抵押物改變現形。或變動其所有權時。本銀行得隨時索還放款。

第二十五條　債務者對於放款金額。得於期限前償還其全部或一部。

但本行應收經手費。其金額對於交還金額百分之二以內。臨時由行長定之。

第二十六條　凡債務者之債額。如到期未還。無論本息。皆須自翌日起加算利息。

第二十七條　債務者償還放款至五分一以上時。得按照償還之數。要求解除抵押之一部。對於其殘額亦同。

第二十八條　借款者不能履行分期攤還之義務時。本行得隨時索還放款。

第二十九條　本行於抵押品價格低落時。得要求增加抵押。或索還與其不足額相當之放款。

第三十條　抵押之不動產全部或一部。因土地收用法。被官府收用時。本行得隨時索還全部或一部金額。如債務者另以相當之不動產。爲增加抵押時。不在此限。

第三十一條　凡信用放款。如到期不還本息時。本行得向保證人索償。

第三十二條　凡公共團體對於放款。如到期不還本息時。由本行逕向監督官廳請其按照本規則代爲追償。

第三十三條　左列之不動產。本行不得收作放款之抵押物。

一　學校寺廟醫院戲場及其他公共之房屋幷基地。

二　官立學校地鄉村社地墳墓地池塘堤沼溝井鐵道用地禁伐林地公用道路。

三　鑛坑石坑鑛泉。
四　會場。
五　數人共有之不動產。
但共有者皆承諾同意爲抵押物時。不在此限。
第三十四條　本銀行按上列各條。載有隨時要求全部金額之償還時。除將原本及利息收還外。如有例外損耗。得要求賠償費。
第三十五條　債務者不應第二十三、二十四、二十八、二十九、各條之要求時。本行有自由處分其抵押物之權。除將本息扣清外。餘款應給還債務者。如有不足。仍向債務者索補。
第三十六條　本銀行放款計算日期。以陽歷爲準。
第三十七條　本銀行利息。週年以十二月計算。
第三十八條　本銀行放款收款。均以本國通用貨幣爲準。
第三十九條　本銀行利息最高之率。每年由行長擬定。詳由財政部核准。

第四十條　本規則得由行長酌量情形隨時修正送由籌備處詳請財政部核准施行。

按農工銀行放款之方法及範圍固不得軼出條例所載以外爲放款規則第四條所明定此原則也然條文雖目張綱舉而事實每層出不窮亦往往爲條例與規則所不能備載者故復有例外變通之辦法其一爲償還期限之變通條例第八條規定放款償還期限原分一年內三年內五年內三種本以農工事業如森林水利墾荒等項計畫久遠非一二年所能收效貸付特予延長俾資周轉若尋常購辦籽種肥料農具及其他從事耕作之用大抵不出一年收益卽有可獲似無長期貸借之必要乃借款者往往不明事理請求遠年貸付甚至大地主提取其不甚愛惜之田地向銀行貸用巨款轉借農民爲博取厚利之謀種種情弊不一而足現在除調查用款借途實有久遠計畫應酌予分年攤還外其餘均以一年以內爲限俟到期清還再行酌量情形准予續借此例外之變通者一其二爲放款用途之變通條例第九條之規定放款範圍限於供農工業各項之用途但於此有一疑問焉設有贖回土地或典買土地者其目的

固在爲農工興作改良之計畫而其直接之用途乃係供贖地典地買地之需要此等事實在條例規則均無明文依據現在無論贖地典地買地其借款計畫果爲農工業上之改良振興令於契約上載明用途亦准通融辦理此例外之變通者二其三爲放款抵押之變通依條例第十條之規定凡爲抵押之不動產非經過登錄或保險農工銀行不得收作放款之抵押品但現在登錄所未經興設若必強爲制限則對於不動產之一項其抵押之放款終未能成立故亦許於登記所未設以前通融辦理此例外之變通者三其四爲放款擔保之變通依條例第八條第六款之規定有資本殷實之典當兩家互保不用抵押品亦得放款云云但各地之典當未必盡有兩家依此而欲求條例之適合亦殊多窒礙故特許其於地方典當不及兩家者若農工業者請求借款時可覓殷實商號兩家連帶擔保亦可爲信用之放款此例外之變通者四將來修正條例之時或以此四者補原文之缺歟

第六節　農工銀行招股之方法

農工銀行爲股分有限公司股本定額爲十萬元以上每股金額至少十元須招足股

本半額以上。方得開業。其營業區域以一縣設立一行爲原則。故其銀行之股東。以籍隸該縣。或在該行營業區域內有產業住所者。儘先招集。如有不敷。始在營業區域以外。招募如額。其營業區域內地方公法人。亦得爲股東。其股票概用記名式。除中華民國人民外。無買賣轉讓之權利。此爲農工銀行條例第一條以至第七條之所明定。故凡設立農工銀行之始。其募股之方法。應遵照條例所規定。另具招股簡章。呈請財政部核准。其方式如下。

某縣農工銀行招股章程

（一）股分

第一條　本銀行爲股分有限公司。股東責任。以繳淸其所原認或接受之股分爲限。

第二條　本銀行資本總額定爲銀元若干萬元。（須有十萬元以上。）分爲若干股。每股若干元。（至少十元。）

第三條　本銀行營業範圍。遵照農工銀行條例所定事項辦理。其詳細科目。另訂於章程之內。

（二）認股交股

第四條　本銀行由某某等爲發起人。（應有七人以上）所有股份先由某某認購若干股。餘則另招。

第五條　本銀行設立於某縣某地。其股分先就本縣管轄境內有產業住所者招認。如不足額再就他縣補招。

第六條　本銀行先附設發起人事務所於某處。凡認股者每股須備認股定金銀圓幾元。交由本事務所掛號塡給聯單式之認股書爲據。認股定金俟第一期交納股款時在應交之數內扣除。

第七條　本銀行各股東所認股銀。分爲若干次繳納。第一次應繳若干元。（其數須達半額以上如每股十元卽應繳五元以上。）於股份金額招齊時由發起人酌定交款日期。登報公布。

前項第一次交款定期經過後。認股人如有延欠未繳者。卽由發起人通告該認股人。展期若干日照繳。（其期限應在一個月以上）如再逾期不繳。該認股人卽失其所認股份之權利。其認股定金槪不發還。所遺股份。另募他人接受。

第八條　本銀行股分招募足額。並將第一次應繳股款收齊。其總額實達若干元後。（須達資本總額半數以上。如十萬元須達五萬元以上）卽由發起人召集創立大會。決議詳細章程。選舉各項職員。稟由地方官驗明資本。出具證書。轉請財政部核准開業。

(三)股票

第九條　本銀行股票。分爲一股、幾股、幾股、幾種。槪爲記名式。除中國人外。皆不得買賣轉讓。

第十條　各股東交到第一次股款時。由發起人事務所收回認股書。另給收據。俟銀行註册完結後。再換發股票。

第十一條　本銀行股分。如係數人共有一股者。應自行公推一人出名爲股東。收領股票。代表各共有者。查照詳細章程。行使股東之權利。

第十二條　股東欲將所有股票買賣轉讓時。應由賣主或讓主。於股票背面簽名蓋章。交由買主或受主。持向本銀行註册過戶。並應由買主或受主。納註册費每張銀圓幾元。

如因繼承關係。須改股票上名號者。應由繼承人將股票連同家族證明書。持向本銀行註册改名。並應納改名費每張銀圓幾元。

第十三條　股票如有遺失時。應由該股東迅報本銀行。並自行出費登報聲明。俟滿幾個月後。仍不發見且別無轇轕時。該股東得邀同保證人二名。請求本銀行補給新票。並再自行出費登報聲明。將遺票作廢。

前項新票之補給。應納補票費每張銀圓幾元。

第十四條　股票如有汚染損壞。或背面已無簽名蓋章之餘地時。得由股東請求本銀行換給新票。但應納換票費。每張銀圓幾元。

第十五條　股東得隨時請求本銀行更換股票種類。但須納換票費。每新票一張。銀圓幾元。

(四)附則

第十六條　本章程未經詳載之處。悉照本銀行詳細章程辦理。

第十七條　本章程自稟請財政部核准之日實行。

發起人

姓名	年歲	籍貫	住址	職業	所認股數

本章係按人民自行發起者擬訂。如銀行係由地方長官揀派之籌備員開始組織。應由該籌備員將本章所列各條。酌爲增改規定。

第七節　通昌兩縣農工銀行營業之成績

通縣農工銀行開業以來。農業者利用該行貸款。得以整理農業者。不下數百家。當農事伊始之時。或缺耕用馬牛。或缺肥料籽種。或缺車輛農具。或缺人工屯屋。諸如此類。無不仰賴該行爲之接濟。工業者如織布製紙燒窰并各種手藝。亦往往資藉該行貸款以維其業。至於林業。亦多資助。各業既需款如此之殷。銀行對於放款。尤極其愼重。故借款者皆能保持其信用。到期之際。皆能照數償還。計今開業兩載有餘。所放之款。計有七百餘家。從未有一失其信用者。此通縣農工銀行營業之概略也。

昌平農工銀行自開幕以後。農工界均極歡迎。故貸借亦頗踴躍。屆期本息。均能如約履行。惟自中交停兌以後。票價漸跌。金融梗阻。影響所及。營業遂稍形停滯。計至民國六年上半期止。放款總額。爲五萬八千一百餘元。而到期歸還。及期前收回之款。尙不在內。按昌平農工金融。周轉每在春種秋成之際。地方經濟。向稱薄弱。既有融通之機關。又獲低利之貸借。票價倘漸復原。則營業必日益發展。此昌平農工銀行營業之概略也。

至於兩行之收益。均由貸款及存放他銀行存款利息兩項而得。茲將通縣昌平農工

銀行。民國四年十一月七日開業以來營業上之損益分錄簡表於左、

（甲）通縣農工銀行

民國四年下半期　實損五百四十七元六角八分一釐
民國五年上半期　實損五百零七元八角九分九釐
民國五年下半期　實益六百五十元三角六分九釐
民國六年上半期　實益一千五百七十三元零二分八釐
民國六年下半期
民國七年上半期　實益三千四百七十五元八角八分四釐

（乙）昌平農工銀行

民國四年下半期
民國五年度　純損五百零七元五角零七釐
民國六年度　純益二千八百七十六元
民國七年上半期　純益二千五百零一元三角零五釐

就上表觀之。開辦之初。營業未臻發達。且其營業係以低利長期之貸借爲主。創立之始。不免先受損失。此爲各國農工銀行之通例。然卽近年兩行所獲之利益。除前期虧損之外。尚有盈餘。則營業已達於收益之傾向矣。

第八節　各縣農工銀行之仿行

農工銀行條例公布以後。復由財政部通行各省。飭縣勸導股實紳商。提倡籌辦。迨近畿通縣昌平兩邑模範農工銀行既經成立。遂有次第仿行者。彙舉其大概如左。

大宛農工銀行

民國四年十二月。由全國農工銀行籌備處籌設。以大興宛平兩邑爲京兆首要之區。物產豐饒。近接輦轂。應早日籌辦。以樹先聲。因就兩縣併立一行。額定資本四十萬元。官商各任其半。官股由政府核定籌撥。商股由籌備處擔任招募。俟達半額以上。卽行開幕。於民國五年一月十九日。奉財政部批准備案。先在北京設立籌備處。兩年以來。因官股未撥。商股未齊。尚未開業。民國七年。修正章程。改定資本二十萬元。以期易於集事。現在已將就緒。不日可觀厥成云。

吉林一興農工銀行

資本定額十萬元。民國五年五月。由財政廳詳請巡按使。轉飭官銀號先行墊撥。俟招集商股時。再將官股次第讓出。於民國五年五月二十九日。奉財政部批准試辦。設於吉林縣地方。旋因政局影響。官股未撥。遂至擱置。

吉林寧安農工銀行

民國六年五月。吉林寧安縣農會會長孫彥卿等發起組織。股本十萬元。由發起人等擔任。先繳五萬元。擬具章程。送請財政部核准註册。經縣知事驗明資本實收大洋五萬五千元。於民國七年一月一日開業矣。

江蘇農工銀行

於民國六年九月。由蘇省財政廳組織籌辦農工銀行事務所。附設財政廳署。派員辦理。幷委調查員分赴各縣。竭力勸導。擇要先行籌設。訂定暫行簡章。呈請財政部核准。於民國七年一月。奉准照辦矣。

杭縣農工銀行

由浙江財政廳。督同農工銀行籌備會。於民國七年二月籌設。資本二十萬元。由財政廳先撥十萬元。餘招商股。擬具杭縣農工銀行試辦章程二十五條。辦事細則二十二條。放款章程二十三條。於七年三月。經財政部批准試辦矣。

閩侯農工銀行

由福建農會會員龔鴻義等。發起組織。於民國六年。曾經擬具各項章程。呈請財政部批准。嗣因章程諸多不合。另行修正。及七年二月。復行呈部請核。並經財政部飭令修改數條。於六月八日核准備案矣。

此外如天津榆樹西安東寧等縣籌備設立者。尚有十餘處。或因章程不合。飭令改修。或因政局變遷。弗克繼續。惟農工銀行。本採各縣普及主義。日本地方各縣有農工銀行四十六所。統合資本四千七百九十餘萬元。自明治二十九年四月農工銀行法發布以至三十二年六月。除德島一縣外。各府縣農工銀行盡見設立。三十三年八月。德島縣農工銀行亦見增設。其進行之速。無與比倫。比年以來。農工事業之進步。幾有一日千里之勢。無非因此項銀行之普設。有以致之也。以我國幅幀之廣。條例之發布已

屆三年而各縣農工銀行之籌設者祇有此數誠不無遺憾焉

中華銀行史

第四編　儲蓄銀行

儲蓄銀行者將零星之存款集中之以爲有用之放款因以增殖資本可獎勵國民之勤儉及貯蓄思想雖亦營利目的實寓慈善之旨原始於千四百年代之熱拿亞人以政府之保護創設於威尼斯地方創業時其存款專爲保管不得使用實爲儲蓄銀行之濫觴千六百九年阿姆司坦達姆設立銀行大注意貯蓄法然其初要皆與普通規模無甚差別迨近世紀歐美諸國一般銀行業之發達而儲蓄銀行亦遂分別創興其組織亦漸臻完備日本明治十三年三月横山孫一郎等請倣歐美諸國之制始設貯蓄銀行於東京於是請辦貯蓄銀行者日多顧其時貯蓄銀行條例尚未制定至明治二十四年公布儲蓄銀行條例而儲蓄銀行制度始獲大備明治三十五年之末專業儲蓄銀行者四百三十四行普通銀行之兼業者二百七十一行合計七百五行之多儲蓄存款年終餘額凡五千一百六十四萬六千餘元

儲蓄銀行原爲社會及小民之遠計。故儲蓄金之存儲與提取。均不可無多少之制限。法國一人儲蓄之最高額不得過一千佛郎。但不許於一度存至三百佛郎以上。比利時一人之最高額不得過二千佛郎。瑞士一人不得過五十磅。一次以十磅爲限。普魯士一人不得過七十磅。俄國一人不得過七百五十盧布。一次以二十五盧布爲限。瑞典一人不得過百五十磅。惟英國不設制限。若儲金提取之制限。瑞士定例、存金後非過十二個月不得提取。且欲提取者。必須三個月前預行聲告。墺地利儲金之提取。苟過十磅以上。必須於一月前聲告。荷蘭則一月間不能兩度提取。此其大略也。要之儲蓄銀行所特異者如左。

一　無論最少之金額皆得儲蓄。

二　儲蓄金額須有制限。

三　儲蓄銀行之資本。皆自多數細民存儲而成立者。

我國儲蓄銀行創始於淸季。至今日亦略具規模。以下分章述之。

第一章　儲蓄銀行則例之頒行

前清光緒三十四年正月。度支部以各項銀行之存放款項。務取其多。而提倡居積之風。萃集錙銖之款者。爲儲蓄銀行。奏請須有儲蓄銀行則例。是爲我國籌辦儲蓄銀行之始。是年四月。卽於大清銀行內。附設儲蓄銀行。奏撥資本庫平足銀十萬兩。由大清銀行監督派員經理。創辦以後。存款頗多。至商辦儲蓄銀行。如信成銀行等。初亦信用頗厚。迨辛亥政變。民間爭先提款。官私各行。多半收歇。蓋亦時勢使然也。其則例十三條。現尚繼續有效。錄之如左。

儲蓄銀行則例

第一條　凡代公衆存放零星款項爲業者。均爲儲蓄銀行。應遵守本則例辦理。其他各種銀行。欲兼營此項儲蓄事業者。於本則例奏定後。亦應一律遵守。

第二條　開設此項銀行。須資本五萬兩以上之各種公司。稟部核准註册後。方准開辦。

第三條　銀行存款。應分定期存付及活期存付二種。其定期存款。有零存整付、整存零付、整存整付三種。均須於營業章程內。聲明詳細辦法及生利規則。

第四條　儲蓄之款。如其人聲明係爲修學、婚嫁、養老、營業、資本、及各項善舉者。無論整款零款。當另册存儲。支付由存款人與銀行自行定章辦理。

第五條　存款利息。應行支付之日。如存戶不來支取。卽從是日起。併入原本內一同起息。

第六條　儲蓄銀行之理事人。所有行中一切債務。均負無限責任。遇更換時。有經手關係之債務。須二年後。方能將一切責任交卸。

第七條　此項銀行。應於每年結賬之時。核算存款總額四分之一。將現銀、或國債票、地方公債票、及確實可靠之各種公司股票。存於就近大淸銀行。或其他殷實銀行。以爲付還儲蓄存款之擔保。幷取具存據。呈報度支部或該地方官核驗。

第八條　行中存款之人。於上條所載各種票據現款。有先得之權。如銀行有歇業倒閉之事。應先將上條存案之款。撥還存款之人。不敷時。再將行中所有存款。與其餘債主一律攤還。

第九條　此項銀行。應遵本則例。自訂營業詳細章程。呈報度支部核准。倘該章程修改之時亦須呈報候核。

第十條　行中辦事人員有違背本則例時。應視情事之輕重。處以五十兩至五百兩之罰款。或令其停業。或解散之。

第十一條　各銀行商號。未經呈報批准。任意兼營儲蓄事業者。酌處以五十兩至五百兩之罰款。其營業在本則例奏准施行以前者。須遵本則例註冊。逾限半年以外者。處罰同。

第十二條　本則例特別規定以外。應遵照普通銀行則例辦理。

第十三條　本則例如有應行修改之處。隨時斟酌情形。奏明辦理。

第二章　新華儲蓄銀行

第一節　新華儲蓄銀行之創立

國體既定。時變迭乘。百業不興。金融阻滯。儲蓄銀行。遂不克繼續進行。及民國三年九月。中國交通兩銀行始集合巨款試辦新華儲蓄銀行以為之倡。其大旨略謂『近歲以來。民生困瘁。百業不興。此其原因雖多。而因資本之缺乏。以致企業者不能遠圖。實為最大弊害然欲資本之充裕非有最良之樞紐集各方面之游資耗羨為之挹注流通則其力不宏而用不廣此設立儲蓄銀行之所以為急務也前清末季北京曾設儲蓄銀行嗣以辛亥之役半途輟業比者歐戰陡興金融突生變動而工商各業應乘時奮起者實更急於平時徒以資本難籌羣焉中阻而擁資者復苦無安頓之所存滯廢置不知凡幾是非有特別機關為之斂散流轉將工商各業永無振作之時國家所受隱虧實為至鉅茲因有鑒於此特公同發起創立新華儲蓄銀行擬先在北京開始營業計資本銀一百萬元由中國交通兩行籌足擬訂簡章三十一條呈請考核」即於是年十月十日批准在京設立矣茲錄其章程如左

新華儲蓄銀行章程

第一條　本行稟准財政部設立定名為新華儲蓄銀行一俟政府公布施行儲蓄銀行條例仍遵照儲蓄銀行條例辦理

第二條　本行股本總額定為一百萬元每股一百元

第三條　本行總行營業地點定為北京分行之開設及其地點儲蓄櫃之分布及其

地點均隨時由董事會議決行之。

第四條　本行得爲左列各項之存款。

一　各種活期儲蓄存款。

二　各種年金儲蓄存款。

三　各種定期儲蓄存款。

第五條　活期存款每人每次存入之數不得少於銀元一元或京足銀一兩。

第六條　各種活期定期儲蓄之利率以及複利之計算法另以章程定之。

第七條　各種儲蓄存款之利率由董事會議決後廣告之。

第八條　各種儲蓄存款應先由董事會將種類及其辦法表式議決後稟准財政部批准廣告之。

第九條　各種定期存款每戶至少以銀元十元或京足銀十兩爲限。

第十條　本行按儲蓄存款總數酌提若干成購入國家公債證劵交存所在地之中國銀行或交通銀行保管作爲各種儲蓄存款之擔保。其成數稟明財政部定之。

前項儲蓄存款之總數以半年結算之現存總數定之。

第十一條　本行得受財政部之委託辦理特別儲蓄事項。

第十二條　本行資金之運用如下。

一　在中國銀行或交通銀行爲活期或定期之放款。

二　抵押放款但其期限不得過六個月其抵押品以國家公債證券或政府發行證券或政府擔保證券爲限至中央政府核准指定之地方公債亦得按照國家公債證券之例作抵。

第十三條　儲蓄銀行得因市面之情形將第十二條收入之國家公債證券等向中國銀行或交通銀行暫時抵借款項以資接濟。

第十四條　本行除股東成立會外每年一月開常會一次如有董事二人以上之請求得開臨時會。

第十五條　董事及查賬員之選舉應於開常會時行之但第一次董事及查帳員之選舉得於開成立會時行之。

第十六條　凡股東常會及臨時會之議案均以股權之多少數決之。

第十七條　本行由股東公舉五人爲董事二人爲查帳員。再由董事中公舉一人爲總經理。二人爲副經理。常川駐行辦事。

第十八條　董事、查賬員、總經理、副經理之公舉方法。均以得票之多數爲當選。

第十九條　董事及查賬員之任期。除創立年度不計外。均以滿三年爲期。但得連舉連任。

第二十條　總經理副經理有缺額時。由董事中再行公舉之。董事及查賬員中有缺額時。次年度開股東常會時。再行公舉之。

第二十一條　本行之行務由總經理綜理之。副經理協助之。

第二十二條　本行應由董事組織董事會。凡經費之預算及決算。紅利之規定及分配。行務之興革。各項細章之規定。及本章程規定應交董事會議決之事項。均應由董事會多數議決行之。

第二十三條　董事會每月開常會一次。除議決前條規定之各事外。總經理應將一月內營業之狀況在會報告之。總經理或董事二人以上之請求得開臨時董事會。

第二十四條　查賬員應隨時檢查各項賬簿及各種表册如有不合之點得舉發之。其重大者得卽時報告於董事會。

第二十五條　每營業年度終了時應報告股東常會之資本負債表及損益表查帳員應查明籤字負其責任。

第二十六條　總經理、副經理、董事、及查帳員之俸金及獎勵金之規定與變更應於股東會定之。

第二十七條　總經理、副經理、董事、及查帳員非得股東會之允許不得辭職如有不能勝任者股東得開具理由於開股東會時多數議決辭退之。

第二十八條　本行股東祇分紅利不付官息每營業年度終了時決算分配之。

第二十九條　每營業年度終了時應於紅利總額中至少須提出十分之一作爲公積金其餘數始得分配於股東。

第三十條　本行營業年限定爲三十年但得稟財政部延長之

第三十一條　本章程如有變更時應經股東會之議決稟准財政部後始得發生效力。

第二節　儲蓄存款規程之訂定

銀行既經成立。董事會遂依章程第八條之規定。各種儲蓄存款應先由董事會將種類及其辦法詳加討論。參酌中外成法。將各種儲蓄事項逐一考訂。就社會之心理。期存戶之便利。議決各種儲蓄章程。送部核准。其全章如左。

新華儲蓄銀行儲蓄章程

本行儲蓄種類規定如左

第一類　往來存款

此類存款爲儲蓄者用支票而設第一次存入至少以銀元一百元或京足銀一百兩爲限。嗣後每次存入至少銀元一元或京足銀一兩。其存款總額不加制限。不得浮支。週息二釐半。每年六月十二月底結算。

第二類　特別往來存款

此類爲特別儲蓄者用存簿而設每次存入至少以銀元一元或京足銀一兩爲限其存款總額至多以銀元一千元或京足銀一千兩爲限憑簿收付不得浮支其利息按複利二釐半計算每月結算一次其每月應付利息卽加入存本自翌月一日起息

第三類　通知存款

此類存款爲儲蓄者用通知支票而設存款辦法照第一類每次支取款項應先將支票由本行驗明蓋章後逾五日憑支票付款週息四釐每年六月十二月底結算

第四類　甲種定期存款

此類存款爲定期儲蓄者而設凡定期三個月者按週息四釐四個月者四釐半六個月者五釐一年者六釐到期本息全付

第五類　乙種定期存款

此類存款爲儲蓄者得每月取息之便利而設定期一年者按週息六釐二年者六

釐半。三年者七釐。按月。付息。到期。還本。

第六類　丙種定期存款

此類存款。爲長年儲蓄者。而設。本行按複利週年六釐計算。例如存銀一百元者。

一年爲期。到期付還本利一百零六元九分。

五年爲期。到期付還本利一百三十四元三角九分一釐。

十年爲期。到期付還本利一百八十元六角一分一釐。

十五年爲期。到期付還本利二百四十二元七角二分六釐。

二十年爲期。到期付還本利三百二十六元二角三釐。

銀數多寡。期間長短。可以此類推。

第七類　丁種定期存款

此類存款。爲儲蓄者。得每月取回本息之便利。而設。本行按複利六釐計算。例如儲蓄人欲每月取回本利十元者。

存入一百十六元八角一分二釐者。一年內每月得取回本息十元。

存入五百二十九元九角零七釐者。五年內每月得取回本息十元。銀數多寡期間長短可以此類推。

第八類　戊種定期存款

此類存款。爲儲蓄者。經一定之年限後。每月得取回本利之便利而設。本行按複利週息六釐計算。例如一次存銀元二百五十九元九角八分八釐者。五年以後每月付還十元。三年期滿。本利清訖。

一次存銀元三百三十八元三角五分四釐者。五年以後。每月付還十元。四年。期滿。本利。清訖。

一次存銀元四百十二元九角七釐者。五年以後。每月付還十元。五年。期滿。本利清訖。

銀數多寡。期間短長。可以此類推。

第九類　己種定期存款

此類存款。爲儲蓄者。零存。整取。而設。本行按複利週息六釐計算。例如每月如期存入銀元一元者。
一年期滿付還本利十二元三角三分。
二年期滿付還本利二十五元二角九分一釐。
三年期滿付還本利三十八元九角一分五釐。
四年期滿付還本利五十三元二角三分六釐。
五年期滿付還本利六十八元二角八分九釐。
六年期滿付還本利八十八元一角一分三釐。
七年期滿付還本利一百元零零七角四分六釐。
八年期滿付還本利一百十八元二角三分一釐。
九年期滿付還本利一百三十六元六角一分。
十年期滿付還本利一百五十五元九角二分九釐。
十一年期滿付還本利一百七十六元二角三分七釐。
十二年期滿付還本利一百九十七元五角八分三釐。

十三年期滿。付還本利二百二十元零零二分二釐。
十四年期滿。付還本利二百四十三元六角零九釐。
十五年期滿。付還本利二百六十八元四角零二釐。
十六年期滿。付還本利二百九十四元四角六分四釐。
十七年期滿。付還本利三百二十一元八角六分。
十八年期滿。付還本利三百五十元零六角五分七釐。
十九年期滿。付還本利三百八十元零九角二分七釐。
二十年期滿。付還本利四百十二元七角四分八釐。
每月存入之數。在一元以上者。可以此類推。

第十類　庚種定期存款

此類存款。爲儲蓄者之修學。婚嫁。及養老等項之預備而設。其辦法與乙種同。例如
每月存銀元七元三角二分二釐。滿五年付還本利五百元。
每月存銀元三元二角七釐。滿十年付還本利五百元。

每月存銀元一元八角六分三釐滿十五年付還本利五百元。
每月存銀元一元二角一分一釐滿二十年付還本利五百元。
每年存銀元八十五元八角八分三釐滿五年付還本利五百元。
每年存銀元三十七元六角一分三釐滿十年付還本利五百元。
每年存銀元二十一元八角五分一釐滿十五年付還本利五百元。
每年存銀元十四元二角一分。滿二十年付還本利五百元。

第十一類　辛種定期存款

此類存款爲學校醫院之基本金各種撫卹金獎學金以及各項慈善事業之儲蓄而設。本行給息特別從優。定期一年者按週息七釐。二年者七釐半。三年者八釐。四年者八釐半。五年以上者九釐。到期本息全付。

以上各類存款之詳細辦法及一切手續。均載明於本行所發各類存款單據之上。凡儲蓄者均準此辦理。

存戶應注意各項如左。

一、定期存款中。凡整存整付者。每戶至少以十元爲限。其他零存整付及整存零付者。每戶至少以一元爲限。

一、凡定期存款未到期不得零星支取。如欲全數支出者。滿六個月以上。按週息二釐。不滿六個月者。概不給息。

一、凡丁戊二種存戶。如存款未到訂定之期。欲將所交存款。全數支出。本銀行應將逐期所付款項之本利扣除。其餘數按週年二釐計算。存款如未滿半年。概不給息。

一、凡己庚二種之存戶。每次交款。如不能如期交付。至長之寬限爲一個月。其寬限日期應付還本銀行利息。週年八釐。按日計算。

一、存戶如以銀兩存入者。亦聽其便。惟以各處平色不同之銀。或各省大小銀元。外國貨幣存入者。均照市價合作京平足銀。或通用銀元計算。

一、本行每半年結帳一次。各種存款。除特定複利、本利、及按月支息者外。如屆結帳之期。存戶未將利息取去者。亦得併入存本。一同起息。

一、凡存戶來本行存款之時。須將姓名、住址、按實塡註。並蓋章、或簽押。交由本行編號存查。此後該存戶如有續存或支取款項。卽憑此收付。只認據不認人。

一、本行所給簿據。各存戶務須妥愼收存。如有遺失。該存戶應立將存款數目。原摺號數、及遺失緣由。詳細報知本行。並自行登報廣告。如滿一月。別無糾葛。得偕妥實鋪保或保人。來本行證明後、補給簿據。照常收付。

一、存戶倘有他故。願將存款轉售別人時。應由原戶於該存款簿據。批明轉售字樣。並蓋章或籤押。商明本行。更名註簿。以免歧誤。

一、存戶所執各種存款簿據之月日。及收付數目等。不得塗改挖補。

一、本行爲便利存戶。可代收各項股票債票之利息。並各種款項。如代收他省款項。酌收匯費。格外從廉。

一、本行每日營業時刻。四月至九月。上午自九點鐘起至下午五點鐘止。十月至三月。上午十點鐘起至下午四點鐘止。星期日概不休息。

第三節　儲蓄票之發行

民國三年九月、新華儲蓄銀行。以銀行之設。所以匯其大通。儲蓄之名。尤宜收乎廣效。

當此初基甫建營業方新貴有穩健之經營以應時勢之需要但儲蓄之道不止一端然求合乎今日社會之心理而足以策勵國民儲蓄之進行者則莫如發行儲蓄票儲蓄票之辦法設有獎勵定以抽籤即以應付之利息移作中籤之獎金其性質所以與彩票截然不同者彩票之彩取諸母金儲蓄票之獎取諸子金購彩票者中彩者固獲鉅金不中則立成廢紙蓋爲賭博之變相購儲蓄票者中籤固獲巨獎不中則三年之後仍還原本實爲儲蓄之善法二者性質不同故彩票爲蠹害社會之秕政而儲蓄票爲調劑金融之良策泰西各國發行之巴黎債票蒲魯塞爾債票巴拿馬債票其內容與儲蓄票均大致相同方今國家之經濟奇絀市面之周轉不靈若仿行此項儲蓄票實上足以輔助國家之金融下足以策勵人民之儲蓄依本行章程第十一條之規定得受財政部之委託辦理特別儲蓄事項應請財政部特准發行此項儲蓄票由政府擔保給獎還本隨時派員監理並准本行得委託中國交通兩銀行各處分行及各省地方之郵電各局代理發行及給獎還本事項擬具章程呈部核准亦於十月十五日批准公布矣其章程如左

新華儲蓄銀行發行儲蓄票章程

第一條　本銀行儲蓄票稟請政府特准發行。

第二條　儲蓄票之償還本金及中籤給獎均由政府擔保之。

第三條　儲蓄票章程金額定爲銀元十元每張十條每條金額定爲銀元一元。

第四條　儲蓄票發行總額每次定爲一百萬號即一百萬張即一千萬條。

第五條　儲蓄票每年發行一次。

第六條　儲蓄票本金償還之期以三年爲限其還本日期當於票面書明但已中籤者即憑票付獎不另還本。

第七條　儲蓄票應付之利息代以抽籤給獎年抽籤一次給獎一次。

第八條　抽籤之期每年舉行其日期及地點於每次發行儲蓄票時擬定書明票面無論如何不得更改之。

第九條　抽籤之日當衆公開由政府派肅政史二人財政部派監理員二人所在地總商會公舉二人會同監視開籤。

第十條　每次發行之儲蓄票。均抽籤三次。分爲每年開籤一次。但已中籤者。下次不得抽籤。每次中籤者五千張。卽五萬條。其中金額如左。

第一等獎一張。每張十萬元。每條一萬元。
第二等獎一張。每張四萬元。每條四千元。
第三等獎一張。每張三萬元。每條三千元。
第四等獎一張。每張二萬元。每條二千元。
第五等獎一張。每張一萬元。每條一千元。
第六等獎二張。每張五千元。每條五百元。
第七等獎六張。每張二千五百元。每條二百五十元。
第八等獎三十張。每張一千元。每條一百元。
第九等獎六十張。每張五百元。每條五十元。
第十等獎三百張。每張二百五十元。每條二十五元。
第十一等獎六百張。每張一百元。每條十元。

第十二等獎一千張。每張五十元。每條五元。
與第一等獎末尾三字相同者。九百九十九張。每張四十元。每條四元。
與第二等獎末尾三字相同者。九百九十九張。每張三十元。每條三元。
與第三等獎末尾三字相同者。九百九十九張。每張二十元。每條二元。
計五千張。卽五萬條。共計給獎五十五萬九千九百十元。

第十一條　儲蓄票售出後。凡給獎還本時。認票不認人。如有遺失等情事。不得掛失。

第十二條　本行關於儲蓄票資金之運用。應遵照本行章程辦理。政府派員隨時監理之。

第十三條　凡儲蓄票中第一二三四等籤者。須直接向北京新華儲蓄銀行領獎。中五等以下各籤者。卽就原發行之地新華儲蓄銀行及中國交通兩銀行並郵電各局領獎。

第十四條　凡中籤者。應於抽籤之日起一年內。得隨時持票領獎。逾期不領。卽行作廢。

第十五條　凡三次未中籤之儲蓄票。自滿償還之期起。一年內可就原發行之地新華儲蓄銀行、或中國交通兩銀行。及郵電各局。持票領本。逾期不領。卽行作廢。

第十六條　儲蓄票以本行爲發行總機關。以中國交通總分行、及郵電總分局、爲發行代理機關。總發行所由財政部派監理員一人監理之。代理機關之章程另定之。

第十七條　凡有欲承售者。均可向總發行所及發行機關商定。承售章程另定之。

第十八條　第一年屆抽籤時如儲蓄票尚未全數售罄。儘已售出之號數當衆抽籤。其給獎仍按照本章程第十條所列各等全數給獎其第二年第三年亦照售出之票號開籤。仍按照此法辦理。

第十九條　本章程如有增添及修改時。須經本銀行董事會決議。呈候財政部核准。

章程公布以後卽於是年十月發行。惟此種儲蓄票之發行在我國事屬創舉加以一千萬元之鉅款。四個月之時期。數多期促。欲悉行銷售。勢頗不易幸能隨時體察銷路。設法勸導。公家許作保證金。商界認爲抵押品。因此用途益廣。信用益昭。卒能如期售罄。民國四年四月二十五日。卽舉行第一次開籤。五年四月二十五日。又舉行第二次開鑛六年四月二十五日復舉行第三次開鑛三次維持信用開鑛給獎無稍愆期民國七年四月二十五日本屆還本之期適值時局多故金融奇緊軍餉賑款需費浩繁一時期迫難以籌此巨款故議決暫緩還本於七年八年九年四月二十五日再行繼續開鑛三次蓋儲蓄票原爲獎勵儲蓄而設與他種債票固有不同購買者其目的所在本以中鑛得獎爲期卽或繼續三年稍緩收回本金於人民心理無甚刺謬而中央財力亦藉以稍紓實爲兩全之策云爾

第四節　舊章之修正與新股之添招

民國六年十二月新華儲蓄銀行以中國交通兩行原認本行股本共一百萬元現因金融奇窘難以如數撥足經已議定變通股本辦法由中國交通兩銀行加撥十萬元連前撥之十五萬元共計占五千股之數幷由本行另招商股五千股共計五十萬元至股本總額仍照原定暫不更改以一百萬元爲額另訂招股章程及修正章程呈部核准以期股款早齊藉固基礎業於七年一月由部轉呈批准矣

新華儲蓄銀行章程民國六年十二月三十一日修正

第一條　本銀行以提倡儲蓄兼營商業爲宗旨定名曰新華儲蓄銀行股分有限公司。

第二條　本銀行依照股分有限公司之組織股本總額定爲通用銀元一百萬元分爲一萬股每股銀元一百元股劵概用記名式股東以本國人爲限。

第三條　本銀行總行營業地點定爲北京分行之開設及其地點儲蓄櫃之分布及其地點均隨時由董事會議決呈請財政部核准。

第四條　本銀行營業種類如左。

一　各種活期儲蓄存款。

二　各種定期儲蓄存款。

三　各種年金儲蓄存款。

四　各種匯兌。

五　貼現押匯抵押各項放款。

六　買賣有價證劵。

七　兌換貨幣金融。
八　代收取各公司銀行商家票據及款項。
第五條　本銀行得受政府之委託辦理特別儲蓄存款。
第六條　本銀行設董事七人以上十一人以下組織董事會其章程另訂之。
第七條　本銀行股東非有一百股以上者不得被選爲董事任期三年爲限期滿得連舉連任。
第八條　董事中應公推一人爲總經理一人爲副經理常川駐行辦事所有行中一切事務均負完全責任。
第九條　本銀行設監察人二人由五十股以上股東充選之其職權另行規定任期一年得連舉連任。
第十條　總經理、副經理、有缺額時由董事中再公推之董事及監察人有缺額時以候補董事及監察人遞補之。
第十一條　本銀行股東常年會及臨時會由董事會召集常年會期應於每年三月

行之。

股東占有股分總額三分之二以上有提出會議事件請求開會時董事應即行召集全體股東臨時會須於一個月前登報公告。

第十二條　股東會每十股有一議決權百股以上者每二十五股加一議決權。

第十三條　本銀行應由董事組織董事會凡經費之預算決算紅利之規定分配以及行務之興革事項均由董事會多數議決行之。

第十四條　董事會每月開常會一次除議決前條規定之各事外總經理應將一月內營業之狀況在會報告之。

總經理、或董事三人以上之請求得開臨時董事會。

第十五條　監察人對於各項帳簿應隨時檢查。

第十六條　每營業年度終了時應報告於股東常會之資產負債表、及損益表監察人應查明簽字負其責任並呈送財政部查核備案。

第十七條　本銀行於每年結帳時核算存款總額四分之一將現銀或公債票等存

於就近之中國交通兩銀行或其他殷實之銀行以爲付還儲蓄存款之擔保。
第十八條　本銀行每年結帳所獲淨利須提十分之一以上作爲公積金。
第十九條　本銀行營業年限定爲三十年但經股東會議決得呈請財政部延長之。
第二十條　本章程未盡事項適用銀行則例、及公司條例股分有限公司之規定。
第二十一條　本章程如須變更時應經股東會之議決呈請財政部核准施行。
新華儲蓄銀行添招新股章程
第一條　本銀行額定股本爲通用銀元一百萬元分爲一萬股每股銀元一百元。
第二條　本銀行股銀分二期繳納認股時先交五成隨時塡給股券餘俟董事會決議續收再行繳納。
第三條　本銀行股券爲記名式以本國人爲限。
第四條　本銀行股本官息週年六釐於每年結帳後發給屆時登報通告股東憑券支取。
第五條　本銀行股券自民國七年七月一日起算凡期前交股者應將期前官息按

日先行扣除。

第六條　本銀行每年結帳所獲淨利。應提十分之一以上作爲公積。其餘分配股東紅利及行員獎金。均由董事會議決行之。

第七條　本銀行股本除由中國交通兩銀行共購五千股額外。其餘五千股額另行招足。均一律照本行定章。享有股東權利。

第八條　凡股劵之轉賣讓與。須於本銀行報明註册過戶。

第九條　股劵如因抵押情事。而發生轇轕時。本銀行祇憑劵面所載。或已報由本行過戶之股戶爲據。

第十條　股劵如有遺失。應由原股戶邀同妥實保人。具書簽名。報告本銀行。一面登載當地二份以上之報紙。兩星期。自登報之日起。三個月內。如無轇轕。方得換給新股劵。

附民國六年十二月三十一日資產負債表及損益表

新華儲蓄銀行資產負債表

中華民國六年十二月三十一日

資產		科目	負債	
元		**負債類**	元	
		股本總額	1,000,000	000
		活期存款	3,505,676	449
		定期存款	678,057	826
		暫時存款	420,294	230
		存出金透支	168,144	597
		來支匯款	881	500
		公積金	51,000	000
		特別公積金	17,000	000
		資產類		
850,000	000	存出股本		
1,365,285	712.	定期放款		
772,522	419	定期抵押放款		
1,556,939	776	存出金		
122,199	145	來往存款透支		
426,514	750	暫時欠款		
23,715	680	開辦費		
84,960	562	營業用土地房屋		
3,701	158	營業用器具		
487,753	978	有價證券		
59,727	108	他行		
303,413	888	現金		
		本年純利	215,679	574
6,056,734	176	合計	6,056,734	176

新華儲蓄銀行損益表

中華民國六年十二月三十一日

損失		科目	利益	
元		利益類	元	
		利息	46,515	270
		兌換損益	98,537	773
		匯水	1,408	560
		經手費	2,329	246
		貼現費	25	142
		前期損益	97,85	825
		損失類		
29,401	267	各項開支		
408	835	攤提開辦費		
1,089	238	攤提營業用土地房屋		
94	902	營業用器具估價損益		
215,679	574	本年純利		
246,673	816	合計	246,673	816

中華銀行史

第五編　地方銀行

第一章　地方銀行總論

欲悉地方銀行之沿革。不可不追溯各省官銀錢號之起源。有清咸豐二年。戶部以軍需孔亟。度支告匱。於京城內外招商設立官銀錢號。由庫發給成本銀兩。並戶工兩局交庫卯錢。爲推行銀錢票之關鍵。迨光緒季年。直、奉、吉、黑、魯、豫、晉、蘇、贛、閩、浙、鄂、湘、秦、隴、川、粵、桂、熱河等處。次第設立官銀錢局。或爲兌換銅元之機關。或爲發行鈔票之樞紐。宣統年間。直隸、四川、浙江等省。舉辦銀行。或就官銀號所改而成。或係參照新章而設。民國紀元。官銀錢局間多停閉。如蘇、贛、皖、湘等省。相繼創立銀行。經理本省金庫事宜。近年以來。各省收支款項。雖改由中國銀行辦理。然原設之官銀行號。行政官署。恆以周轉之便利。亦任其存在焉。民國六年。財政部舉行財政會議。對於各省官銀錢號。籌整齊畫一之法。提出改良辦法五大端。第一。釐訂章程。査各省官銀錢行號之現行章程。大抵各自規定彼此不同雖其間多有可採之處。而應行改正者。亦復不少。如權限員額經費及辦事規程各節。實爲重要之事乃現在各省銀號員額漫無限制權限又不分明。經費浩繁。業務錯雜。種種流弊。相因而生本部擬先爲各省官銀行號定一通則。再就地方特殊之點。分別變通大旨則以注重營業裁汰冗員節省糜費三者爲入手辦法此項通則。卽由此次會議推定起草員擬訂由各會員公同議決限期遵辦以謀劃一。而資整理。第二整理紙幣查從前各官銀錢行號濫發紙幣。爲害甚大現在各省。如廣東、浙江、直隸。雖已收回。其餘各官銀錢行號紙幣。亦按截止發行額定爲限制。然現在綜計此項紙幣流通數目。仍屬不少。收回之說。既難遽行整理之法。尤不可緩一則。澈查現在流通確數。二則。嚴禁擅自私發及發新換舊時之有發無收按各行號紙幣流通現數。原有按期報告到部。然與實在數目。每有不符難資徵信現在紙幣制限法業經本部擬訂。關於飭報流通確數。及嚴禁增發各節。均已定有明文不日卽將公布。應卽由各財政廳從三月起。先行切實查明按月呈報。以作整理之參考。至將來收回辦法。固應以籌集大宗款項爲先決問題。然嗣後每年結算所獲贏餘。應預爲提存十分之八另款存儲以充整理紙幣基金隨時報由本部酌定辦理。第三溝通匯兌查現在各省官銀行錢號紙幣跌價。雖係濫發所致。然因不能匯兌出省。實亦其中一大原因。故一面在限制濫發。一面尤應與各省溝通匯兌。查各省官銀錢行號。在天津、上海、漢口等埠。雖亦開設支號。自行匯兌者。然其勢力多未雄厚。安能推至各省各埠之遠且廣也。溝通匯兌之法。莫如由每省官銀錢行號。各籌現款。爲匯兌基金。將原設他省之分號。即委託所在地之官銀號代理。經費既可節省。信用又復昭彰。本省紙幣。一經可以匯兌出省。自不至如今日市價之大跌。雖各埠幣價不同。未能一致。然既通匯兌。即可以匯水之低昂。爲金融之操縱。亦不致窒礙推行。但如何擬訂規章。使各方均受利益。不致有畸輕畸重之處。是尤在各銀錢行號。彼此相見以誠。分別妥籌耳。第四限制墊款查各省官銀錢號。無不獲利者。惟近來業務停滯。利無從生。其原因實多由墊給官廳政費。爲數過鉅。就現勢而論。欲使官銀錢號對於官廳支付款項。絕端不墊。有時軍需緊要。緩不濟急。事爲地方治安關係。亦豈能不勉予通融。然如從前之漫無制限。遂使官廳避難就易。主管其事者。每因勢牽就。支墊無常。償還莫定。財政金融。

往往兩形困竭。嗣後各省財政廳如遇萬不得已之時。向行號借款。應仍以預算內所訂確實收入指供擔保。其用途、並應以豫算內所列款目通融一時者爲限。上項借款數目及合同。應先由省長查核。並送本部核准。其豫算外未經列入之數。不得支借。庶於周轉金融之中。仍寓鞏固銀號之意。第五。明定賞罰。查各省官銀錢號。大抵有賞無罰。所謂賞者。尤多以私分紅利。爲結好之術。賞既不正。罰復不施。故弊竇之作。遂至不可思議。現在各省輿論。對於官銀錢號。未有不極力攻擊。其間雖亦有覬利不遂。挾嫌相攻之人。然大率據事立論。非盡出自無因。本部以爲分紅惡習。務宜痛除。如有辦事得力之人。卽可援照獎勵章程辦理。其成績卓著者。呈由本部核請榮譽獎勵。至於職員舞弊。由財政廳分別輕重。送廳懲辦。此外如有違反部章之事。財政廳卽應自任其咎。當由省長咨明本部議處。務賞罰分明。賢者思奮。黠者知懲。則事無不舉矣。按此案主旨。係爲各省官銀錢行號急則治標之計。雖非根本解決。然可認爲時勢所必要。業已審查通過。轉飭各省官銀錢行號。一律遵守矣。

第二章　直隸省銀行

直隸省銀行爲天津銀號之改稱創於前清光緒二十八年至宣統二年九月始易今名總行設於天津分行設於北京保定張家口上海漢口等處前清直督諭飭發行鈔票以資流通而濟市面計共發行銀兩票三十八萬四千五百兩銀元票七十三萬二千元銅錢票六萬四千七百九十四千文嗣奉度支部按年收回二成改革之初在外流通尚未收回者銀兩票僅一千二百餘兩銀元票僅四千八百餘元銅元票僅二十三千餘文民國三年前此所發鈔票卽已收回殆盡當中交停兌之時因商會之請求或以軍需之孔急或以地方之災祲復行開發鈔票亦經限定期限如期收回此發行鈔票之情形也至其營業之狀況以有一百二十萬四千四百四十二元之資本一百八十五萬五千餘元之存款三百一十二萬五千三百餘元之放款二十三萬餘元之現款八萬三千三百餘元之財產七十萬六千四百餘元之有價證券二年以前營業甚爲發達至民國三年八月直隸銀行監理官張師敦氏之報告以該行創立以來已逾十稔從前行長遴選得人是以營業蒸蒸日上近一二年稍見遜色蓋日久弊生舊章多所改變茲擬具改良辦法八條以資整理其大綱如左(一)出入簿據須呈送巡按

使。蓋用騎縫印信以防抽換也。(二)存放款項摺劵須令承辦各員簽字蓋章以重經手也。(三)股員交替須由接手者出具收清甘結以免含混也。(四)寄存條須將號數彙登月報以資考核也。(五)出入款項每月登記龍門簿以識盈虧也。(六)舊發紙幣須卽收清銷燬也。(七)管理款項之人須責成薦主切實擔保也。(八)規復加薪舊章以示鼓勵也。此種辦法飭令以後稍資整理業務亦見恢復至中交停兌以後至於今日該行業務復漸形發展云。

第三章　奉天省銀行

奉天官銀號創於前淸光緒三十一年。資本瀋平銀六十萬兩悉係官股。歷年獲利頗豐。近以代墊行政經費過鉅遂致金融緊迫營業稍受虧損然當民國二年年終結算尙有餘利銀六十七萬餘兩除提十二萬兩另儲以備抵補及提奬八千兩外淨得餘利銀五十四萬餘兩。按照舊章五成歸公二成五作爲公積二成五作爲花紅由省長官呈請財政部核辦三四兩年年終結算餘利亦厚六年以來補助政費又增至二百數十萬之多。民國七年春。以近來潮流所趨均以銀元爲本位卽如各項報告表册一切均已早經折改銀元。現在收支之款。雖已多屬銀元。而因資本關係。尚須折成銀兩。再爲折元。名實不符。而且多費手續。故將原有資本瀋平銀六十萬兩。按照市價折合大銀元約八十一萬有奇。再由財政廳撥湊資本十九萬元左右。以足一百萬元之數。是爲現在資本之定額。至於該號經營之商業。計有三種。曰錢鋪。曰當鋪。曰燒鍋。其錢當兩項。係爲抵制外商接濟市面而設。歷年所獲餘利。亦足以補助該銀號之信用。燒鍋一項。係由抵還欠債而來。接辦之後。歲有盈餘。一時接兌無人。只能賡續辦理。此外尚有公濟糧棧一號。亦向未虧折。二年停止營業矣。其行內出入款項。按三年度之報告。有存款四百八十三萬五千五百八十六元。放款一千三百九十五萬一千零十一元。現金一百三十六萬八千五百六十六元。各處股本五十萬零七千二百二十二元。公積金五十五萬八千六百四十六元。房屋器具一十八萬四千零四十七元云。若夫發行紙幣。在民國三年四月底止。前後共發八百七十餘萬元。四年十二月底止。計有銀兩票、大龍元票、小銀元票、東錢票、四種。而小銀元票約合八百一十四萬餘元。其餘三種。票額尚少。至民國六年之間。其小銀元票一種。數額已達一千萬元以上。旋因金融緊迫。操縱由人。遂改用大洋本位。藉資補救。並核定發行大銀元票額數。以維信用。嗣中日協定兌現辦法。限一年半期內。全省概用大洋。其小洋票應卽一律收回。恐一時應付不周。發行一種匯兌券。在天津、北京、上海折匯規銀。與兌換券生同一之效力。凡商民交易。公家徵收。一律通用。此項匯兌券。係專用收換小洋銀票。於上海分莊存儲現金。以爲準備。一俟小洋票收換淨盡。卽行收縮云。

第四章　吉林省銀行

吉林官銀錢號。於前清光緒二十四年、經吉林將軍延茂創設。由庫存六分平湊留接濟俸餉項下。暫撥銀三萬兩。作爲資本。旋於三十年如數提還。初名永衡官帖局。以鼓鑄銀元。供不給求。爰發官帖。以補銀元之不足。光緒三十四年、巡撫朱家寶就官帖局內附設官錢局。發行銀元、銀兩、鈔票。與官帖相輔而行。開辦資本僅由度支司撥錢一百五十萬吊。現亦陸續還清。宣統元年、巡撫陳昭常併官帖、官錢兩局。改爲永衡官銀錢號。總號設於吉林省城。而分號則有天津、營口、依蘭、長春、寧古塔、哈爾濱、密山、琿春、延吉、榆樹等十處。其上海一處。因無餘利。早經裁撤。該號改革之後。原訂章程。於民國元年十月。復由省議會修正一次。而名稱尙仍其舊。三年五月。齊省長擬將吉林官銀錢號原有資本加以商股。改爲地方銀行。發行小銀元紙幣。將官帖逐漸收回。惜未克實行耳。此該號名稱先後沿革之大略也。該號向章每年按三節分作十成攤派。以四成報效公家。一成五爲公積。一成充公署辦公費。其餘三成五則分配於度支司辦公費及號中職員。而新章則改爲一年分作兩期。以六月十二月爲結算之期。並以六成五爲積立金。一成爲公積。三釐歸地方公益。其餘二成二釐由號中分配。較諸舊章已減少一成三釐。計自二年七月起至十二月止。所獲餘利實得一百七十萬零二千六百八十吊。當經民政長酌提一成一釐三分。給該號經理人等。其餘總帮辦應分之一成零七。擬歸入地方公益費。呈由財政部電令不得動用。此該處分配餘利前後不同之概要也。該號兼營商業共有十四處。如永衡電燈廠。永衡印書局。永衡林業公司。四合川山林公司。暨當業之永衡發。燒鍋之永衡興。永衡茂。估衣之永衡長。磚窰之永衡源等。或初係官辦。因虧欠號款。由官署接辦。或因拍賣未有主顧。暫設公司自行開採。或緣商號借款無力償還。破產抵入。大約以上各業均因顧惜商本。暫時兼營。嗣後仍當陸續出售。以冀收回成本。現在尚無虧折。此該號兼營商業之狀況也。據三年度監理官之報告。該號已經收入及管業之房屋。截至民國二年底止。原抵債額計合大銀元一百一十七萬七千四百十六元。每年收益約合大銀元四萬五千四百十二元。又地產原抵債額計合銀元一百零一萬七千一百二十餘元。每年收益除糧租八千二百三十八石不計外。約合大銀元一千八百五十五元。又存款截至三年二月底止。計俄幣三萬零一百二十四元。吉銀二萬一千七百二十二兩。大銀元四千八百零五元。小銀元二十一萬四千四百十九元。日幣二百零三元。龍元銀一百四十八兩。金砂一百零四兩。吉錢一千四百零二萬五千餘吊。此外放款則有吉錢一萬萬一千八百五十五萬九百餘吊。吉銀三百三十一萬六千七百九十七兩。小銀元四十八萬零五百八十二元。至民國七年一月。其庫存款項計小洋八十五萬餘元。大洋二十四萬餘元。現銀九萬五千餘兩。金砂五百二十兩。足金二百三十兩。日幣三十八萬餘元。羌帖四百三十七萬餘元。總計折合大洋一百七十三萬餘元。倘有有價證券二百餘萬元。不動產約值三百餘萬元。此該號前後數年財產比較之大概也。至其發行紙幣。初以前清封禁帖料之已發官帖六千七百餘萬吊爲定額。旋因火災、建築、水賑、軍費、採伐森林、購製軍械等事。時有所聞。而紙幣遂逐次增發。在民國二年底止。計有一萬四千八十八萬一千餘吊。比年以來。更復增益。近已籌議分期收回辦法。改用大洋。發行大銀元票。即以庫存現金一百七十三萬餘元。及所值不動產之三百餘萬元。全數投標。售賣現金以爲準備。并以二百餘萬元之有價證券爲保證準備。擬即實行云。此該號發行紙幣及籌議收回之大略也。

第五章　黑龍江省銀行

黑龍江官立金融機關。有官銀錢號及廣信公司二處。自前清開業以來。推廣營業。設置分號有二十餘所之多。幾操全省金融之權。惟近來增發紙幣。兼之外幣流入。信用頗減。茲分述之於左。

一、官銀錢號

黑龍江官銀錢號。於清光緒三十四年。經東督徐、江撫周。籌商設立。以放貸、匯兌及兌換銀錢、發行紙幣爲主業。並兼營買賣貨物、販運糧石各業。原領成本銀三十萬兩。續領護本銀十萬零四千九百九十八兩三錢。皆係官本。惟護本銀每年須按四釐交息。而成本息統存金庫。須俟提用時始交息四釐。如遇金融緊迫。得由公家撥款接濟事平按期繳還。總號設於省城。分號設於營口、綏化、呼蘭、巴彥、哈爾濱、寬城子、海倫、奉天、天津、上海等處。自開辦起至宣統元年止。已得紅利十七萬四千三百餘兩。除開支外。照章作爲十成。以二成五爲花紅。二成五爲公積。五成爲餘利。宣統二年、由清理財政局與該號會商。將花紅改爲一成五。至該號兼營之事業。有龍江時報館股本銀五百兩。省城、巴彥、綏化、三處之惠濟當鋪資本小銀元各五萬元。隆平煤礦公司股本小銀元一萬元。實業報館股本小銀元二百元。富華公司股本俄帖五萬元。按該號民國三年一月分出入表。凡資本四十萬零四千九百九十八兩。存款二十二萬六千一百九十元。放款四百六十九萬九千零三十四元。現金三十二萬二千三百三十三元。公積金二十萬零五千五百四十三元。器具一萬二千零三十五元。各處股本十七萬五千七百四十四元。此該號營業之略情也。其發行紙幣。前清時發行鈔票一百餘萬兩。民國二年底。增至四百餘萬元。四年年終。銀元票約合二百七十四萬餘元。銅元票約合六十九萬餘元。兩共三百四十餘萬元。此該號發幣之略情也。

二廣信公司

廣信公司於光緒三十年、經將軍達、都統程、奏辦、由官商集股作爲有限公司。設總公司於省城、分公司於呼蘭、綏化、巴彥、海倫等處、其營業以放款、匯兌、發行紙幣、爲主、而又兼營買賣貨物。販運糧石、各業。當時資本有官股二十萬兩、商股三十一萬二千三百兩。定章按年交官息五釐。所得紅利、五成作爲股本、三成作爲公積、二成作爲經理人花紅。但自光緒三十三年以來、因貸出各款、無著者多、故自是年起、所有餘利、存儲未分、旋議退還商股、改爲官辦。至該公司所營商業、於買賣貨物販運糧石之外、復開設當鋪及貨廠數處、糧石餘利、以每年田作物之豐歉爲消長、而當鋪則每年可獲利數十萬吊、貨廠亦然。以一半歸廠開支、以一半爲公司餘利。此外有義成木植公司股本四千二百五十兩。富華公司股本俄帖五萬兩。隆平煤礦股本一萬兩。造紙公司股本六千三百兩餘。如省城電燈公司一所、約值百餘萬元、大磨公司兩處、約值三十餘萬元。據該省監理官三年度之報告、該公司資本凡五十一萬二千三百兩、存款四十一萬八千七百六十元。放款一千五百五十九萬八千三百七十五元。現金一百五十一萬三千五百零七元。各處股本一百三十八萬六千八百十五元。房屋器具三十五萬九千九百九十八元。此該公司所有資產及兼營商業之略情也。至其發行紙幣。當前清時已發錢票一萬萬吊。民國成立後。又增發四千餘萬吊。四年年底。綜計前後所發錢票約合一千零五十餘萬元。旋卽截止發行。以後不得再行增發。民國五年、蒙匪內犯。軍需迫緊。不得已又增發官帖。計合小洋一百萬元。比年以來。屢經變亂。六年五月。又開官帖一千五百萬吊。以爲征蒙經費。七月以後。竟開至一萬萬吊之多。故最近在外流通之額。總計有二萬六千餘萬吊之譜。該省財政廳近擬收回濫幣辦法七條。委託商務總會代爲收換。但發額太多。未知能達到完全收回之目的否也。此該公司發行紙幣之大略也。

第六章　河南省銀行

河南豫泉官錢局。創自光緒二十二年。原領司庫成本銀九萬兩。及歷年餘利改作護本銀一萬兩。又自三十年八月起。添設銀櫃。續領司庫成本銀二萬兩。計先後共有成本十一萬兩護本銀一萬兩開辦之始用意祗在便於兌換故定名爲官錢局嗣於光緒三十年八月在局內增設官銀號迨宣統三年九月始將局號合併更名爲豫泉官銀錢局此該局資本及名稱沿革之大略也當開辦之初規模尚狹經力爲擴充乃於北京、天津、上海、漢口、渦陽及本省周口、漯河、道口、清化、修武、衛輝、永城、鄭州、等處先後設立分局以匯兌放款爲事雖營業自此擴張而虧累亦從茲日鉅民國元年五月經藩司王祖同派員淸理負債額凡八十萬四千兩有奇而局中現存銀兩、銀元、制錢三項併計不過七萬二千餘兩卽連地址股票價値併計在內亦不過八萬九千七百餘兩此外放款欠賬雖有七十萬八千六百餘兩彼此對抵所虧似不甚多然此七十萬八千六百餘兩之中可靠者不外二十餘萬兩而已其餘四十萬兩槪歸無着揣其原因固由經理人放款之不愼而因武漢起義之間接損失者亦復不少此該局歷年虧累之大槪也於是另設淸理處專事催收外欠將民國元年四月以前賬目劃歸舊案派員接收四月以後另作新案繼續進行并將各分局次第撤回僅存周口鄭州兩處分局亦已停止交易乃自新舊案劃分以後并未另添資本僅以七萬餘兩之款應付八十萬之外債。已屬勉强支持。加以軍餉政費。有時仍須墊補。左右支絀。困難益甚。此該局劃分新舊案後之情形也。依民國三年五月監理官之報告。該行資本凡十八萬三千零七十四元。現金三十七萬一千九百八十五元。存款九十四萬二千三百六十七元。放款一百五十八萬三千一百七十一元。公積金十二萬七千九百九十九元。本期虧耗一萬九千五百六十元。房屋地址一萬六千三百十七元。此近年該局出入之略情也。當中交兩行未經分設以前。豫省金融向以豫泉官錢局爲樞紐。公家出納悉經其手。即藉以流通市面者。亦以該局紙幣爲多。迨中交分行次第成立。金融中樞雖稍稍轉移。而該局所發紙幣。仍復信用無間。及至中交停兌。影響所及。遂不能支持。今則該局票價。一蹶不振。反視外省鈔票更爲折減。至其發行之額。考前清光緒三十一年。僅發行銀票十六萬餘兩。錢票十一萬一千串。銀元票五萬三千餘元。迨宣統三年。則陸續加至銀票一百七十餘萬兩。錢票三十餘萬串。銀元票十一萬六千元。後經迭次收回。至民國三年一月之調查。銀票尚有一百四十五萬八千四百兩。錢票尚有二十三萬一千三百餘串。而銀元票仍爲十一萬六千元。迄民國三年以後。豫省濫用銀元銀票遂大受影響。四年四月。遂有以收回四十萬兩之銀票。改爲三十萬元銀元票之請。然近時各幣均次第收回。合計不及百萬之額。此該局歷年發幣之情形也。

第七章　山東省銀行

民國元年、魯省兵變。前清舊有之官銀號。搶掠一空。於時金融短絀。行政長官爲維持地方起見。於民國元年八月。組織山東銀行。資本總額爲五十萬兩。先由本省行政公署撥交庫平銀十四萬七千四百三十餘兩。本行設於省城。并於行內設有兌換銀錢處。於五里溝商埠。亦設有兌換銀錢處。於靑島則設分行。是年十二月。改爲合資商辦。仍名山東銀行。另籌資本一百萬元。所有官撥資本。如數淸償。總行仍設省城。并於濟寧、周村、滕縣、泰安、章邱、及上海等處。添設分行。四年二月、監理官報告該行存款總額。計一百二十三萬九千六百餘元。放款總額。計一百七十七萬五千三百餘元。均係商民存欠之款。與官署絕無關係。其現款則有七十四萬八千五百餘元。資產四萬餘元。此山東銀行沿革之大略也。考民國元年十二月之調查。山東銀行發行洋元票總額、凡二百萬元。銀票總額、凡一百四十萬兩。錢票總額、凡京錢二百萬吊。至二年十月。國稅廳之報告其流通在外者銀兩幣合洋三十七萬餘元銀元幣合洋十三萬餘元銅元幣合洋十四萬元民國二年十二月與中國銀行訂約山東銀行之紙幣未發行未流通者一律呈請行政公署派人會同中國銀行監視銷燬其流通在外者核明數目由山東銀行將準備金撥交山東中國銀行委託代收收齊後即行銷燬此山東銀行發幣之大略也

第八章　山西省銀行

山西自經兵燹省城舊有之晉泰官錢局即經消歇嗣因市面週轉不靈辛亥十一月由該省軍政府撥資創辦山西官錢局總局設於太原省城分局設於天津旋因資本不足續撥官款二萬一千四百餘兩民國二年一月復撥所獲紅利六千四百餘兩是年十二月又撥資本二十三萬一千餘兩約合銀元三十二萬零九百餘元此該局先後撥入資本之數也當創辦之初悉照票號習慣幷未明定章程至二年十二月添撥資本後乃由該局重訂新章實行改組將全局職務分配爲文書會計出納營業四股其營業情形以經理司庫款項之收支爲主要而於商業上之經營範圍則甚狹年中

所獲餘利。蓋以五成歸公。三成歸局員分紅。二成歸公積。此該局部內組織及營業上之大略也。至其存放款項。依該省監理官二年十二月之報告。計存款項下各局署共四十一萬五千三百餘元。各行戶共九萬二千二百餘元。而放款項下。則各局署共四十四萬五千餘元。各行戶共二萬零一百餘元。此該局存放各款之概要也。其發行紙幣。民軍起義之初。金融異常緊迫。發行小洋票六萬餘元。旋即收回封存或銷燬。至民國二年十二月、又陸續發出。計小銀元紙幣八萬一千八百元。大銀元紙幣四千四十元。已發銀條紙幣。除銷燬外。實存六萬六千八百餘兩。其流通在外者。不過一萬五千餘元而已。但此項紙幣。係屬暫記數目。俾存款人撥款之便。究非紙幣之性質。現亦陸續銷燬殆盡矣。至民國三年三月、據監理官之報告。該局原有封存各項紙幣。尚未變動外。其流通及櫃存兩項紙幣。計共大洋票六萬九千九百九十二元。小洋票四萬一千七百九十七元。每日流出及兌回。變更無定。民國六年七月、擬以新易舊。請再訂印大洋票七萬元。此該局前後發幣之大略也。

第九章　江蘇省銀行

江蘇銀行於民國元年二月一日成立。總行設於上海。分行設於南京蘇州鎭江揚州無錫等處。并於南市常州設立分理處。揚州分行旋於三年一月消歇。南市分理處亦於三年六月取消。至民國四年。又在徐州蚌埠設立匯兌處。歸南京分行管轄。此江蘇銀行總分行組織之情形也。資本總額銀元一百萬元。開辦時由省庫先撥六十萬元。民國二年春間。始撥足規定之數。嗣因贛寧事起。軍需緊迫。復在資本款內提用四十萬元。是以現存資本仍係六十萬元。內有津浦鐵路債票一萬九千三百磅。合銀十九萬三千元。其存款銀元有一百零四萬一千餘元。放款有一百零五萬四千餘元。現款凡五十三萬一千餘元。財產凡七千餘元。有價證券凡十九萬六千餘元。此江蘇銀行資產之大略也。開創之初。以當時銀根奇緊。貨幣缺乏。發行鈔票五十萬元。旋卽陸續收回。至民國元年底。流通市面者不過五百餘元。民國二年六月。因從前發行舊式鈔票均已陸續收回。備印新票二十萬元。分發各行行用。旋卽截止發行。至民國四年年終。僅有銀元票一萬餘元而已。此江蘇銀行發鈔之情形也。

第十章　江西省銀行

江西民國銀行係於民國元年春間由前清官銀號改組而成。預定資本二百萬元。元年十月已收股本洋八十七萬一千七百二十六元五角七分。總行設於省城。分行設於上海、漢口、長沙、九江、吉安、贛城、吳城、瑞州、萍鄉、樟樹、撫州、南城、河口、景德、修水、玉山、等十六處。匯兌所設於常德、益陽、湘潭、武穴、津市、鎮江、袁州、湖口、饒州、德安、奉新、樂平、南豐、武寧等十四處。開設之始原爲兌換紙幣活潑金融起見。分領資本計有一百七十餘萬元。均在民國元二年間。先後設立。旋因金庫改歸中國銀行。總行不敷周轉。先後提回各分行基金四十餘萬元。計存各分行尚有一百二十餘萬元。幷將益陽、津市、武穴、湖口、樂平、奉新、南豐、德安、袁州、武寧、湘潭、鎮江、等十二匯兌所。陸續收歇。其吳城、南城、樟樹、玉山、瑞州、五分行。亦改爲分莊。旋復設法收回。查民國四年間。長沙分行虧折二十餘萬。漢口則十餘萬。其餘報虧折者。多則數萬。少亦數千。僅上海、常德、吉安、九江、贛州、數處。尚有餘利。民國五年。次第收回。重行改組。其總行卽於是年四月改爲民國銀行清理處。籌設江西銀行。由民國銀行撥款十萬元以立基礎。俟民國銀行結束完竣。再將所餘之款。添入基本。一面按股分公司辦法。定爲官商合辦。修訂章程。增資本額爲一百萬元。由省庫認定五千股。餘由本國人民認購。此江西省銀行沿革之大略也。民國銀行紙幣之種類不一。有前清官銀號發行在外由該行認爲有效者。有前清官銀號庫遺空白小票。經該行編號發行者。有由該行自製大小錢票洋票銀票。先後發行者。計三項總額至民國三年底止。共銀元鈔票五十八萬七千九百餘元。銅元鈔票六十七萬六千八百餘串。九五錢票七百八十一萬三千餘串。旋經陸續銷燬。至民國四年十月。流通市面者。約計鈔票八十八萬七千九百元。銅元票九十萬二千串。九五票七百二十六萬七千一百餘串。至民國五年四月。民國銀行停止營業時。截至十月止。流通在外者。尚有銀元票五十四萬四百餘元。銅元票四十八萬四千餘串。九五錢票四百三十餘萬串。至民國六年七月底止。銀元票一項。僅二十餘萬元云。此民國銀行發幣之大略也。

第十一章　福建省銀行

福建銀行。創於辛亥十月。營業範圍。以匯兌、兌換、及存放款項爲主。原名福建銀號。三年八月。修改規程。定爲今名。資本總額台新議番銀一百萬元。係前清地方公款發借商家後。改撥爲該行基本金。約合福建通用銀元二十一萬餘元。加以鹽運使署已撥未交之資本十萬餘元。共合實額三十一萬餘元。約合三分之一。其餘巡按使視爲必要時。再行籌撥。總行設於省城。分行設於福州城內、及漳州、崇安、延平、三都、廈門、等處。並於洋口、寧德、琯江、光澤、等地。設立經理處。其歷年餘利。自開辦以來。至三年十二月底止。計共十九萬七千八百六十九元三角八分。除開支經費八萬六千九百零九元二角五分。及分紅一萬三千零六十元零六分外。贏餘八萬六千九百元。均作爲公積金。此福建銀行。辦理之大略也。福建銀行開辦之始。隸屬於行政公署。一切營業及行政事務。均由民政長指揮監督。並隨時考核。及官制變更。當時該行事務。尚未詳加修正。仍沿襲舊時辦法。隸於行政公署之下。然該行以地方資本。爲官有營業。從前所以隸屬於行政公署者。實因地方歲入。爲民政長所主管。其執行監督考核各事宜。又爲財政司之職務。現在地方稅名目。雖經取消。而財政司主管各事。復移歸財政廳。完全管理。該行既係官有營業機關。自應屬於財政廳職掌範圍之內。所有前定章程與事實不符。亦經另改章程。以明權限。其從前規定行政公署。對於該行行使之職權。除委任總副經理。外餘悉劃歸財政廳長分別秉承省長辦理。統系既明。權限斯定。此福建銀行前後管轄權限之差異也。福建銀行沿福建銀號之舊制。亦有發行紙幣之權。其紙幣之形式有二。一種以銅板印成紙票。票面元數。逐張以筆填寫。有台伏一元、二元、三元、五元、十元、二十元、三十元、一百元、九等。專流通於福州。可以完納地丁錢糧稅課之用。一種係上海商務印書館代印之票。有小洋一元、二元、三元、五元、十元、五等。均由各分號發行。流通於曾設分號之各州縣內。其紙幣僅通行於福州市面。及已設分號之各州縣地方。其價格則照票面所載台新議平七錢捧番通用。頗著信用。其大洋票一種。則爲四年以後所增發。此福建銀行紙幣之形式及發行之略情也。福建銀行當改革之始。以閩中財政困難。時有發行紙幣之事。民國元年。據調查員之報告。官銀號台伏票已達四十萬元。外府分號發行小洋角票亦四五十萬元。此福建銀行民國元年度發票之情形也。此後票額略有收縮。民國二年十月。據國稅廳之報告。福建銀號發行紙幣有台票及小洋票兩種。台票數目約達二十九萬元。小洋票僅有一百三十元。與六月間情形較有變更。此福建銀行民國二年度發票之情形也。民國三年、據監理官之報告。該行票額共一百三十四萬餘元。其中分一元、二元、三元、五元、十元、二十元、三十元、五十元、一百元。合計額數不滿三十萬元。其流通市面者。月或二十萬元。或二十餘萬。或三十萬元。消長不同。又有千元之票百餘萬元。以數目既鉅。兌付亦難。令一律收存。改印數十元或百元之數。以足四十萬元之額。限定發行。其小洋元票之數。亦以二十五萬元爲限額。陸續收回。此福建銀行民國三年度發幣之情形也。及民國四年、該行復請於四十萬元限額之外。增發大洋票七萬七千元。幷請小洋元票暫緩收回。俟大銀元票市面流轉之後。再將小洋元票陸續收回。此福建銀行民國四年度發幣之情形也。民國五年四月。又請增發三十萬元。以爲預備。先由監理官封存。俟時機緊迫時。酌量行用。五年七月、又請啓用小洋元票。以爲新舊交換之準備。此福建銀行民國五年度發幣之情形也。

第十二章　浙江省銀行

浙江銀行。創於前清宣統元年。由官銀號改組而成。官股計庫平銀三十萬兩。集合商股庫平銀二十四萬二千餘兩。總行設於杭州。分行設於上海。營業數年。虧蝕甚鉅。民國之初。由浙軍政府派員清理。於元年二月成立。將原有股本銀兩以一五伸合銀元。剔除折耗。僅餘六成。仍由官商股東。按照原數補足換塡新股票。不補者。卽照六折塡換。每股一百五十元。計塡換官股新票三千一百五十股。商股新票一千六百六十九股。合計資本七十二萬二千八百五十元。內撥三十萬元。爲上海分行之資本。信用尙著。存款總額。截至民國三年七月止。計一百七十餘萬元。其放款押款及存款透支等項。計二百五十餘萬元。以收抵支。尙有盈餘。壬癸兩年。營業頗旺。其時代理金庫。匯兌劃撥。範圍較廣。獲利自豐。旋因金庫改由中國銀行經理。業務稍遜於前。民國四年六月。改組浙江地方實業銀行。改訂章程。推廣營業。股本定爲一百萬元。分作一萬股。每股一百元。官廳認六千股。除原有股本外。應再撥給十二萬七千餘元。餘由商股自行招集補足四千股之數。民國六年八月。又附設儲蓄處。提撥銀元十萬元。更定儲蓄章程。呈請財政部核准。此浙江銀行歷年沿革之大略也。其發行鈔票。按前淸浙江銀行鈔票原額。六十萬元。民國浙江銀行票額二百萬元。浙江地方銀行票額一百二十萬元。民國三年。檢查杭州總行所發者。凡八十八萬五千元。滬上分行所發者。凡一二十五萬元。卽將票板封存。極力收縮。至民國四年十二月止。其發行在外者。僅有三十餘萬元。迄民國六年五月。計收回者三百七十八萬七千六百四十九元。其未收回者。不過一萬二千三百餘元而已。現在與中國銀行訂立合同。領用中國銀行兌換券。代替發行。以爲舊票兌現之輔助。此浙江銀行。發行紙幣之大略也。

第十三章　湖北省銀行

湖北官銀錢局。於前清光緒二十二年設立。祇有官本八萬兩。專爲行用官票。以補制錢之不足。嗣因官票行使甚廣。省外商民持票兌錢。諸多不便。又於二十三年、在沙市。宜昌。樊城。老河口。武穴。安陸。等處。添設分局。專司應兌各項官票。而所備的款。放於商家以資活動市面者。有銀七百四十餘萬兩。由行政署挪借應用者。有銀四百餘萬兩。庫儲現款。有銀三百四十餘萬兩。該局所營產業。尚不在內。出入相衡。綽有餘裕。每年餘利。多則五六十萬。少亦四五十萬。此鄂局前清季年之情形也。民國以還。商欠押放等款。共七百四十萬兩。急難催索。而經設建公家軍政兩費。虧至四千餘兩。均未償還。且該局自前清至今。向未收息。中央政府。於民國三年。任命高松如氏督辦該局。以資整理。接辦以後。維持舊狀。尙屬困難。按其所陳困難之象。約有兩端。(一)外國戰事。金融影響。漢口所受恐慌。較他省爲巨。市面流行者。大抵爲鄂局紙幣。雖勉力支持。而戰區漸廣。無止戢之好音。以後如何。殊難逆料。(二)鄂省行政費用。收數少於支數。政費挪墊。有誼不容辭之勢。撥款補足。無月無之。至於近日收入尤少。墊款尤多。此高氏指陳維持困難之狀。言簡意賅。然高氏數年以來。維持不兌換之紙幣。能使票價不至低落。而又隨時撥款。接濟市面。調劑金融。並於前清所放賬款。因光復而致停閉者。設法收回之數。已達四百萬兩。其整理之成績。亦良足取矣。此鄂局民國近年之情形也。至其發行紙幣。以制錢一串一張者爲最多。在前清時代。已發錢票一千七百餘萬串。銀元票則一百六十餘萬元。民國之初。又增發錢票二千一百餘萬串。民國四年年終計算。分爲銀兩票。銀元票。錢票三種。錢票約合三千一百九十二萬餘元。而銀元票銀兩票二項。則僅合十七萬餘元。

第十四章　湖南省銀行

有清之末。湖南官廳以財用不足。創設湖南官錢局。民國初元。當局即就官錢局。改組湖南銀行。基本金八十萬兩。抵押產業六十餘萬兩。總行設於省垣。分行設於湘潭、常德、衡州、洪江、岳州、平江、益陽等處。成立之時。大局甫定。本擬徐圖擴張。不幸變亂相尋。財用益竭。湘中政費及市面周轉。皆仰給於該行。挹注彌補。困難異常。現金既竭。遂不得不乞靈於紙幣。比年以來。增發之額。有加無已。以致現銀缺乏。行務未能起色。民國五年。曾擬改爲官商合辦。未見施行。民國六年。復由省議會議決改爲湖南地方銀行。資本金額。定爲一千萬元。由省議會認定米鹽公股及鑛局存砂變價項下撥充。如不足時。由省長咨交省議會決議增加。俟公股砂價取得五百萬元。卽行開辦。無如該行代理金庫以來。公家財用。咸取給於銀行。政界風潮。幾無寧歲。銀行受害。亦靡有窮期。近因湘禍益深。總行被刼。軍署令改爲清理處。其分支行店。亦先後停止營業。事實上已無復湖南銀行之存在矣。此湖南銀行沿革之大略也。湖南官發紙幣。始自官錢局。其時市票（湖南地方各商店所發者）充斥。倒閉時聞。官錢局所出紙幣。信用昭著。其流通實額。計銀兩票二百零二萬七千六百兩。銀元票三十七萬五千七百元。銅元票四百八十萬餘串。民國元年、湖南銀行成立。繼續發行。幣價日落。發行日多。截至民國六年二月、發行銀兩紙幣及流通銀兩票約有八百萬兩。除續收外尚有五百餘萬兩。銅元票則四千餘萬串。銀元票則二百四十餘萬元。至六年十月、銀兩票又增至六百餘萬兩。銅元票則五千餘萬串。銀元票則三百餘萬元矣。軍事未平。濫發無度。中央派員調查據七年四月之報告。銀票發行數目凡七百一十一萬三千兩。除銷燬外。實在流通者約有六百餘萬兩。銅元票發行數目凡有七千五百七十八萬餘串。除銷燬外。尚有七千一百二十五萬九千四百餘串。銀元票發行數目。凡有七百十二萬九千元。除銷燬外。尚有七百零六萬五千七百元。並擬該省紙幣整理辦法其大綱有九。(一)財政上應力求收支適合。不再以紙幣充政費。(二)湖南銀行不再復業。所有債權債務統責成清理處趕速清理。(三)由湖南銀行清理處發行與市面同價之新銅元票二千萬串。按照市價收回銀兩銀元兩種紙幣。(四)湖南銀行財產估價約值六百萬元。應由清理處悉數變價存儲指定銀行專作臨時收回銅元票維持銅元票價格之用。(五)銅元票除新發二千萬串外。應由湖南銀行清理處一律換給新票。(六)湖南官廳於今後十年內。應按年於鑛砂餘利項下或清丈湖田增收項下撥出銀元一百二十萬元交存指定銀行作爲收回銅元票專款如鑛砂湖田兩項不足數額應另籌其他相當款項補足之（七）湖南官廳以前項專款爲擔保分期發行銀元公債一千萬元交由指定銀行引受募集一面由指定銀行發行銀元兌換券按照市價將銅元票悉數收回之（八）全省金庫交由指定銀行管理（九）以中國交通兩銀行或新設銀行爲指定銀行但新設銀行以官商合股爲限此湖南銀行發行紙幣及籌畫整理之大略也

第十五章　廣東省銀行

廣東官銀錢局開設於前清光緒三十年十一月專辦發行鈔票銷售銅幣並代造幣廠購買生銀鑄出銀毫歸局兌換開辦之始在天津日本刷印銀毫紙幣一千零三十萬元由藩運關釐善後五庫各認資本一百萬元由西號源豐潤擔保信用日著旋撥資在上海、佛山、香港等處各設分局以沽得票價爲準備金存款日多酌留數十萬儲備兌換餘俱發商生息或按揭股票房屋月息八厘或九釐子母相權資本充足信用益著所發行紙幣每百元加水二三元光緒三十四年續印大元鈔票五百萬元行用旋又續行收回四百三十八萬元。繳回藩司歷年售出鈔票。數逾千萬。公家放出款項。日獲鉅利。亦歲見加增。自開辦截至宣統二年十二月止。溢利至四十六萬七千有奇。嗣宣統三年三月二十九日。廣州之役。督署被焚。市面震驚。持票換銀者紛至。計至九月反正時。收回銀毫鈔票八百餘萬元。流通市面者僅百餘萬元。此廣東官銀錢號改革前之辦理情形也。辛亥九月、財政司將收存大小元毫鈔票。全數提發軍餉。并指局中放出有着現款三百一十萬四千餘元。上海分號收回各款一十八萬六千餘元。按存屋房估本五十三萬餘元。押斷各公司股票一百三十四萬餘元。概行提歸司庫。變抵支用。又由財政司金庫發行新紙幣三千餘萬元。其廠鑄銀毫。又改交財政司金庫。是時局中所營事業。僅爲催收舊欠款。代財政司購賣港紙。稍獲盈餘。支持局用而已。元年八月一日、開辦儲蓄定期六個月以上者。週息六厘。三個月以上者。週息四厘八毫。活期者。二厘四毫。收到存款四百餘萬元。以百餘萬元放出市面。息額頗高。惟押品不足抵款。難於追收。二年二月、財政司飭暫停按揭。將局儲蓄收款項。陸續提撥充餉。并不計息。二年七月。取銷獨立。商民紛紛提取存款。龍都督令先撥還金庫款一百萬。

以資週轉商民知款歸有着風潮稍息二年九月、點收存局款項一百零二萬八千六百餘元計此時局欠商民儲蓄款項三百餘萬元年息約需二十萬元由局呈准令金庫從十一月起、將提用儲蓄之二百二十八萬元按月輸息四釐現存局款發商生息舉行數日放出二萬一千元旋因庫儲告匱年內暫緩放揭商民日有存付截至二年十二月底止庫中儲蓄現款實存二百八十九萬八千餘元至財政司提去之契據等件其值錢者早已悉數售出現存產業契據約值四五十萬股票約值二百餘萬三年四月間又由該局向財政司取回保管嗣以財政部清理廣東官產前項票據乃點交財政廳接收變賣現計該局存款僅三百萬元積欠商民存款計六七百萬元而此外所放之款則均係行政官廳此廣東官銀錢號改革後之辦理情形也至該局紙幣當改革時卽已停止發行民國以後之新紙幣槪由財政司發行其數約達二千萬萬以上照票額每元跌至五成以下後經政府明定價格全數收回矣

第十六章　廣西省銀行

廣西銀行於前淸宣統元年開辦原撥官本一百萬兩歷年經發鈔票一百二十四萬

元。民國成立代辦收支。至民國二年止。經存公款、經收公款稅項。一百九十六萬餘兩。支出軍餉二百零一萬餘兩。收支兩抵。長支五萬兩有奇。該行爲普通銀行營業性質。多依山西票號之習慣。與各省官銀行號微有不同。總行設於桂林。分行之在本省者有梧州、南寧、龍州、等處。在省外者有廣州、漢口、上海、衡州、等處。民國二年六月。廣西財政司署遷於南寧。幷將庫現存花銀概撥銀行。以維市面。當廣西未設中國銀行之先。所有國稅係由廣西銀行代理。今國稅廳設於南寧。而廣西銀行在於桂林。道途阻遠。於經理國稅。諸多不便。其總行曾有遷至南寧之議。並改桂林爲分行。其歷年放出款項未收回者。約一百六十七萬餘兩。就中以桂林商號匯昌壽豐兩家爲最多。旋因欠款停止利息。本銀分年攤還。銀行不得周轉。財源涸竭。兼之資本累經提用。至民國三年中間。實銀不及三四萬元。四年十月。因利率變動。出口匯水驟昂。行商畏存紙幣。擠兌梧州分行。風潮幾釀。推其致病之由。在遞年墊支政費。積虧過鉅。致資本早罄。既不能以經營接濟金融。反受金融所操縱。其補救之法。惟有令廣西預算。實際上收支適合。無須銀行籌墊。乃爲根本解決之法。此廣西銀行辦理沿革之大略也。其所發紙幣。

有一元五元兩種。光復之後。照常行使。價格并無低落。民國元年七月。又請續印一角五角小票。各百萬張。以資輔助。據二年度之調查。計發出銀二百十八萬七千六百餘元。民國三年。忽增票額一千二百萬元。卽經停止發行。以二百萬元爲限額。此廣西銀行。發行紙幣之大略也。

第十七章　陝西省銀行

秦省自光復後。金融機關。異常滯塞。都督府飭由財政司。設立秦豐銀行。以通緩急。資本金一百萬兩。由秦軍府發給五十萬兩。餘則招募商股。內部分爲五課。十三處。外埠又設立分行五所。預金、貸金、匯兌、各項營業。均照地方銀行性質。一致進行。遂著成效。自兩稅劃分。由該行代理金庫。商業發盛。且其營業之範圍甚廣。有棉花轉運各公司。爲販賣之貿易。更得輸送之便。此秦豐銀行營業之略情也。惟當創立之初。餉糈告急。不得已發行銀兩紙幣。藉資取給。其銀兩紙幣。分爲兩種。(一)爲舊式銀票。係就前清秦豐官錢局所製試辦之龍票。改製。自辛亥十月至二年一月十四日止。共發銀九十五萬四千兩。(二)爲新式兌換券。自二年一月十五日起。至二年十一月止。共發二百一十七萬五千兩。三年三月增發三十萬兩至三年十月計發三百二十六萬九千兩。卽經逐漸收回。至四年五月時其在外流通之額不過一百七十六萬五千餘兩。後擬一律收回辦法兩種。(一)發賣官產搭用該行龍票。(二)與中國陝西分行訂立借款契約收回。以資結束。此秦豐銀行發幣之顚末也。至富秦官錢局則當時因發行錢票而設。以輔貨幣之不足。與秦豐銀行同受成於該省財政司。至二年五月間。秦豐銀行委由經理專辦。而富秦官錢局始隸屬於秦豐銀行之內。其發行錢票自元年八月起至二年五月底止。共發錢六十七萬三千五百千文。自二年六月起至十一月止。共發錢五十萬五百千文。共計錢一百一十七萬四千千文。二年六月以前。其發行之權在富秦錢局。二年六月以後。其發行之權則在秦豐銀行。此富秦官錢局發行錢票之大略也。

秦豐銀行既與中國分行借款收回紙幣。以期幣制之統一。因與中國銀行訂代發中行兌換券及聯絡匯兌之契約。以冀推行國幣擴張營業云。

陝西中國銀行委託秦豐銀行發行兌換券契約

陝西中國銀行（以下簡稱中行）爲推廣兌換劵起見。特委託陝西秦豐銀行（以下簡稱秦行）代爲發行。商訂合約如左。

一秦行代中行推行兌換劵其第一次暫以一百萬元爲額。

一秦行向中行取兌換劵時。應繳半額之內國公債票、及有價證劵、或現金、於中行。作爲保證。

一秦行發行兌換劵時。自行籌足準備金。須有發行額之五成。作爲準備。隨時由秦行邀同中行。或由中行派員查驗。

一秦行取兌換劵時。應將種類及號數。雙方登記。以資考核。

一秦行所取之兌換劵。由雙方商議。另加暗號。或即以票面數碼作準。

一秦行每日發行及收回時。每五日列表報告中行。其程式由雙方酌定之。

一秦行發行及收回時。其價格不得少有升扣。

一秦行既受中行發行之委託。不能受他行委託。發行他項兌換劵。以免牴觸。

一秦行對於不屬代爲發行之兌換劵。亦可隨時收兌。並設法推出。如積有巨額時。可隨時繳還中行。並另提取同額之現金。或記入聯絡匯兌之往來款項賬册。

一秦行如有續取兌換劵可隨時向中行磋商得中行承認再酌發定額。並繳相當之公債票。

一秦行欲提取保證準備之公債票、及有價證劵時。亦可隨時提取。惟須另繳票額之現金。

一保證準備之公債利息應由中行取得之。如償還本額時。亦由中行代取。仍作擔保準備金。

一中行對於委託秦行之發行兌換劵。亦當隨時收兌。積有巨數時。應繳還秦行。提取現金。或記入往來册。

一中行既委託秦行發行後。自不得再行委託他機關代爲發行。

一本合約實行後。於往來手續、應用書類賬册。得由中秦兩行。雙方規定執行。

一合約經雙方議定之後。中行應經由北京總管理處核准。陝西秦行應由本省巡按使咨商財政部核准後。始生效力。並同繕兩份。雙方署名蓋章後。各執一份備案。

一本合約如有修改或解約時。雙方均可動議。得有同意。分別陳准施行。

中秦銀行聯絡匯兌契約

中秦銀行爲謀聯絡匯兌相互之利益。特約條件如左。

第一條　中秦兩行各聯行相互之委託匯兌收付款項。均須由陝西中行、陝西秦行轉賬。

第二條　中秦兩行存欠極度。暫以五十萬兩爲限。其銀數及銀元數隨時轉賬。如逾額定欠數外。應酌量發還現款。始可繼續有效。

第三條　中秦兩行存欠利率查照存三欠五辦法。六個月核算。轉入本額。

第四條　中秦兩行相互委託匯兌收付款項之報告方法。另行規定之。

第五條　中行得委託秦行發行鈔票。其契約另行規定之。但收兌不屬委託發行範圍以內者。得照中行通知之鈔票樣本量力收買。或設法推出。如積有巨額時。得通知中行轉入往來賬。其鈔票運交中行。

第六條　本契約中行應俟北京總管理處核准。秦行應由陝西巡按使咨商財政部核准後始生效力。

第七條　本契約暫以十年爲限。滿限時得雙方同意。可再行繼續效力。並期限內或雙方同意。認爲解約時。亦可隨時解約。

第八條　本契約如有應行修改時。中秦兩行。均有提出之權。隨時議訂。分別呈准施行。

第九條　本契約以立約之日起。發生效力。並應同樣照繕兩份。由當事者署名蓋印。各執一份備案。

第十八章　甘肅省銀行

蘭垣爲西陲要地。凡河套、青海、內蒙、新疆、等處商業。無不以斯地爲財源樞紐。故數百年來。號稱繁盛。有清光緒三十二年、創辦甘肅官銀錢局。資本十萬兩。幷由省局資本內。撥銀二萬兩。於西寧、平涼、秦州、涼州、寧夏、先添設分局五處。旋復次第增加。民國二年、該省財政司。擬將該局改爲甘肅省銀行。一面寬籌資本。定爲蘭平銀六十萬兩。並擬兼營殖業儲蓄兩業。以期補助該省從事羊毛之業務。與養成小民貯蓄之美風。惜日久未見實行。至民國三年六月、改稱甘肅官銀錢號。總號設於蘭州。原設之西寧、寧夏、平涼、秦州、涼州、甘州、酒泉、平番、安定、馬營、隴西道等十一分局。先後酌量歸併。改於西寧、寧夏、天津三處各設匯兌分所。就官銀錢局原有資本再由甘省巡按使籌足四十萬元之數。以爲該號資本總額。存款總數計一百六十餘萬元。官署存款居三之一。餘爲商戶所存。均不給息。放款總數計二百十餘萬元。貸於各官署者不過百分之四。至歷次盈餘。漸見增加。民國三年下半期計一萬二千元。四年上半期增至三萬八千餘元。四年下半期。增至四萬七千餘元。雖至五年上半期。不過二萬四千一百餘元。然至六年上半期。則三萬九千五百餘元。六年下半期。亦有三萬三百餘元。平均每屆盈餘。總在三萬元以上。此甘肅官銀錢號沿革及營業之情形也。其發行紙幣。當前清開局時代。共計發行蘭平銀票三十萬兩。錢票十五萬串。內有已銷燬銀票十二萬兩。錢票一萬餘串。至民國二三年間。流通市面實祇銀票十八萬兩。錢票十三萬餘串。該省商民。對於紙幣。頗爲信用。惟因資本太少。極力收束。未能擴充。誠有供不給求之勢。嗣乃增印五萬兩藉資流通。價格幷無跌落。改組以後。時有增加。恐信用或因以隳。旋奉部令以已發之紙幣銀票三十七萬三千餘兩爲限額。不得於額外再行增加。此甘肅官銀錢號發行紙幣之情形也。

第十九章　貴州省銀行

貴州銀行係前清光緒三十四年三月所創貴州官錢局之改稱。資本原額庫平銀十萬零二千七百兩。由糧儲道庫存款撥提開辦之初。其意專在營業。先後於安順、畢節、遵義、正安、鎭遠、銅仁、古州、三江、重慶、漢口等處。設立分局。惟時商務尙盛。貸款放款獲利較優。而所發銀票。又係用公估平計算。每兩較市平稍有盈餘。故人民樂用。行使便利。迨宣統三年。以準備未足。周轉不靈。辛亥九月、公舉華之鴻爲總理。改爲貴州銀行。擬訂章程。添招商股。以謀繼續進行。當將藩道庫存二十五萬餘兩。悉數移入。合之舊有準備金一萬四千餘兩。銀票二十七萬八千餘兩。共五十餘萬兩。一切公款出納事宜。均歸經理。據民國三年監理官之報告。該行前年度資本額凡十四萬二千六百三十九元。存款凡九十七萬五千四百十六元。放款四百十七萬七千四百九十一元。現金三萬四千四百五十七元。借入金三十六萬九千一百九十元。公積七千六百三十八元。歷年紅利八萬一千六百六十二元。房屋器具一千八百四十四元。後因代墊行政各費過鉅。舊存款項幾空。計前財政司積欠之數。共二百三十二萬九千六百三十八兩有奇。此外借貸之額。尚未計及。故近年所藉以獲盈餘者不外三種。（一）由於貸放紙幣所得之月息。（二）由於各處稅款所收之匯水。（三）由政府給予墊款之息金。而營業則概行停止焉。民國四年。將分金庫移交於中國銀行接管。結束貸出貸入各款。民國七年。清理就緒。先將榕江、黎平、鎮遠、畢節、安順、遵義各分行。次第裁撤。其銅仁、正安兩行賬目。一時未能歸結。移交該縣知事接收。其總行卽於五月裁撤。移交財政廳接管矣。此貴州銀行創立及裁撤之大略也。其發行紙幣。據元年十二月之調查。前清官錢局原發銀兩票共五十五萬四千零五十五兩七二。折合銀元七十六萬九千五百二十元零。又現行紙幣一百萬元云。又二年四月。復請增印新幣二百萬元。以爲換收舊幣之準備。按其所陳增發之理由有三。（一）新幣之數僅此一百萬元。折合銀幣計七十二萬兩。收回舊幣計需五十餘萬兩。所餘之數僅十餘萬兩。以之行使。勢必不敷周轉。此不得不增印者一。（二）因黔省習慣習用生銀。今既推行新幣。必須全省普及。方能一氣銜接。毫無滯機。各府廳州縣以及城市鄉村處所甚多。自應由近及遠。逐漸推行。祇此一百萬元紙幣。勢難分布。此不得不增印者二(三)因所印之幣雖屬百萬。但陸續行銷。已逾半數以上。卽不收回舊幣。來日方長。勢難接濟。況收回舊幣。市面驟減此五十餘萬之鉅額。必致恐慌。轉無以維持現狀。此不得不增印者三。增印以後。信用昭彰。旋因政局糾紛。價格跌落。由財政廳與貴州中國銀行訂借現款。分期收回。此貴州銀行發行紙幣及收回之大略也。

第二十章　雲南省銀行

雲南銀行於民國元年十月。由雲南財政司稟請都督府批准。以原設之富滇銀行為之資本額二百萬元。由雲南官廳投足資本一百萬元。募集商股一百萬元。總行設於省城。次第設立分行於下關、騰越、麗江、永昌、箇舊、河口、思茅、昭通等處。民國元年十月擬訂章程。呈部核准。此雲南銀行第一次章程之規定也。民國三年七月。巡按使唐繼堯。又擬擴張富滇銀行辦法。略謂滇省自設富滇銀行以來。信用昭著。惟資本不過百萬。未能多設分行。現集官商籌議。僉以欽渝鐵路。已歸國有。則滇蜀鐵路股本。既不能零星以還紳民又不能剜本以付利息惟有將股本加入銀行則富滇銀行之資本益充而商民藉以周轉鐵路股本之利息有着而本金不至虧耗斯爲一舉兩得之道衆議僉同旋由財政廳會同鐵路公司詳定辦法三年九月修改章程更定資本總額爲三百萬元以雲南鐵路局所有款項全數投入不足時再添招商股復有不足由財政廳指撥地方公款以投滿三百萬元爲止此雲南銀行第二次章程之更定也民國六年五月以該行開業已經數稔比年以來滇省財政之支絀所藉以維持調劑者惟富滇銀行是賴現已信用穩固擬再擴充業務更定資本總額爲五百萬元兼營儲蓄事業并設立匯兌機關修改章程呈部核准此雲南銀行第三次章程之修改也其發行紙幣以滇省當辛亥光復之初庫藏空虛不得已由公家籌設銀行發行兌換券三百萬元金融藉以周轉民國三年法國匯理銀行突來蒙自開設分行發行鈔票斯時外幣流通省城若不設法抵制則金融全權恐握於外人之手不得已向鐵路局借款五十萬元擴充富滇銀行基金加發紙幣一百五十萬元民國五年滇省舉義增印紀念紙幣一百餘萬元然隨時籌備現金週轉兌換信用頗著旋以各劵紙質不盡堅實六

年另印六百萬元以備更換今已限定五百二十萬元爲截止發行額云此雲南銀行發行紙幣之情形也

第二十一章　四川省銀行

四川省銀行有四川銀行與濬川源銀行兩處而四川銀行後歸併於濬川源銀行茲分述其沿革如左

(一)四川銀行

四川銀行於宣統三年十一月成立專以代財政司印製軍用票供應軍政各費爲急務承變亂之後倉猝組織房屋既未備置資本亦未籌措僅借居於省垣之濬川源銀行以二百元作爲開辦經費勉強支持萬分困難後開辦存儲貸付藉資進行迨民國元年十月川省長官始議撥款五十萬元爲該行基金旋以款項支絀竟未撥付二年一月存儲貸付兩事復行停辦現祗清理存款惟軍票尚流通於市場故該行不得不暫爲存在俾軍用票有所附麗民國四年籌議收回軍票以濬川源銀行券爲兌換其收回軍票事宜亦歸濬川源銀行辦理而四川銀行遂與濬川源合併此四川銀行沿

革之大略也。

（二）濬川源銀行

濬川源銀行於前清光緒三十一年開辦。總行設於重慶。分行設於上海、北京、漢口、宜昌、沙市、萬縣、涪州、成都等處。由當道撥官股三十七萬兩。集商股十三萬兩。統計官商資本五十萬兩。嗣於三十三年撤退商股。撥官款十三萬兩。以補其額。由是遂純爲官辦。武漢事起。該行損失二十餘萬。因之歇業。民國元年十一月。重行開設。由川省長官添籌新資本四百萬元。改設總行於成都。幷添設自流井、五通橋兩分行。所有舊設之重慶、宜昌、沙市、漢口、北京、上海等分行。相繼復業。自是代收公款甚多。存款亦頗踴躍。乃以公款支絀。初議籌撥之新資本四百萬。僅由華川銀行撥入四十五萬兩。而迭次墊補之行政經費。額數反過於此。就賬面數目言之。資產負債相抵。尚餘四百零六萬餘兩。惟其中大半爲官欠之款。卒至貸付久停。存款亦鮮。惟以匯兌營業爲事。四年以來。遂有改絃更張之舉。適值四川銀行之歸併。增加官股。又集合商股。改依股分公司之組織。定資本爲一百萬元。集合官股四成。商股六成。擬具章程二十六條。呈請財政

部核准此濬川源銀行沿革之大略也

川省行用紙幣有四川軍票與濬川源銀行兌換券兩種四川軍票原發一千五百萬元由中央借撥銀款并由中國銀行借撥銀券設處開收先後收回五百餘萬元并提撥鹽款軍票三百餘萬元再加前財政司在商會截燬六十萬元及重慶中國銀行所存鹽款軍票二百八十餘萬元統計已收回者一千一百四十萬元旋因軍事告興餉需迫逼收票之事遂行中止此四川軍票發行及收回之大略也濬川源銀行兌換券初因收回軍票發行三百萬元內封存一百萬元計實發行二百萬元其始隨時兌現信用甚爲昭著嗣因軍署提用兌券一百餘萬元一時現金準備不及不得已暫停兌現復經先後收回截燬之數計一百二十九萬六千元六年九月以四川軍事戒嚴需餉孔亟續印一百二十九萬六千元補足截燬之數仍符原編三百萬之額隨時行用以充軍政之需惟因久停兌現發額之多遂致劵價日跌當局乃籌議開兌方法初以官產變價及隨糧附加稅等項撥充兌劵基金嗣以各款一時難集議由各縣紳商集款借用一百萬餘元以七年糧稅抵借實銀交行專款存儲實力準備兌現將來以收

入糧稅。撥還紳民。再由附稅等項。撥還正副各稅。已於六年冬間開兌。此濬川源銀行。券。停兌。及開兌之大略也。

第二十二章　安徽省銀行

安徽於前清光緒三十二年。巡撫誠勳以北洋已設兌換局。江南、江西等省亦已次第開設官錢局。行使官錢票。流通銅元。皖省應行仿辦。援照南北洋江西兩湖等省成案試辦。名曰裕皖官錢局。一面刷印精細錢條。與銅元相輔行使。凡錢糧釐金關稅一切公款。均准搭放。由司庫籌撥銀十萬兩。作爲開辦經費。設總局於省城。信用昭著。經收各處存款。爲數達三十萬元。旋於蕪湖、正陽、亳縣、懷遠、六安、臨淮、各處。次第設立分局。共計發行銀元紙幣四十餘萬元。銅元紙幣三十萬串。辛亥政體改革。金融恐慌。商民紛紛請求兌現。當卽如數收回。此裕皖官錢局開設及停止之大略也。民國成立。組織中華銀行。資本五十萬元。本行設於省城懷寧縣。分行設於上海、蕪湖、大通、臨淮、宣城、樅陽、運漕、鎭江、亳縣、屯溪、等處。發行鈔票。均係銀元。預定發行額三十萬元。旋復增發。贛寧之役。行款提用一空。民國二年六月。卽經停閉。其紙幣散在市面者。有三十餘萬元之多事定以後該行淸理款項以公家欠款甚鉅呈請設法代兌又以皖省市面現幣無多擬改組皖銀行酌發紙幣收回前中華銀行之舊幣久無成議又擬發行地方公債收回亦不成事實旋經安徽財政廳籌撥現款交由安徽中國銀行分期兌付此中華銀行開設及停止之大略也自此兩行先後收歇以後迄今皖省並未設有地方銀行云

第二十三章　新疆省銀行

新疆自設行省以來於前淸光緒三十三年在伊犁新疆兩處開設官錢局不招商股專以公家官票作爲市面流通既無準備金額亦無保證物件其性質與營業迥不相侔宣統三年曾經藩司撥款開設興殖銀行開辦數月公家虧累甚鉅卽行停止至該省所行之紙幣在新疆官錢局發行者其發行之權在前淸時代屬於藩司民國成立則用財政司名義行之各府廳州縣地方多設有官錢分局隨處可以兌現若伊犁官錢局所發紙幣則由將軍主持民國成立則屬於伊犁鎭邊使主持各屬並無伊犁官錢分局其紙幣僅通行於一府兩縣之間不能流通各屬在前淸時代已然民國初元

新伊尚未統一。加之各省協餉不濟。臨時費用尤多。其伊犁以及阿爾台、塔爾巴哈台等處所發紙幣。幾達一千萬之多。因之的款無存。匯兌爲之一塞。而商民皆以官票買俄盧布。以資匯兌。而幣價遂日益低落。至新疆官錢局所發紙幣。本屬無多。繼因阿爾泰及察罕通古前敵戒嚴。復行增發。及新伊實行統一。挪墊伊犁虧款。及收回伊帖。加製頗多。計今發行之額。亦有七百餘萬兩云。

第二十四章　熱河地方銀行

初熱河區域。當前清光緒季年。都統廷杰奏辦熱河官銀錢號。即於光緒三十二年十月十八日開幕。由公款項內先後撥資本銀。計共十萬零零四百五十五兩二錢四分。除總號外。設分號於赤峯。又於烏丹城、林西、各設兌換所一處。旋以林西不能支持。歸併於熱河總號。民國五年十二月、又於平泉縣添設分號。歷年所獲盈利。計自開辦起至民國元年、止。共銀二萬二千八百二十一兩三錢四分。照章作爲十成。提公積一成。其餘九成。仍作爲十成。再提紅利及歷年經費共三成。此外全數解交前熱河財政局。至民國二年底。資本總額凡十四萬六千六百四十九元有奇。庫存現銀及他銀行鈔票。共二萬四千七百七十五元有奇。放款共三十萬零三千三百九十八元有奇。存款十五萬八千一百九十一元有奇。歷年盈餘三萬三千三百十五元有奇。公積四千一百六十元有奇。近年以來。各項營業頗爲發展。民國六年。仿照奉天及察哈爾興業銀行成案。改組地方銀行。資本總額。定爲二百萬元。先就官銀號暨銀號提撥熱河公益錢局各原有資本。及該錢局商股餘利。並續招商股等。共籌集基金四十萬元。名爲熱河興業銀行。一面另招商股以足二百萬元爲度。業經修正章程呈請財政部核准備案。此該號之原委及現狀也。其發行紙幣。當前淸時。都統廷杰以熱河地面自庚子以來。圜法腐敗。官錢缺少。銀價奇昂。百物亦異常騰貴。推原其故。一由於口外銀價昂於內地。各商進口置貨。不以銀易錢。而錢之去路多。一由於歷年禁運糧食不能出境。而銀之來路少。銀錢兩荒。私錢乘虛而入。以致銀價物價。相率奇昂。市面遂大受影響。今欲整頓圜法。惟有嚴禁私錢。欲禁私錢。惟有多備銅幣。曾於求治局礦稅各款騰挪湊撥。赴津購運銅幣千五百餘萬枚。發商行使。私錢因不禁而自絕。但在津以銀易銅。兼之幣重路遙。運費繁鉅。不勝虧折。惟有銅幣與紙幣幷行。現銀與銀帖互用。方足以濟一時之窮。而行諸久遠。因就求治局原存荒價礦課銀四萬餘兩。又由稅捐項下撥銀數千兩。湊足庫平銀五萬兩。以爲準備。照天津奉天官銀號辦法。開發銀錢洋三項紙幣。計自前清開局。至民國元年十一月止。共發行銀兩票銀元票銅錢票三種紙幣。約合銀洋五萬餘元。發額無多。信用鞏固。此該號發行紙幣之情形也。

中華銀行史

第六編 一般商業銀行

一般商業銀行爲多行制所以補助中央銀行而爲其後援者也各國制度既有中央銀行以握其樞機卽有一般商業銀行以資其挹注其營業範圍悉按銀行通例所規定專注重於商業之周轉使商務因之益臻發達其裨益於國家之富強甚大我國銀行事業雖創始於有淸季年而其初已有類似者存焉曰銀號曰鑪房曰錢局曰票莊等亦皆操金融之權惟其所營事業僅爲近世銀行業之一端迨銀行通行則例頒布以來凡以銀行名稱新設金融機關及廢止舊日名稱改稱銀行者踵相接其資本小者數千金大者亦動擁數百萬具左右一方經濟之能力其營業之盛大儼有與國家銀行相馳驅之勢故其盈虛消長皆與一般公衆利益有重大關係邇來因商業之進步遂使銀行事業之有益爲一般社會所公認是以此項銀行之設更方興未艾但未能悉數備舉故茲編祇就各私立銀行而述其大概焉

第一章　浙江興業銀行

浙江興業銀行爲股分有限公司。創於前清光緒三十四年。遵照前清農工商部核准成案營業年限以五十年爲期。股本總額銀一百萬元。每股銀一百元。都爲一萬股。原設總行於杭州。設分行於上海、漢口等處。民國之初在北京添設匯兌處。旋移總行於上海。於總行內設總辦事處。設董事七人。監察人二人。於董事中選出總董事一人。常駐總辦事處。執行本銀行各種事務。其對外行爲。卽以董事長代表之。改杭州總行爲支行。並於北京、天津等處。換添分行。四年八月、修改章程。呈請財政部核准。其營業之範圍。述之如下。（據該銀行章程第二條）

一、各種存款

二、各種放款

三、各種匯兌

四、各種貼現

五、買賣有價證券及現金銀

六　與國家銀行及官商各銀行訂立特約事件

七　代客收解款項及經理各種有價證券

八　保管證券票據及貴重品

民國六年復於原有各種存款以外增收特種存款兩種

一、儲蓄存款　每戶自一元起每月不得過二百元隨時可以支取

二、囑託存款　內分爲四(甲)修學預備儲金(乙)學資儲金(丙)婚姻預備儲金(丁)養老儲金均躉存零取或零存躉取

此浙江興業銀行組織及營業之大概情形也至其發行鈔票依前清開業以來之習慣印行鈔票一百萬元內派定滬行十五萬元杭州分行五十八萬六千五百元漢口分行二十六萬三千五百元據民國三年度之調查除已封存之外其實在流通於市面者總分行合計不過三十餘萬元頗著信用準備尙稱充裕但爲將來統一紙幣之計亦祗有取收縮主義責令將鈔票逐漸收回之一法惟該行爲完全商業銀行股東生命財產之所寄平時董事會之糾察尙嚴自經皖贛戰事以後營業益力圖改良漸

趨於穩健之地位至民國四年改與中國銀行訂立特約收回前所發之紙幣須用中國銀行兌換券代爲發行其兌換券總額定爲三百萬元特約有效期間定爲四十二年今據該行第十屆報告所有前所發行之舊券業已陸續收回舊券計共九十四萬九千五百元內有八十萬元業經會同中國銀行陸續銷燬其未經收回之舊鈔尚有五萬零五百元亦於六年申明定期截止查該行自領用中國銀行兌換券以來首於上海發行繼在天津、杭州、漢口三埠發行結至民國五年十二月底止滬行計領用八十萬元杭行三十萬元漢行五十萬元津行三十萬元合計共發行中國銀行券一百九十萬元其準備數額除繳存中國銀行現金準備九十五萬元保證準備四十七萬五千元外並自儲兌換之現金準備亦有四十七萬五千元合計各項準備與發行額相等觀於比年以來時局不靖銀行界疊起波瀾而該行累遭變亂處之泰然且能協同中交兩行維持市面是可以覘其信用矣

附錄浙江興業銀行財產目錄　五年第十屆結帳

未收股本　二五〇〇〇〇〇元

現款	一四四四〇七五四一
存放銀行錢莊款	一八六〇二〇七九〇
準備金	一九〇〇〇〇〇〇〇
押款	一〇一三八一九〇九
往來透支	五五三五三五八〇
信用放款	一一六六八五八三一
貼現	八九四四四四
過期放款	九八八〇二一六
有價證券	四二一三八九七一
買賣貨幣	一三七三四〇三
外國貨幣	一三七六七五二五
房地產及器具	四二一一六六〇一
沒收抵押品	二二二七〇三七

押租	一五四一八三
暫核利息	六〇二四九
合計	九三一四六二二八〇

第二章　四明銀行

四明銀行爲浙江李雲書等於前淸光緒三十四年集股創設係有限股分公司資本銀七十五萬兩折合銀元一百零一萬三千五百元總行設於上海分行設於寧波具商業儲蓄銀行性質其營業範圍依照普通銀行辦法茲舉其常營之業如下

一、各種往來存款　活期往來存銀者、年息三釐存洋者、年息二釐定期存銀者、一年以上年息六釐六月五釐存洋者、一年以上年息五釐六月四釐

二、發行期票

三、辦理存儲滙兌等事

此其大略也至其發行紙幣當前淸開業之際已有發行至今尚未收回依民國三年之調査共計十元票四萬張五元票十萬張二元票十萬張一元票十萬張當時流通

市面者計十元票二千五百張計洋二萬五千元五元票一萬七千張計洋八萬五千元二元票七千張計洋一萬四千元一元票六萬六千張計洋六萬六千元合計洋十九萬元其存庫者尚有十元票二萬七千五百張五元票三萬三千張二元票四萬三千張一元票四千張現處紙幣取締法施行以後限制發行藉收統一之效云

第三章　聚興誠銀行

聚興誠銀行爲股分兩合公司總行設於四川重慶更次第添設分行於上海、天津、漢口、北京、成都、萬縣、沙市、宜昌、潼川、緜陽、自流井、哈爾濱、長春等處資本金額一百萬元分一千股每股銀元一百元由無限責任股東擔任五百股名曰無限股其餘五百股先由無限責任股東全數認購陸續轉售其無限責任股東爲楊依仁楊培賢等十一人皆係楊姓一家考其設立之趣旨因楊家世業聚興誠商號經營疋頭棉花雜貨各業至於銀錢匯兌亦有時兼營惟以商號名義作匯兌事業滋多窒礙故擬另設一商業銀行卽以聚興誠爲名藉保信用其營業以匯兌爲主至於資本及商業主體均與聚興誠商號各別獨立不相牽混先由楊家弟兄分擔股份一半共負無限責任以固

根基此外一半則另募有限責任股東以資推廣此該行命名及設定股分兩合組織之初意也民國四年開始營業其營業之種類如左

(一)經理匯兌及發行各種票據（但不得發行兌換券）

(二)國庫證券商業確實期票及匯票之貼現或買入

(三)短期折息

(四)買賣生金銀及買賣貨幣金屬

(五)經收各種存款并代人保存證券票據及一切貴重物件

(六)買賣公債票及工商債票并代各團體或素有交易之公司商號個人收付劃撥一切款項

(七)以確實之有價證券及動產作抵押而爲定期或活期之放款及往來欠款

(八)與國家銀行或行政機關及官商各銀行公司訂立特約經理公債或股票公司債及其他一切事件

(九)其他商業銀行一切營業

第四章　中孚銀行

中孚銀行爲股分有限公司。係通惠實業公司總裁孫多森氏所發起。資本總額銀幣二百萬元。分爲二千股。每股一千元。其股票分一股十股兩種。內一千五百股爲記名式。五百股爲無記名式。收足股本半額。即經開業。設總管理處於北京。設總行於上海。更於天津各處設立分行。民國四年。即經籌辦。旋以天津一埠。地居南北要衝。復爲商業繁盛區域。便利較多。且總行爲事務集中之地。董事會及總管理處。或爲決疑定策之機關。或負指揮監督之責任。與總行實息息相通。合則事皆銜接。有裨進行。分則跡近駢枝。易生隔閡。是總管理處之地。必宜與總行同處一方。故復將總管理處及總行并設天津。而上海、北京、漢口。則設立分行。其南京、下關、鎮江、無錫、蘇州、揚州、清江浦、徐州、蚌埠、杭州、寧波、紹興、香港、廣東各地。皆有代理通匯處。該行營業之範圍。大概如左。

(一)國內匯兌及押匯

(二)國外匯兌及押匯

(三)抵押放款及有確實進益之指項放款

(四)經理存款保存貴物

(五)貼現

(六)代募各項債票

(七)貨幣交換

(八)買賣生金銀

此外尚有商業銀行一切之業務。并兼營儲蓄云。

第五章　蔚豐商業銀行

蔚豐商業銀行係蔚豐厚票莊所改組。純粹商股商辦。向注重於西北匯兌業務。自前清道光年間開業以來。已歷六十餘載。通商大埠。均有該莊之分號。資本已達一百萬元。往來存款活款。隨時亦有百數十萬元。在商界久著信用。民國五年。以時局更新。改組商業銀行。資本總額定爲三百萬元。就蔚豐厚票莊原有之基本金。擔任三分之一。添招新股三分之二。按照股分有限公司之辦法。經營商業銀行一切之業務。招足新股一半。卽行開業。查該行籌設之始。卽有積極財產(資產)計動產十萬元不動產二十四萬七千元現金七十二萬一千餘元有價證券五萬六千餘元債權九十一萬一千餘元共計二百零三萬五千餘元消極財產(負債)股本一百一十五萬九千元定期存款四十二萬八千餘元活期存款四十一萬六千餘元共計二百萬零零四千餘元兩項相抵計盈餘三萬一千餘元開辦費既不必另籌資本金已早達成數此該行成立之易也且從前北京天津、上海、漢口、長沙、平遙、成都、重慶、西安、三原、蘭州、涼州、寧夏、迪化、綏遠等處原有該票莊之分號成立之始即擇中央所在地之北京舊號爲總行其天津等十四處之分號即改爲分行行基均有根據事業略事更張此該行推廣之易也其營業範圍即就原營匯兌存款專業以外而益以商業銀行之一切業務更擴而大之如(一)匯兌抵押各款(二)經營各種定期存款及活期存款(三)各種期票貼現(四)買賣生金銀(五)代收款項各業一一加以改良求合乎商業銀行之新制信用久已昭著顧客易於招徠此該行成效之易也故自民國五年五月重新開幕以後計今甫屆兩年而分行之增設者復有數處此外如太原、太谷、祁縣、介休、汾陽、文水、河東、曲沃、大同、張家口、平涼、秦州、西寧、河州、肅州、伊犁、古城、塔城、阿爾泰、常德、湘潭、鄉、陰、南昌、贛州、南京、蘇州、揚州、蕪湖、安慶、開封、鄭州、周家口、各地均有代理匯兌處之設立云。

第六章　金星銀行

金星銀行為股份有限公司，係盧信等發起。總行設於上海。更設分行於北京等處。資本金額上海通用銀元五百萬元。分為五萬股。每股一百元。第一期先交五十元。於民國五年十月間擬具創辦合同及行本章程。并招股簡章。呈請財政部核准註冊。其營業之範圍如左。

(一)經收各種存款。并代人保存證券票據及其他一切貴重物件。

(二)辦理國內外匯兌貨物押匯。及發行各種期票匯兌票存款票。(但不得涉於取締紙幣條例之規定)

(三)各種期票之買入或賣出。

(四)買賣生金生銀及各國貨幣。但不得為投機事業。

(五)為定期或活期之放款。

（六）代各銀行商號收存各種票據之款項。
（七）買賣或抵押中央政府或地方政府之公債證券。
辦理）
（八）其他商業銀行應有之營業。

第七章　通惠銀行

通惠銀行爲通惠銀號之改稱。民國之初。先在上海設立。數年以來。營業增進。民國六年始改今名。股本一百萬元。先收四分之一。呈請財政部批准註册於六年十一月開幕。係商業銀行性質。民國七年。董事虞和德等爲發展營業起見。復在北京開設分行。於七年七月開幕。其章程之內容如左。

一　本行爲股分有限公司。定名曰通惠商業銀行股分有限公司。
二　本行設總行於上海。設分行於北京。其他各都會商埠。得經董事會之議決增設分行、支號。或與商號訂代理約契。但須經財政部核准。
三　本行股本一百萬元。分爲一千股。每股一千元。

四　本行存立年限三十年。股票概用記名式。股東以中國人民爲限。

五　本行按照股本總額先收四分之一之股金。即二十五萬元。經財政部驗款註册。開始營業。其未交足之股本。應視營業之狀況分別續收。

六　本行營業科目如左。

一　往來存款。
二　定期存款。
三　貼現放款。
四　抵押放款。
五　根單押匯。
六　有價證券之買賣。
七　生金銀之買賣。
八　各種匯兌。
九　貴重物品之保管。

十　代理收款及有價證券之買賣。

七　本行設董事三人以上組織董事會監察人二人任期定爲一年期滿改選續當選者得連任之。

八　本行設總經理一人由董事會聘任其他行員由總經理選充但選用分行號經理時須得董事會之同意。

九　本行股東會分爲經常臨時兩種經常會每年一次於一月前通知議決一切行務臨時會由董事會認爲必要時召集之有股分總數十分之一以上之股東得聲明會議之目的請求開臨時會董事會應立召集。

股東會股東有事故時得託他股東代理。

股東會之會員每一股有一議決權十股以上每二股有一議決權百股以上每五股有一議決權。

十　本行倘因營業上之損失致資本減少半數應由董事會召集臨時股東會議決

增加資本或停止營業。

十一　本行股東紅利、行員獎金、及公積金數目俱由董事會議決。但公積金較諸純益不得少於十分之一以上。

十二　本行每半年結帳一次。每一年總結一次。應造營業報告書、資產負債表、及損益表。由監查員查核簽字。除通知股東外。照章應一面登報一面造册送財政部

十三　本章程經股東會議決。呈請財政部核准實行。如有修正之處亦應照此辦理。

第八章　中國通商銀行

中國通商銀行係前清光緒二十三年、由盛宣懷合股創辦。仿照滙豐銀行章程。并入外國銀行公會。聘請洋人美得倫爲經理。謝綸輝爲華經理。盛宣懷王惟善爲正副總董。由盛宣懷向度支部借存銀一百萬兩。嗣部令道庫撥銀一百萬兩。原議定每年歸還二十萬兩。於光緒二十八年掃數提清。現在並無絲毫官股。該行設於上海。只有租界一行。內地並無營業。開幕之始。曾發鈔票一百萬元。後因僞造甚多。於前清光緒三十年收回重換。續發五十萬元。共發鈔票一百五十萬元。以後並無續發。其鈔票共分

三種有五元者有十元者有五十元者光緒三十年發出卽西歷一千九百零五年二月十六日於鈔票上均刋有此種時日惟西歷刋於票面而華歷則刋於票背也發行鈔票之簽名者爲英人二人一爲已故前任該行洋經理美得倫 (A. M. Maitland) 一爲現任洋經理卽前總會計馬歇爾 (H. B. Marshall) 也按該行鈔票正面英文原爲 The Imperial Bank of China 譯卽帝國銀行之意國體變更以後其 Imperial 字已用藍色墨線兩條抹去另於該英字之下印以 Commercial 藍色英字譯卽商業的之意是所謂中國通商銀行者而於修正之英字爲相符而於原英文則相異耳然此種鈔票未蓋通商字樣者尚多而行用地域亦十之八九在於租界以內耳

按中國通商銀行適用外國之法律其經理亦有外人并得入外國銀行公會固有似乎外國銀行之性質然其資本純係中國人實隸於中華銀行之範圍且其創立在前清季年當我國各種銀行未辦之先爲我國私立銀行之鼻祖故附於私立銀行編之後云

第七編　外國銀行及中外合股銀行

第一章　麥加利銀行　(Chartered Bank of India, Australia and China)

麥加利銀行爲英人所創設香港稱渣打銀行其所以名麥加利者因其上海分行第一任總理爲麥加利也在中國開設六十餘年爲中國外國銀行中之鼻祖總行設於倫敦分行之在我國者有上海、北京、漢口、天津、福州五處代理處則有廈門、芝罘、汕頭、威海衞、膠州五處其在外國者則有十餘所如紐約、孟買、卑南、新加坡、馬尼拉等處是也資本金一千二百萬磅準備金一百二十萬磅爲有限股分公司之組織一千八百五十三年英皇發布勅令允准設立其目的在利濟英人之在澳州印度中國等處之經營商業者故其業務以放款存款匯兌爲主爲純粹商業銀行之性質但其在中國營業之規模較爲狹小其開設之初係專爲鴉片棉花等經營以備兩種商人匯兌貼現等事其生意四分在印度在中國不過一分耳所有中國與印度匯兌、貼現、買賣生金銀皆屬該行代理。自中國禁煙以後。該行損失甚鉅。然該行在中國設立最先。根基已固。信用亦優。為外國銀行之領袖。故上海匯兌之率。及先令時價。幾皆取決於該行。所出兌換券。皆在香港及中國市場發行。印度則無之。前年以前。經理中國克魯士卜借款。獲利不貲。從此遂兼有政治上之性質。

第二章　匯豐銀行　(Hongkong & Shanghai Banking Corporation)

匯豐銀行原名香港上海銀行。於一千八百八十一年、由英商怡和仁記等洋行招募華商在香港開設者。是時華洋商股各半。後因華商股分陸續讓與洋商。故至今該行董事一席。竟無華人。總行即設香港。分行設於上海、天津、漢口、北京、廈門、福州、六處。代理處則有芝罘、牛莊、汕頭、廣州、鎮江、膠州、威海衛等處。其在外國者。如倫敦、暹羅、孟買、德國、神戶、長崎、法國、呂宋、橫濱、等埠。亦有分行。資本金一千五百萬元。公積金三千三百萬。竟倍過其資本之額。其初設立之目的。原在謀金融之流通。為香港及其他屬地貿易之機關。經營普通商業銀行之業務。然與保險公司及汽船公司。皆有密切關係。乃近於殖業銀行之性質。又關於外國匯兌。如中國賠款年金之輸送。又近於匯業銀行之性質且投資於我國路礦各業發行兌換券流通於我國內地其用意可知。查發行兌換券之額達至二千四百餘萬元。準備金一千六百萬元。存在香港國庫。此項兌換券多流通於香港上海兩處。前稅務司赫德氏是大股東之一。從前之小借款多由其經理。是以獲利甚厚。後又與怡和洋行合設中英銀公司。專經理中國鐵路借款之事。如滬寧、廣九、滬杭甬、津浦、湖廣、浦信等鐵路。所以與怡和洋行合辦者。乃鐵路收付款項由銀行經手。購置材料則由洋行經理。以上通車之路。所有進款須先付存匯豐。俟進款敷付五釐借息外。如有盈餘。轉付交通銀行。是以每年所獲之利。竟有三分之五六。英國商務甲於全球。前十年在中國之商務。占百分之五十而有餘者。其權殆操諸該銀行之手。故除東三省內外蒙古市場外。別種之外國銀行均無敢與抗者。近因德、美、日、法各國各相競爭。故該銀行之事業。亦逐漸推廣而至於南洋羣島、印度、日本、歐美各國。該銀行生意所到之處。政府勢力亦隨之而行。觀該行經過種種之風潮而安然無恙者。概可知也。故其股票價格日益騰貴。每股原價一百二十元。今增至賣價九百四五十元。今又於上海分行附設儲蓄一門。以便該國僑商之積貯。此其大略也。

第三章　東方匯理銀行　(Banque de l'Indo-Chine)

東方匯理銀行係法人所設創於一千八百七十五年資本金四千八百萬佛郎公積金四千五百萬佛郎普通貯金五百四十四萬四千三百八十八佛郎特別貯金四千萬佛郎總行設於巴黎自安南歸其保護後則開設總機關於東京西貢隨復推廣至暹羅盤谷新加坡海防河內旋設分行於香港上海漢口天津北京廣州各處幷代理處於芝罘商埠然其業務多在安南香港上海三處而尤以安南占其多大之部分故雖有發行兌換劵亦皆在於安南各埠通行香港及中國各市場則無之自河口至蒙自雲南鐵路開通以後其兌換劵之勢力竟達於中國南部雲南各地且比年以來延攬借款造路種種之利權於五國銀行團中亦占有勢力至該行經營存款事業甚爲發達其定期存款利率分爲三種(一)十二個月年息四釐(二)六個月年息三釐半(三)三個月年息二釐半上海分行專辦存貯匯兌抵貨押款活期存款及定期存款云。

第四章　俄亞銀行　(Russo-Asiatic Bank)

俄亞銀行初名華俄道勝銀行係俄人創設總行在俄都聖彼得堡。繳納資本金三千五百萬盧布。公積金一千一百六十六萬六千六百六十六盧布。準備金五百三十三萬八千四百八十盧布。我國政府前投資金庫平銀五百萬兩。其分行之在我國者有北京、上海、天津、漢口、牛莊、庫倫、哈爾濱、吉林等八處。且於福州、廈門、芝罘、廣州、鎮江、汕頭等處設立代理處。其在外國者亦有十餘處。如桑港、莫斯科、巴黎等是也。當一千八百九十六年。卽前清光緒二十二年。與該行訂立入股契約。其條款如左。

一中國政府以庫平銀五百萬兩與華俄道勝銀行夥做生意卽自給付該銀行此款之日起所有賠賺照股攤認

二每年於俄歷一月一日該銀行結算大帳時應將中國之股本與該銀行之股本比較核準至年底凡中國政府所有賠賺之款卽照此準則仍以庫平銀核計

三照該銀行章程每年所賺利息先提出若干分作爲各總辦之花紅於提出花紅之後所餘利息中國政府與該銀行按股攤分惟所分之利各應提出一成作爲公積金並核計成本如所剩餘利過於六釐則於股息六釐之外將所剩餘銀提出二成

作爲辦事各人酬勞若生意賠累中國應認賠之款先由其公積提出彌補

四該銀行月總年總由股東總會核准後卽送由該銀行駐華之經手人隨時呈交中國所派之東省鐵路總辦查核轉呈

五若該銀行因事收歇或因生意賠累收歇應核明中國政府股本折耗若干外其餘本銀應仍照數歸還

此中俄創辦該行合約之大略也推俄人創設該行之趣旨要不過乘中日戰爭之後以對華貿易爲政策欲藉是以壟斷我國北部之商業觀其一千八百九十六年所布本行之條例可以知其目的之所在矣茲撮舉其第十四章列舉在本國及東亞營業項目第十項如下

(一)於清國諸稅之領取

(二)地方國庫有關係之事務

(三)受清國政府許可有貨幣鑄造權

(四)代理中國政府募集公債及支付利息等

（五）中國鐵道及電話之布設及其讓與取得事

由是以觀其營業範圍之擴張實越乎尋常銀行以外至一千九百十年卽前清宣統二年經各股東會議與大北銀行合併改名爲俄亞銀行其與中國原訂合同亦未修改至其營業之實況東三省幾爲其勢力範圍租借旅順口岸經營東清鐵路其資本之宏大可稱爲在華外國銀行之巨擘當日俄戰役以後華人三次抵制損失頗鉅雖經種種之困難其商業亦未見退步自內外蒙古、新疆、東三省、哈爾濱北部沿鐵道一帶之商業皆在其掌握之中實有排斥他國經營之勢卽由上海以達漢口各地商業亦極發達蓋俄國所需之茶皆由揚子江運輸而出爲該銀行代理此外如火災保險等事路鑛開築特權亦續續實行是名雖銀行實則足以經營百般事業之一有限股分公司也至其發行紙幣亦流通於北部各地一千九百十三年、曾製出一種專行中國之金幣流通於新疆各處其紙幣形式兼用漢滿蒙回文字有新疆票、伊犂票、塔城票、哈什票諸名稱此其大略也

第五章　華比銀行　(Banque Belge Pour L'Etranger)

華比銀行爲比國人 King Leopold 所創辦一千九百零三年開始營業資本金額三千萬佛郎公積金二千萬法郎總行設於比京分行設於倫敦、恩華德、巴黎、里昂、馬耳塞、漢堡、埃及各處其在我國之分行其初祇有上海天津兩處近又在北京創設分行其宗旨蓋在於借款係按股分有限公司組織其重要之營業大略如下

一　辦理匯兌存款等事

二　兼辦比法特別匯款

三　活期往來統以兩算定期者照例

此係該本行設立營業之原有制定也然其對華貿易之目的專在於鐵路之經營中國借比款以築蘆漢鐵路皆係該行經理後美國獲得粵漢鐵路之權利因難以招股將權利讓與比人亦歸該銀行經理其後中國再借比款以贖蘆漢以鐵路作保該銀行獲利甚多云

第六章　花旗銀行　(International Banking Corporation)

花旗銀行爲美國人所創設係有限股份公司之組織一千九百零一年、始行開幕總

行設於美京紐約資本現額五千二百五十萬元當時歸併飛律賓羣島已擴張其勢力於亞東故先於飛律賓香港各處分設支行以蘄攫得商務之權利維時飛律賓香港兩地營業最爲暢旺十年以前美商獲得粤漢鐵路之建築權始設分行於上海近年長江一帶貿易尤形暢旺且於中國南北兩地亦有勢力其鈔票之發行可流通於我國內地故於北京、廈門、芝罘等處又有分行及代理處之添設其外國等處亦有十餘所其經營業務爲辦理貯蓄匯兌等事所有商界及旅客之匯函支票皆通行美國及世界各地並承接活期及定期存款悉照普通銀行條例辦理美國輸入中國之貨以洋油洋布爲大宗雙方之匯兌貼現期票等事皆爲該銀行一家經理粤川漢鐵路借款該銀行占有一分獲利頗多昨年奉美國新總統之命退出六國銀行團坐失利權頗形觖望。

第七章　橫濱正金銀行 (The Yokohama Specie Bank, Limited)

橫濱正金銀行爲股分有限公司係日本人所創辦總行設於日本橫濱分行及經理處之在我國者有上海、天津、漢口、芝罘、北京、牛莊、大連、旅順、鐵嶺、長春各處其廈門、福州、威海衛、膠州、各地。則有經理機關。日本內地如東京、大坂、神戶、長崎、等處。亦有分行。此外如桑港、紐約、等處亦有分行。資本日金四千八百萬元。公積金一千八百二十萬元。已繳資金三千萬元。於一千八百九十年成立。其上海分行規例。凡活期往來二百元以上者。按日利息二釐。定期存款。利息另定。其匯劃地點。以日本、朝鮮、台灣、歐洲、印度、及我國各處大商埠爲限。按該行爲日本中村道太所發起。其主旨本在於對外匯兌貼現期票而已。自中日戰後。則轉其方針。而注全神於中國。是時日本在中國之商務。已漸有起色。自日俄戰後。勢力更爲澎漲。益肆其營業於東三省方面。查其分行增設於東三省哈爾濱之南者。竟有九處之多。其在中國他處者。不過四五處而已。其操縱東省金融之權。雖道勝銀行。亦不能與爭勢力也。近年該行紙幣。尤猖獗於我國內地。而亦於東三省各地爲甚。考其原因。固有種種。(一)大連一埠。經其全力經營提倡使各商家往來交易。均以鈔票爲本位。現在大連商業。日新月異。鈔票需要額。遂有蒸蒸日上之勢。(二)此項鈔票。匯往東三省各埠。無論額數多少。不取匯費。在該行收入鈔票付出鈔票。內容毫無損失。而自商民視之。終覺其便利省費。凡有三省匯兌咸視該行鈔票爲需要品(三)鈔票行市雖由該行自定亦隨滬上電匯行市爲漲落東省封河以後上海電匯行市落鈔票亦落開河以後上海行市漲鈔票亦漲商民俟價落時以小洋購買鈔票價漲時又以鈔票換回小洋此數日間鈔票一元可得盈餘小洋一角餘鈔票未換小洋以前又能存放銀行取利較尋常信用放款尤爲穩妥奉吉兩省商人且有預定鈔票空盤彼此倒把圖利者而該行鈔票遂爲市上之買賣品(四)大連海關稅歸大連分號與正金銀行各半徵收山海關稅全歸正金銀行收存該行征收關税時均須以鈔票完納不用他行紙幣大可爲該行鈔票增長之勢力(五)東三省錢票官帖發行日多價格日落均不能如數兌現且僞幣雜出無從辨認故雖有熱心愛國之商人亦逼而使用正金鈔票故該行鈔票遂盛行於市上(六)武昌起義以後清行停止營業兩年之內收回原發東三省通用券至八百餘萬之多供不應求該行鈔票遂乘隙而入故發行之額爲之驟增(七)中交停兌以後金融恐慌幣價日漸低落而正金鈔票遂逐漸擴張流暢於京滬各地

統觀以上日本横濱正金銀行在華之勢力實有足以驚人者然考其設立之初資金

不過六百萬圓而迄於今日竟發達如是抑又何耶茲將橫濱正金銀行原訂條例附譯如左。

第一條　橫濱正金銀行爲股份有限公司股東負擔之責任以交足股銀爲止。

第二條　橫濱正金銀行設總行於橫濱又於內外國貿易上必要地方設分行出張所並得與他銀行訂約通融但設立或撤廢分行出張所及與他銀行訂約或廢約等事均須將詳細事宜呈報大藏省經批准後方可舉辦。

第三條　橫濱正金銀行之營業年限自開業之日卽明治十三年二月二十八日算起限二十年爲滿但股東總會決議續辦可請延期。

第四條　橫濱正金銀行之資本定六百萬元每股一百元但股東總會議決經批准後可以增減。

第五條　橫濱正金銀行之股票不准賣買讓與外國人。

第六條　橫濱正金銀行之股票爲記名式照定款可以買賣轉讓。

第七條　橫濱正金銀行之營業如左。

一　外國爲替及荷爲替。
二　國內爲替及荷爲替。
三　出借款項。
四　各種存款及保護存款。
五　割引手形及其他各種證券。
六　交換貨幣。
第八條　橫濱正金銀行。察看營業上情形。可以買賣公債證券生金銀及外國貨幣。
第九條　政府察看情形。得命橫濱正金銀行經理關於外國之公債及官款等事。
第十條　橫濱正金銀行。除前三條所載營業外。不得營理。
第十一條　橫濱正金銀行。除左開各項外不得買受不動產股票等物。
一　銀行營業所必需之地所房屋。
二　爲清結借款由負債者賣讓。
三　係借款之抵當而裁判上付公賣者。

第十二條　橫濱正金銀行不得以本行之股票爲抵當或買回本行股票。但負債者遲滯不還。舍此無相當之抵當或無歸還之方法者。不在此限。

第十三條　照第十一條第二項。及第十一條之情形所購不動產股票及其他物件。於十個月以內。必須賣却。但賣價若認爲不當。須將其事實呈報大藏省。請展延期限。

第十四條　橫濱正金銀行。須豫備相當各種存款四分之一以上之款項。以便隨時支給。

第十五條　橫濱正金銀行。設管理員五人以上。任期定爲一年。股東總會隨時定其人數。由五十股以上之股東內選出。請大藏省認可。滿任後復選。仍照此辦法。

第十六條　總理係由管理員推選。亦須請大藏省認可。但大藏省認爲必要。得特派日本銀行副總裁兼充橫濱正金銀行總理。或派橫濱正金銀行總理。兼充日本銀行理事。

察看銀行事務之情形。由管理員另行推選副總理一人。總理遇有事故。副總理代之。

總理管理員之職權及責任。定款內須詳細載明。

第十七條　橫濱正金銀行。每年開定期股東總會兩次。須決議定款所規定各項事件。

爲議臨時事件。則不論何時。得開臨時總會。

自會期前六十日。入有股分者。方得列入股東總會。

第十八條　每半季分配利息。須預定其成分。呈報大藏省。經批准。後方可照辦。

第十九條　每半季須由淨利項內。提出十分之一以上。以備左開各項之用。

一　補資本虧折。

二　補分配不足。

第二十條　借款歸還期限已逾。而認爲到底不能歸還。只得算入損失者。須照數預備款項。以便彌補。

第二十一條　橫濱正金銀行。營業上若虧折至資本金半數以上。或有違犯本條例之行爲大藏省認爲必要者。得命其停辦或解散。若由股東總會議決。經政府批准。隨時可以解散。但此總會。須有股東總數二分之一以上。而相當股分總數二分之一以上之股東列會。且須經決議權三分之二以上贊成。方可議決。

第二十二條　橫濱正金銀行。若有違背條例定款。或大藏省認爲不合法者。得命其停止或改選管理人員。

第二十三條　大藏省特派監理官。監視橫濱正金銀行一切事務。

第二十四條　橫濱正金銀行須遵守大藏省之命。隨時將營業上計算一切詳細報告。

第二十五條　橫濱正金銀行。所有總行分行及出張所之緊要文書上。均須捺蓋該總行分行及出張所圖章。但用橫行文字者。無須蓋印。

第二十六條　橫濱正金銀行。自明治二十七年七月十日起。應遵照本條例。以股東總會議決。另編定款。請大藏省批准。若更改增補定款。亦須照本條例辦法。

第二十七條　橫濱正金銀行總理、管理員、其他職員。若有違犯本條例者。有五圓以上五十圓以下罰金處分。

第二十八條　若更改本條例須於前三個月先行布告後方可。

第八章　臺灣銀行　(The Bank of Taiwan, Limited)

臺灣銀行爲日本人所創設係官商合辦之有限股分公司中日議和以後日人亟欲擴張臺灣之事業遂有此種銀行之舉其目的所在更欲推廣商業範圍於中國南部各地總行設於臺灣臺北資本金日金三千萬元公積金日金五百六十八萬元分行設於上海、漢口、九江、廈門、汕頭、香港、廣東、新加坡、泗水、三巴壠、巴塔比亞、倫敦、紐約、東京、大坂、神戶、橫濱、臺中、基隆、臺南、嘉義、打狗、宜蘭、淡水、新竹、阿猴、花蓮港、臺東、福州、那霸、澎湖等處其經營事業以存放各款及匯兌爲主皆隨各地之習慣亦可用日本貨幣爲借貸者存款則有定期存款、特別存款、活期存款、儲蓄存款四種放款則有信用放款、押產業契劵放款、押妥實倉庫劵放款、押妥實期票放款其匯兌則買賣各處匯票以及押匯進出口提單或信用匯票藉以便利商家其發行紙幣亦隨各地之習慣發行該地之通用鈔票者如在福州則發行龍洋台伏兩種紙幣無非欲攘我發幣之權。其借款則九南鐵路。曾向該銀行借款五百萬元。若廣東雖亦有借款。然營業範圍甚狹。無足稱也。

按日本臺灣銀行。設立之初。資本金額不過五百萬元。至今竟達至六倍。雖亦有發行紙幣之特權。而其種類額數及流通區域。原有制限。至其經營各業。亦有一定之範圍然觀其對華貿易之情形。實往往超出乎制限範圍以外。殊足令人疑訝者矣。茲譯日本原定臺灣銀行法於左。以資考證。

第一條　臺灣銀行。為股分有限公司。總行設於臺灣。

第二條　臺灣銀行得主務大臣認可後。於必要地方設立分行代理店。或與他銀行締約通融等事。均可辦理。

主務大臣認為必要之處。得命該行設立分行代理店。

第三條　臺灣銀行存立期限。由批准設立之日起算二十年為滿。但股東總會決議。尚願續辦。請政府批准後。可以展期。

第四條　臺灣銀行資本金定為五百萬圓以上。

第五條　臺灣銀行經營事業如左。
一　割引爲替手形及其他商業手形。
二　爲替及荷爲替。
三　代素有往來之公司或商人收取手形。撥用款項。
四　以確實可靠之動產及不動產爲質借出款項。
五　各種存款。
六　保護存放金銀貨貴金屬及各種證券。
七　買賣荒金銀。
八　代理他銀行之業務。
除以上所載各項外。隨時察看營業上情形。亦可購買國債證券、地方債證券、或勸業債券、農工債券等。
第六條　臺灣銀行除本法律所載各項外。不得經營。
第七條　政府得命臺灣銀行經理國庫。

第八條　臺灣銀行。得發行銀幣一圓之鈔票。前項鈔票。在營業時間中。不拘臺灣銀行總行分行。隨時可以兌換銀幣一圓。但分行若因總行所寄豫備款項未到。不能兌換得要求延期。

第九條　臺灣銀行。對於所發鈔票之金額。須照數預存金銀幣或金銀塊。以備兌換。除前項備款發行鈔票外。若以政府發行之紙幣、及兌換銀行劵、其他確實有價證劵、或商用票爲保證。得再發行鈔票。惟以五百萬元爲限。而發行額數。不得超過前項備款發行之數。

市面情形。除前二項鈔票外。更須增加之時。經主務大臣允准後。可以另外再行印發。惟亦須以政府發行之紙幣、證劵、及兌換劵、其他確實之證劵、或商用票、爲保證。惟發行此項。每年須納稅金。依政府所定。不得較百分之五再少。

第十條　臺灣銀行。所發鈔票。於臺灣總督府管轄地方內。得充政府之收納。

第十一條　臺灣銀行。除營業所用。或辦濟債務起見。買收物件外。不得買收一切動產及不動産。

第十二條　臺灣銀行置總理副總理各一人理事四人以上監查員三員以上

第十三條　臺灣銀行總理副總理須入股一百分以上者歸政府選任其任期定爲五年可以連任理事須入股五十分者由股東總會選舉二倍之候補者歸政府擇用任期四年亦可連任

監查員須入股三十分者由股東總會選用任期三年期滿後仍有被選權

理事及監查員限於選舉前六個月起入有本法所規定之股數者

第十四條　總理副總理在任中無論用何等名稱之職務或商業均不得兼理

第十五條　總理爲臺灣銀行之代表總理一切行務總理出缺或遇有事故歸副總理代理

副總理及理事幫助總理分掌行務

監查員耑司監查行務

第十六條　股東總會分通常臨時二種

通常股東總會每年二次於照例日期由總理招集臨時股東總會爲議臨時事件

故無論何時。總理可以招集開會。
監查員或由總股分五分之一以上之股東。申明開會之目的。要求總理開臨時股東總會。總理應卽照辦。
第十七條　於股東總會有議決權之股東外。不得委託代理人。但法律上之代理人。不在此限。
第十八條　主務大臣特派監理官。專監視臺灣銀行一切行務。
第十九條　監理官無論何時。均得檢查臺灣銀行之金庫、帳簿及其他文書。
監理官若認爲必要。無論何時。得命臺灣銀行報告營業上結算及一切景況。
監理官得列入股東總會。其他各種會議。陳述自己意見。但不得加入決議之數。
第二十條　臺灣銀行每年須由利金項下。提出百分之八以上。豫備彌補資本虧折。並須提出百分之二。預備添補分配之不能平均者。
第二十一條　臺灣銀行非經主務大臣批准。不得分配股東之利金。
第二十二條　臺灣銀行。若欲更改定章。須經主務大臣批准方可。

第二十三條　臺灣銀行。營業上事務。若主務大臣。認爲違犯法章。或有害公益者。得令其停止。

第二十四條　臺灣銀行。兌換劵·發行·額·貸付金額。貸付方法。主務大臣若認爲須有制限。得令其停止。

第二十五條　臺灣銀行。須遵守主務大臣命令。呈報營業上一切景況。及各種結算書。

臺灣銀行。每星期須將兌換劵發行額、準備金等。編製平均數目表。登報廣告。以便週知。

第二十六條　臺灣銀行。若違犯左開各項。總理或行總理之職務。又代理之副總理。有百圓以上。千圓以下之罰金處分。若所犯係副總理理事之分擔業務。則副總理理事之處分亦同。

一　違犯第六條營本法律內所規定之業務。

二　違犯第九條發行鈔票。

三　違犯第二十條不豫備款項。

第九章　中法實業銀行　(Banque Industrielle de Chine)

中法實業銀行爲股分有限公司。於民國元年間由法商克拿多等與我國外交部商議發起。總行設在法京巴黎。設營業局於中國北京。資本總額四千五百萬佛郎。民國二年正月間政府商定願附股本三分之一。卽一千五百萬佛郎。統共九萬股。每股五百佛郎。開設分行於上海、天津等處。該銀行之性質。係專在中國經營實業事件。資本之充足。規模之宏大。亦中國銀行中大敵之一。按其章程第三條之規定。該銀行之宗旨。以廣義言之。經營各國關於銀行及財務一切之事業。以狹義言之。則經營中國關於銀行及財政之事業也。茲舉其所列各項如左。

一、發行兌換之紙幣於中國或某省。至中國政府頒行紙幣則例之時爲止。

二、收發存付一切商債券、期票、支票、匯兌票、及他種種定期票據。

三、凡已組成或將組成之各種公司。無論關係於民事、或關於商務。本行可協助其從事組織。召集股本。代售股票債票。代理稽察營業成績。以及投資於各種已組成之公司。

四、組織存貨棧、存物所、及各種貯存糧米貨物傢俱之倉庫。

五、買賣互換動產與不動產及其契約。

六、凡有關於工程工藝商業農務林礦等事之事業權利及工作。皆可租讓與本行經理其事。而讓主租主。可任便贖還。

七、無論對於國內國外本行若受中國政府之委託可代中國清還國庫金庫債票。及其他行政機關所發之債票。撥解成本發付利息。按年清還內債外債或轉運政府之一切款項。

八、經理借款。

九、代公私團體收取無論何名何種之進款。

十、收存各種公立私立公司之進款。

十一、各種公立私立之公司。有需用時。本行可按其進項多少。接濟款項。

十二、經理各種匯兌事項。代取各種債權利息股利。收回資本或利金。買賣各種公債票、及工商債票。
十三、凡有浮存款項於本行者。可與之立流通賬。
十四、出賃銀櫃代存債票契約金銀錢幣以及珍寶物件。
十五、經理發行公債票股票債票、及他種借款。有無利息。有無中國政府之擔保皆可。
十六、招攬取得并料理公家之各項工程。如開埠、築堤、修道、治河、建鐵路、開鑛山、等事之權利。無論直接或間接。以便轉授或售與他社會或他人承辦。
十七、自己買賣或爲他人買賣生金塊銀珍寶五金。
十八、押借款項與房主地主。一切皆按照中國之習慣及法律所規定之章程而行。
十九、凡有以債票、契約、押貨據、存貨票、珍貴之品、與落棧之貨爲抵押者。或以個人爲擔保者。本行可作墊款之事。各築建師、房地主、船主、果有確實之擔保。亦可爲之墊款。本行並可爲人作保。
二十、總之凡有關於銀行之事業。如借款、存款、短期借款、保險押借等事。本行皆能經理。其大旨無非欲使中國新業日興。財源日闢統觀以上所列經理中國之事件範圍甚爲廣汎且其發行兌換券一事尤與我國幣制有關惟限定中國紙幣則例頒行之時爲止屆時當如約收回其發行紙幣有一元、五元、十元、百元、各種已流通於我國內地中交停兌以後尤占勢力至其經營之獲利按諸一千九百十三年度之報告純益凡三十三萬五千六百九十三佛郎云

第十章　保商銀行　(The Commercial Guaranter Bank of China)

保商銀行爲清理津商倒欠洋款維持津埠華洋商務而設當時因庚子之變天津商務日壞以致華商積欠洋商款項約銀一千二百餘萬兩之多由華洋經理屢次磋商減讓至五百萬兩尙無現款立時淸償擬定寫立期票分年償還之法惟此項期票應有切實憑證方足以昭大信遂議定設一銀行名曰北洋保商銀行卽由該銀行寫立期票分二十五年償還將期票交付洋商以代華商歸還洋商之款倘或尙有不敷之處卽以該銀行所獲利益代爲彌補其章程內第一條稱本銀行由在津商人合資設立以維天津華洋商務等語固屬商辦性質資本銀四百萬兩華洋各半華商股本於清宣統三年五月、由直隸財政廳領銀十四萬九千二百五十兩宣統三年九月、由直

隸省銀行領銀二十六萬兩。是年十一月、又領銀二萬三千三百三十三兩三錢三分。民國元年四月、由度支部領銀二十四萬五千兩。民國二年一月、由財政部領銀九十二萬二千四百十六兩六錢七分。先後共領資本一百六十萬兩。又華商財產原估八十萬兩。由銀行公議作爲四十萬兩。合計華商資本二百萬兩。此華股認繳之情形也。洋商股本有禮和洋行存銀三萬四千兩。瑞記洋行存銀一百八十七萬二千二百五十兩。共銀一百九十萬六千二百五十兩。此外尚有大倉洋行應繳股本六十餘萬兩。此洋股認繳之情形也。總行設於天津。民國元年、因委託代理財政部兌換券事務。在北京開設分行。置華總董三人、洋總董三人、共六人。又設華經理一人。華副經理一人。由各總董選舉。所有行內往來貿易、并用人等事。悉歸該經理兩人主持。惟須受總董節制。又另選洋經理一人。以資臂助。其權限與華經理同。

保商銀行經營存儲款項。各銀行號皆有往來。創設之始。出有五百餘萬兩之債票。現已陸續收回。民國元年春間。因津埠先後兵變。損失頗多。人心惶惶。業務廢弛。迨秩序稍定。復圖進行。數月之間。漸有起色。現在出入數目。較前頗多云。

保商銀行期票五百萬兩週息五釐每年應還本利預計表

年份	本銀數目	每年還本數目	除還本銀尚欠數	每年利息
第一年	五百萬兩		五百萬兩	二十五萬兩
第二年	同		同	同
第三年	同		同	同
第四年	同		同	同
第五年	同		同	同
第六年	同	二十五萬兩	四百七十五萬兩	同
第七年	四百七十五萬兩	同	四百五十萬	廿三萬七千五百兩
第八年	四百五十萬	同	四百二十五萬	二十二萬五千
第九年	四百二十五萬	同	四百萬	廿一萬二千五百
第十年	四百萬	同	三百七十五萬	二十萬
第十一年	三百七十五萬	同	三百五十萬	十八萬七千五百

第十二年	三百五十萬	同	三百二十五萬	十七萬五千
第十三年	三百二十五萬	同	三百萬	十六萬二千五百
第十四年	三百萬	同	二百七十五萬	十五萬
第十五年	二百七十五萬	同	二百五十萬	十三萬七千五百
第十六年	二百五十萬	同	二百二十五萬	十二萬五千
第十七年	二百二十五萬	同	二百萬	十一萬二千五百
第十八年	二百萬	同	一百七十五萬	十萬
第十九年	一百七十五萬	同	一百五十萬	八萬七千五百
第二十年	一百五十萬	同	一百二十五萬	七萬五千
第二十一年	一百二十五萬	同	一百萬	六萬二千
第二十二年	一百萬	同	七十五萬	五萬
第二十三年	七十五萬	同	五十萬	三萬七千五百
第二十四年	五十萬	同	二十五萬	二萬五千

第二十五年	二十五萬	同	無	一萬二千五百
	共五百萬兩		共三百八十七萬五千兩	

第十一章　中華匯業銀行

中華匯業銀行為股份有限公司中日兩國合股開設純係商辦性質資本一千萬金圓分為一萬股每股一百金圓中日兩國人各有其半收至半數即行開業總行設於中國北京以營業上之必要經重役會之議決得於中日兩國繁要之地（中國以大都會商埠為限）設分行分所及代理處存立年限由開業起定為三十年本行設總理一人專務理事一人理事四人以上監事四人以上為重役總理為中華民國人專務理事為日本人理事員數由中日兩國人均分監事員數中人得較多於日人總理及專務理事均為本行之代表并得定各分行之正經理亦以用華人為原則主權重在華人故不稱中日而稱中華其設立之意以增進國際貿易便利兩國匯兌為本旨故曰匯業日本方面為該行之股東者係興業等六七家大銀行類皆資本充足信用卓著尤可達財貨融通之目的其營業之範圍如左

一　貸借及貼現。
二　存款。
三　匯兌一切業務。
四　一切公債社債之應募引受。
五　各種經濟借款之經理。
六　債務之保證。

此外又有依營業之便宜得營左之業務。

一　有價證券及金銀之買賣及兌換。
二　金銀貨金屬及諸證券之存管。
三　官所及公司之金款經理。
四　各公司銀行之代理業務。

此外又有依殷實之公司及商店之委託得爲商品販運之代理此係該銀行定款第五章之所明定也至該行發行兌換劵雖經特許但亦俟中國頒布紙幣條例實行時

卽行停發收回其一切應守之規程悉遵照中國公司條例及銀行通則辦理於民國六年八月批准立案股本卽經招足先繳二分之一計日金五百萬元召集第一次臨時股東總會選舉陸宗輿爲總理柿內常次郞爲專務理事於民國七年二月一日開幕其通匯地點在國內者現有上海、天津、漢口、九江、福州、廈門、汕頭、廣州、香港、長春、奉天、大連等處在國外者現有東京、橫濱、大坂、神戶、門司、長崎、朝鮮京城、倫敦、紐約等處並擬於上海一處先行添設分行云

第十二章　德華銀行　(Deutsch-Asiatische Bank)

德華銀行爲股分有限公司係德國人所發起設於一千八百八十九年資本金七百五十萬兩總行設於柏林分行之在我國者有上海、天津、北京、漢口、濟南、廣州等處俱普通商業銀行之性質經營存貯匯兌貸放各業其宗旨專在中國貿易勢力頗爲偉大且於我國境內分行設立之地發行鈔票當膠濟鐵路通車以後其兌換之勢力幾遍山東全省膠濟鐵路之股分該銀行占至多數爲中國銀行團之一近十年來在華貿易之發達實足驚人其鈔票有銀元銀兩二種發行總額計有四十萬元之多迨一

千九百十四年。歐戰發生。山東分行之鈔票。督省市面。即不能流通。民國六年（一千九百十七年）八月。我國對德宣戰。德華銀行由我國收管。即行停止營業。是時統計在華鈔票流通之類。不過十萬餘元。蓋自中德斷絕國交以後。已逐漸收回也。其接收德華銀行手續。於北京中國銀行內。附設德華銀行總清理處。於各地設分清理處。并由外交部擬定處置該銀行辦法九條。其清理範圍。以就設在中國各地之德華銀行。對於華人及其他國人債權債務爲限。其敵國人之債權債務。不在清理範圍之內。惟於在該行存有銀兩款項之敵國人。因生活之必要。得酌量給予日用必需之費用。至清理之結果。債權債務相抵。尚不敷十餘萬元。現在中國各地。已不復有德華銀行之跡矣。

附錄清理德華銀行辦法

（甲）清理手續

一、自開始清理之日起。各分清理處。應於三個月內。將所有存欠各款清理完了。

二、償還債務。應儘各該行現存之款項支給。但各項餘款贏絀不一。應由總清理處。

通盤籌畫酌盈劑虛移撥抵充。

三、各分行現款不足償淸債務時。應視各該行所有現款之多寡。平均規定支付之成數。

（乙）關於各存戶之辦法

一、總淸理處應在德行所在地點登報通知協約國中立國人民及華人在德行存有款項及持有德華銀行票據者。於登報日起限一個月內。在各地淸理處掛號。以便定期付款。

二、各淸理處於掛號期滿後。應先將已經掛號之各戶。儘兩個月內。悉行支付。

三、各存戶存款之利息。無論到期與否。一律截至八月十四日爲止。

四、德行帳册漏未登載之存戶。本處因收到其掛號書。始行發見者。經查有確據。仍照補付。

五、各存戶於掛號期滿後。始來掛號者。應儘在期內掛號之存戶付訖後。再按照所餘現金平均分給。

（丙）關於各欠戶之辦法

一、總清理處應在德行所在地各報廣登告白。通知欠戶。由登報日起一個月內。將欠款還清。其期滿不能清還者。由清理分處具報總清理處核辦。

二、如有抵押品之欠戶。到期尚未清還。或實無清還之能力者。應由分處具報總處。酌量處分其抵押品。

（丁）關於寄存物件者

一、中外人民寄存該行之物件。欲取回者。應由分處會同交涉員具報外交部總處核准。

二、寄存物件。須經驗明。確非危險物、及戰時禁制品者。方准領回。

中華銀行史

第八編　銀行通則

第一章　銀行通行則例

前清光緒三十四年正月、度支部奏定各銀行則例。內有銀行通行則例一種。計十六條。凡經營金銀匯劃貿易如銀號票莊錢莊以及各省所設之官銀號官錢局具有銀行性質者均應遵守本則例。規定事項辦理。即於三十四年正月十六日奏准、施行。民國以後銀行條例案未經公布。本則例尚繼續適用。其原文如左。

銀行通行則例

第一條　凡開設店鋪經營左列之事業。無論用何店名牌號。總稱之爲銀行。皆有遵守本則例之義務。

一、各種期票匯票之貼現。

二、短期折息。

三、經理存款。
四、放出款項。
五、買賣生金生銀。
六、兌換銀錢。
七、代爲收取公司銀行商家所發票據。
八、發行各種期票匯票。
九、發行市面通用銀錢票。
紙幣法律未經頒布以前官設商立各行號均得暫時發行市面通用銀錢票但官設行號每月須將發行數目及準備數目按期咨報度支部查核度支部並應隨時派員前往稽查。
第二條　凡欲創立銀行者或獨出資本或按照公司辦法合資集股均須預定資本總額。取具殷實商號保結呈由地方官查驗轉報度支部核准註册方可開辦。
凡銀行應行呈報事件除呈請地方官轉報外并須逕呈度支部以便稽核。

凡銀行開辦。須預將年月日。稟報所在地方官。轉報度支部。

第三條　凡欲開設銀行者。須將左開事項呈報。

一行號。招牌。

二設立本行分行地方。

三資本若干。

四或獨資或合資或合名。應呈報姓名籍貫住址員名。若係招股公司。除上開事項外。須將集股章程。及發起人辦事人姓名藉貫員數住址。并分別有限無限。一律呈報。

第四條　凡開設銀行。須遵照本則例。自定詳細章程。呈報度支部核准。如有變更。亦應一律呈核。

第五條　凡銀行每半年。預詳造該行所有財產目錄。及出入對照表。呈送度支部查核。如有特別事故。應由度支部派員前往檢查各項册簿憑單現款、并其經營生意之實在情形。此外各項貿易事業。公家概不干預。如官有藉端需索等情。准該行呈稟度支部查明從嚴參辦。

第六條　凡銀行每年結帳後。須造具出入對照表。詳列出入款項總數。登報聲明。或以他法布告俾衆周知。

第七條　銀行營業之時刻。以午前八鐘起。午後四鐘止。但因營業情形。而欲變通者亦可。

第八條　銀行如逢星期、及營業地方之休息日。均得停業。其不欲停業者聽。若有不得已之事故。而欲例外停業者。須稟准地方官登載報紙。或以他法布告俾衆周知。

第九條　凡經核准註册各銀行。如有危險情形。准其詳具理由。呈所在地方官報明度支部。轉飭地方官詳查營業之實況。與將來之希望。如果係一時不能周轉。并非實在虧控。准飭就近大清銀行。商借款項。或實力擔保。免致有意外之虞。

第十條　凡銀行或個人營業。改爲公司辦法。或原係公司。變爲個人營業。或欲變更其公司之制度。或欲與他公司合併等事。均應查照第二條辦理。

第十一條　銀行如有不遵守第五條所定報告檢查。及第六條所定布告。或雖受檢查而有隱匿。或雖經報告布告。而其中有含混等弊。一經查出。由度支部酌量情節輕重。科以至少五兩至多千兩之罰款。

第十二條　以前各處商設票莊、銀號、錢莊等各項貿易。凡有銀行性質。卽宜遵守此項則例。其遵例註册者。度支部卽優加保護。其未註册者。統限三年。均應一體註册。倘限滿仍未註册者。不得再行經理匯兌存放一切官款。

第十三條　各省官辦之行號。或官商合辦之行號。統限於本則例奏定後六個月內報部註册。一切均應遵守本則例辦理。如過期不註册者。科以至少五百兩之罰款。每遲六個月。罰款照加。

第十四條　官辦行號。每省會商埠。只准設立一所。如有必需另行設立時。須與度支部協商。或會奏請旨辦理。

各種官立銀行欲設立分行時。凡已有大淸銀行分行地方。須先儘該分行作爲代理。

第十五條　凡銀行或因折閱。或有別項事故。情願歇業者。應擧定辦理結帳人。稟報地方官將存欠帳目計算清楚。照商律辦理。地方官具錄事由。速報度支部查核。不得遲延。並一面由該行自行稟報度支部查核。

第十六條　凡只兌換銀錢。無銀行之性質者。本則例施行後。均作爲銀錢兌換所。免其註册。

各種特別銀行。除遵照特別專例外。其有專例所未及者。均按照本則例辦理。

本則例卽於奏准三個月後施行。

本則例如有應行修改之處。隨時斟酌奏明辦理。

第二章　銀行註册章程

依銀行通行則例第二條之規定。凡欲創立銀行者。或獨出資本。或按照公司辦法合資集股。均須預定資本總額。取具殷實商號保結。呈由地方官查驗。轉報度支部核准註册。方可開辦。旋經度支部擬定銀行註册章程八條。於光緒三十四年六月十六日奏准。現在尙繼續有效。茲錄原章於左。

銀行註册章程

第一條　照奏定銀行通行則例第二條、第十三條各節。凡設立銀行。無論官辦、商辦、官商合辦。均應呈報本部註册。
第二條　凡銀行呈報本部註册。所應聲明各節。須遵照則例第三條、第四條辦理。凡銀行呈報本部註册。除聲明前項所定各節外。並應聲明經營之事件。
第三條　凡銀行註册後。卽由本部給予註册執照。以昭信守。
第四條　凡設立銀行。必赴本部註册。核予執照後。方准開辦。官辦、或官商合辦各行號、除由各該省具奏外。必須預咨本部註册。核予執照後。方准開辦。
第五條　凡設立銀行。在本部奏定則例以前者。務須遵照則例第十二條第十三條所定限期。迅速赴部註册。
從前各省設立之官銀錢號。如已奏咨有案。卽自奏咨之日起。作爲註册之期。但截至光緒三十四年年底止。須聲明則例第三條所定各節。咨請補領註册執照。
前項所稱之各號。其未奏咨有案者。務須遵照則例第十三條辦理。

第六條　凡前在農工商部註冊之銀行。准自在該部註冊之日起。作爲本部註冊之期。惟截至光緒三十四年年底止。各該行應聲明則例第三條所定各節。呈請本部補領註冊執照。

第七條　凡銀行若係公司辦法。應遵照銀行通行則例及大清商律。分別註冊。

第八條　凡赴部註冊者。無論官商銀行。均只繳照費銀四兩。如更換執照或補領執照。每一次亦只繳照費銀四兩。

附錄各項銀行呈請註冊應聲明事項如下

(一)官辦銀行

計開

行號招牌。

經營事件。照銀行通行則例第一條所載

設立行號地方。如設立分行當另呈報

資本。

總辦姓名履歷。
辦事章程。
(二)官商合辦銀行
計開
行號招牌。
經營事件。照銀行通行則例第一條所載
設立行號地方。如設立分行當另呈報
公司組織。
資本總數。
每股銀數。
官股若干
商股若干
辦事人。
官
商
姓名履歷、

辦事章程。

(三)商人獨辦銀行

計開

行號招牌。

經營事件。照銀行通行則例第一條所載

設立行號地方。如設立分行當另呈報分行所在地方官

資本。

該商姓名職業產業。

辦事章程。

(四)商人合資開辦銀行

計開

行號招牌。

經營事件。照銀行通行則例第一條所載

設立行號地方。如設立分行當另呈報并呈報分行所在地方官

資本總數。

合資人數。

合資人姓名住址。

合同。

有
無限。

辦事章程。

(五)商人集股開辦銀行·······

計開

行號招牌。

經營事件。照銀行通行則例第一條所載

設立行號地方。如設立分行須另呈報分行所在地方官

資本總數。

每股銀數。
每股已未交銀數。
創辦人姓名職業。
辦事人查察人姓名職業住址。
有無限。
辦事章程。

第三章　各省官銀錢行號監理官章程

民國二年、財政部以各省官銀錢行號比年以來。發行鈔票毫無限制。以致價格日落。國計民生交受其困若不亟爲嚴加監督則不特與改革幣制多有妨礙且恐財政基礎永無鞏固之日查各國制度凡屬有發行權之銀行政府常特派專員嚴行監視中國銀行則例中有監理官之設其用意亦在乎此本部現擬仿照此例特派監理官前往各省分駐官銀錢行號監視一切以爲改革幣制清理財政之預備擬定各省官銀錢行號監理官章程十三條呈請大總統批准施行於二年十二月二十三日由財政部令公布民國三年三月初四日復行修正。茲錄其章程於左。

各省官銀錢行號監理官章程

第一條　監理官承財政總長之命監視各省官銀錢行號一切事務。

第二條　應派監理官之各省官銀錢行號由財政總長定之。

第三條　監理官得隨時檢查各省官銀錢行號各種簿記及金庫。

第四條　監理官得隨時檢查各省官銀錢行號鈔票發行數目及準備狀況。

第五條　各省官銀錢行號。欲換發新舊鈔票。須由監理官轉呈財政總長核准。

第六條　各省官銀錢行號內。尙未發行之鈔票。暨印票印板戳記均須交由監理官會同封存保管。非奉財政部命令。不得開封行用。

第七條　監理官。得隨時檢閱各省官銀錢行號各種票據及一切文件。

第八條　監理官得隨時質問各省官銀錢行號事務一切情形。如認爲必要時。得請銀行編製各種表册。及營業概略。前項表册文件。須由各省官銀錢行號總辦。署名蓋印。

第九條　監理官每月十五日以前。須將上月內檢查情形。詳細編製檢查報告書。呈報財政總長。

第十條　監理官對於各省官銀錢行號業務。認爲有違背章程、及其他非法行爲。須從速呈報財政總長。

第十一條　監理官非得財政總長許可。不得擅離職守。

第十二條　官商合辦之銀錢行號。及發行紙幣之商辦銀錢行號。亦適用本章程之規定。

第十三條　本章程自公布之日施行。

第四章　取締紙幣條例

民國四年十月財政部以一東西各國發行紙幣。大抵集權於國家銀行。間有採用多數銀行發行制者。亦必設法限制。以防流弊。中國自改革以來。各省官銀錢行號。濫發紙幣。影響財政。前經本部呈奉明令禁止增發。並由部隨時設法分別收回。惟省立銀行及官銀錢局號。雖經製定發行額。以示制限。而一般商辦銀錢行號。咸視發行紙幣。

爲架空牟利之圖，倘不設法取締，殊於市面大局、幣政前途，均有絕大障礙。擬訂取締紙幣條例九條，大致不外注重準備，用杜弊端爲宗旨。未發行者禁止擅發，則後患自絕於無形；已發行者按期收回，則辦法弗嫌其過驟。於從嚴限制之時，仍寓與時通變之意一呈請大總統核示，於民國四年十月二十日批准公布矣。其原文如下。

取締紙幣條例

第一條　凡官商銀錢行號發行紙幣，除中國銀行外，均須依照本條例辦理。

凡印刷或繕寫之紙票，數目成整，不載支取人名及支付時期，憑票兌換銀兩、銀元、銅元、制錢者，本條例概認爲紙幣。

第二條　本條例施行後，凡新設之銀錢行號，或現已設立向未發行紙幣者，皆不得發行。

第三條　本條例施行以前，業經設立之銀錢行號有特別條例之規定准其發行紙幣者，於營業年限內仍准發行，限滿應即全數收回。

無特別條例規定者，自本條例施行之日起，以最近三個月平均數目爲限，不得增發。並由財政部酌定期限。分飭陸續收回。

第四條　各銀錢行號。遵照本條例第三條發行之紙幣。至少須有五成現款準備兌現。其餘五成准以公債票及確實之商業證券。作爲保證準備。其有特別情形暫時未能依照前項規定者。須稟請財政部核辦。

第五條　發行紙幣之銀錢行號。應每月製成發行數目報告表。現款及保證準備報告表。詳報財政部。或稟由該管官廳。轉報財政部。

第六條　發行紙幣之銀錢行號。由財政部隨時派員。或委託他機關。檢查其發行之數目、準備之現款及保證品。以及有關係之各種帳册單據。

第七條　各銀錢行號。違反第二條至第四條之規定者。應科以五百元以上、五千元以下之罰金。其有發行權者。並取消其發行權。

第八條　發行紙幣之銀錢行號。違反第五條之規定。並不遵造報告。或報告不實者。應科以五十元以上。五百元以下之罰金。違反第六條之規定。拒絕檢查者。應科以一百元以上、一千元以下之罰金。

第九條　本條例自公布之日施行。

第五章　銀行公會章程

銀行公會於銀行業務市面金融均有關係由財政部訂定章程於民國四年八月二十四日公布并飭令中國銀行提倡組織其章程如左

銀行公會章程

第一條　各處銀行錢莊銀號等應照本章程組織銀行公會辦理左列各事項

一　受財政部或地方長官委託辦理銀行公共事項

二　辦理支票交換所及徵信所事項

三　辦理預防或救濟市面恐慌事項

第二條　各銀行錢莊銀號具有左列各條件者得公共組織公會稟准財政部設立之

一　資本金額在二萬元以上者

二　註册設立已滿一年以上者

銀行公會設立後。凡具有上列條件者。得隨時由會核准加入。

第三條　銀行公會。設會長。副會長各一人。董事五人至七人。會員無定額。

第四條　會長副會長由會員於董事中選任之。

第五條　董事由會員互選任之。

第六條　凡入會之銀行莊號。均得舉出一人為會員。

第七條　會長副會長。非有左列資格者。不得被選。

一　資本五十萬以上之銀行經理。

二　錢業公所領袖董事。

三　商會總理協理。

第八條　董事非有左列資格者。不得被選。

一　資本十萬元以上之銀行經理副經理。

二　錢業公所董事。

三　商會會董。

第九條　會長副會長任期爲二年。但得連任一次。董事任期爲四年。每二年改選半數。

第十條　凡有左列各項情節者。不得爲本會會員。

一　曾經宣告破産者。

二　訴訟尚未了結者。

第十一條　入會銀行。有互相維持之責。

第十二條　入會銀行。均須於營業盈利項下。提出一成。存儲本會。作爲公積金。

第十三條　入會銀行。於營業資本不敷周轉時。得以確實擔保品。向本會借用公積金。其利息臨時公議定之。

第十四條　公積金所生利息。仍歸原提存之各該銀行所有。公積金非經董事會議決。並查明告貸銀行内容。確係殷實。並無别情者。不得借用。

第十五條　入會銀行。如有破壞公益。及不遵守本會各項章程情事。得由董事會議決。取消其入會資格。

第十六條　本會辦事各項細則由董事會議定詳准財政部施行之。

第十七條　本章程之施行日期由財政部定之如有未盡事宜並得由部隨時修正公布施行。

民國七年八月再行修正對於入會資格稍加制限於是年八月二十八日由財政部令公布施行其原章如下。

第一條　依照中華民國法令組織之本國銀行有五行以上之發起得遵照本章程呈准財政部組織銀行公會辦理左列各事項。

一　受財政部或地方長官委託辦理銀行公共事項。

二　辦理支票交換所及徵信所事項。

三　發展銀行業務矯正銀行弊害。

但中外合資設立之銀行依照中華民國法令註册設立者得加入公會

第二條　入會銀行應具有左列各條件。

一　實收資本總額在二十萬元以上者。

二　註冊設立已滿一年以上者。

銀行公會設立以後凡具有上列條件者經入會銀行多數之同意得隨時加入。

第三條　入會銀行得舉出會員代表本銀行其會員之資格及員數之限制於各地銀行公會章程內定之。

第四條　凡有左列各項情事者不得爲會員。

一　曾經宣告破產尚未撤銷者。

二　褫奪公權尚未復權者。

三　非中華民國國籍者。

第五條　各地方銀行組織銀行公會應擬訂公會章程及其他各項規約呈請財政部核准施行。

第六條　銀行公會章程內應規定左列各事項。

一　公會經費及征收會費之方法。

二　公會所在地。

三　公會內部組織

四　公會應辦各事

第七條　銀行公會得設董事長一人董事至多不得過七人

第八條　董事由會員中公選董事長由董事互選之

第九條　董事長董事任期二年期滿改選但得連任

第十條　入會銀行有互相維持之責

第十一條　入會銀行如有破壞公益及不遵守本會章程情事得由董事議決幷經入會銀行多數之同意令其退會

第十二條　一地方內銀行公會以設立一所爲限

第十三條　銀行公會得附設銀行員俱樂部其章程由各該地公會另定之

第十四條　本章程自公布之日起施行

按銀行公會之組織以上海爲最早民國四年冬卽經成立計入會之銀行爲中國、交通、鹽業、浙江興業、實業、儲蓄、中孚等七家各行均連絡共做團合放款並組織上海公棧焉。

銀行公會在上海金融界雖已發展能力植有基礎但錢業公所之勢力尙未能因之消滅此亦盛衰代嬗之一關鍵也故論銀行公會之性質實與錢業公所相類但錢業公所因非法定機關所以僅知在本業利害上著想不顧當地全局之安危而銀行公會則係法定團體要以國家爲前提爲金融界謀安全幸福其有裨豈淺鮮哉。

第六章　取締銀行職員章程

取締銀行職員章程於民國四年八月二十四日由財政部令公布並刊登二十九日政府公報其原文如下。

取締銀行職員章程

第一條　銀行不得放款於本行職員惟經董事會議決照准者不在此例然其數目亦不得超過其股本額十分之一。

第二條　銀行職員若有款項存儲本行者於存款外不得透支。

第三條　銀行辦理押款之時。不得以少物多押。賤物貴押。及各種不確實期票作爲抵押品。如有上項情節。該行經理人以作弊論。

第四條　銀行職員。不得折價購買本行期票。

第五條　銀行職員不得爲他人擔保。向本銀行借款。

第六條　銀行職員不得私營本行營業種類所規定之業。

第七條　凡信用借款。該行經理人。如明知借款人並不殷實。而專徇情面。借與款項者。以詐欺取財論。

第八條　凡經理人不得兼營投機及其他不正當之商業。

第七章　銀行稽查章程

民國五年十二月。財政部爲稽查全國銀行起見。訂定銀行稽查章程十八條。由部令公布。茲錄其章程如左。

財政部銀行稽查章程

第一條　本部爲綜核全國銀行起見。特設銀行稽查。辦理各處官立、私立、各銀行稽查事宜。

右稱銀行。凡官錢局、及商辦銀錢莊號。均包括在內。

第二條 銀行稽查由本部派員專任。或派主管司員兼任之。如需委託各銀行監理官。或其他職員辦理時。得由部令派爲銀行稽查。

第三條 稽查應分兩種。

甲 定・期・稽・查・

乙 臨・時・稽・查・

第四條 定期稽查。由本部每年屆二八兩月。分別派員前往辦理。

各銀行有特別規定稽查時期者。除按照上列定期外。仍得照章辦理。

第五條 臨時稽查。有關於左列事項。經本部認爲必須稽查時。派員前往辦理。

甲 照例應報本部各項表册。愆期不報。或所記帳項數目屢次舛誤。及一切帳項之有疑問者。

乙 經本部訪聞所得。或被人指控者。

丙　該各銀行董事會或官立銀行之主管機關爲表示信用起見請部派查者。

丁　遇發生特別事故時與各銀行有關係者。

第六條　銀行稽查派往各銀行時。應攜帶本部所給之本人相片委任令爲證。

第七條　銀行稽查派往各銀行時凡有照章應行稽查事項各銀行不得拒絕或遲延。違者得由銀行稽查呈請本部分別處罰或停止其營業。

第八條　銀行稽查。如遇稽查事項有認該銀行爲違背銀行法時。得擬具處分辦法。立時報告該銀行董事會若爲官立銀行。即報告其主管官廳。一面仍呈報本部查核。

第九條　銀行稽查。對於各銀行營業及帳務一切辦法。得就考查所得。陳述意見。

第十條　銀行稽查實行稽查時。應注意於左列各節。

甲　報部各項表册與銀行帳册結數是否相符。

乙　分記各賬之簿册及實存款項與總册所記結數是否相符。

丙　抵押放款之抵押品及一切應需各種手續與合同條件是否相符。

丁　存放各款之各項進出單據與賬册記數是否相符。

戊　其餘收付各款辦理之規程及登賬方法與銀行章程是否相符。

第十一條　銀行稽查對於曾經本部核准發行銀元票或錢票之銀行應查明其準備金種類數目及稽查時之實在流通票額。

第十二條　銀行稽查除按照上列十條十一條稽查方法外如遇臨時稽查有應特別注意之事幷需縮短時期時得增減其手續。

第十三條　銀行稽查遇有疑問之處得向銀行或銀行之主管官廳詳細詢明。

第十四條　銀行稽查於稽查截止日之各項賬册及實存款項應負其稽查責任。

第十五條　銀行稽查所查各項賬册遇有賬目與事實不符之處應由銀行職員分別負責但銀行稽查對於所查各項賬册上之賬目仍負其責任。

第十六條　銀行稽查如遇關於特別重要事故雖經稽查有認爲不能負責時須先呈明本部核准。

第十七條　銀行稽查有應守祕密之責。

敬啟

『專題史』叢書，乃民國時期出版的著名學者、專家在某一專題領域的學術成果。所收圖書絶大部分著作權已進入公有領域，但仍有極少圖書著作權還在保護期内，需按相關要求支付著作權人或繼承人報酬。因未能全部聯系到相關著作權人，請見到此説明者及時與河南人民出版社聯系。

聯系人　楊光
聯系電話　0371-65788063
2016年3月28日